トッド・ハーマン著　福井久美子訳

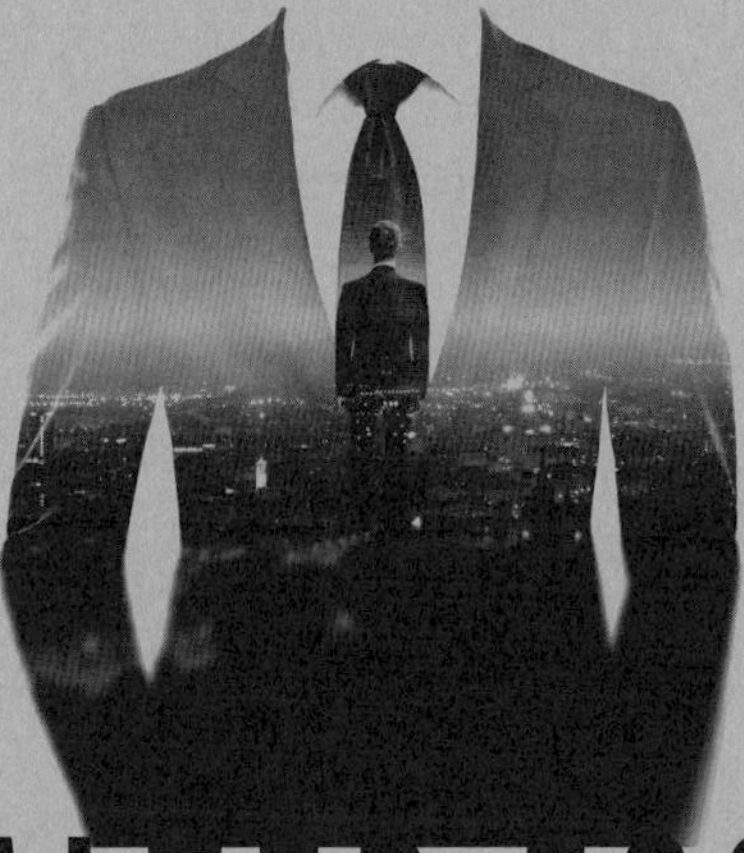

ALTER EGO

「あなたの中の別人格」で
最高のパフォーマンスを手に入れる

超・自己成長術

ダイヤモンド社

THE ALTER EGO EFFECT
by
Todd Herman

Published by arrangement with HarperBusiness, an imprint of
HarperCollins Publishers
through Japan UNI Agency, Inc., Tokyo

はじめに

この本を読む前に――著者からのメッセージ

困難に挑む野心的な人々をサポートするためにオルターエゴ戦略はつくられました。この戦略を実践すれば、あなたはもっと創造力を発揮し、ポジティブかつ勇敢に行動でき、失敗しても早く立ち直れるようになるでしょう。

私は22年前に、スポーツ科学と最高のパフォーマンスを引き出すためのトレーニング会社を設立し、以来多くのアマチュアのスポーツ愛好家、プロのアスリート、オリンピック選手などをコーチングしてきました。この本は、私がこの仕事を通して学んだノウハウだけでなく、人間の体の仕組みや人間科学にももとづいて書かれています。

企業経営者やプロのアスリートなど、数多くの人々がオルターエゴ戦略を実践しましたが、彼らのデータもこの戦略の礎となっています。彼らの勝利、成功、ブレイクスルーにまつわる体験談と、彼らがこの戦略をどうカスタマイズしたかも参考にして、この戦略を改善しました。

最後に、この事業を立ち上げ、トップアスリートにコーチングし始めてから、私は彼らのプライバシーの保護に細心の注意を払うようになりました。クライアントを守るためです。

私は自分の利益のためにクライアントの名前を使わないと約束しており、世界トップレベルのオリンピック選手、プロのアスリート、芸能人のなかには、この約束ゆえに、私にコーチングを依頼する人もいます。なぜそんな約束を掲げるのかって？　信用は私にとって絶対不可欠な売りだからです。誰だって著名人の名前を利用したくなるものです。しかし、著名人の名前を使って宣伝すると、彼らから信用されなくなります。そのことに気づいた私は、自分も同じことをすれば、アドバイザーやコーチとしての信頼を失い、人々から必要とされなくなるだろうと思いました。私は一流のビジネスマンにもコーチングを行ないますが、彼らにも同じ約束をしています。約束を守り、彼らの信頼を維持することも私の仕事です。とはいえ、読者にオルターエゴ戦略のポイントを理解してもらい、この戦略を実践していただくためには、個人の体験談を紹介することがきわめて重要であることもわかっています。

　この本を書くにあたって、私はクライアントとの約束を守りつつ、読者のために彼らのエピソードをできるだけ紹介するようにしました。そのため彼らの名前、スポーツ名、業界名、その他個人の特定につながる情報を変更しました。結局のところ、これらの情報はあまり重要ではありませんし、誰にでも、〈勇敢な自己〉を出したくなる瞬間があります。この本を読めば、いかなる状況や職業でも、オルターエゴを使えば〈勇敢な自己〉を発揮できることがわかるでしょう。

トッド・ハーマン

目次

第2章 オルターエゴはどのようにして誕生したか

第3章 オルターエゴ戦略のすごい力

第4章 「やらないこと」を正当化している自分はいないか?

第7章 〈敵〉の正体を明らかにする

第10章

「自分の答え」を見つける方法

第14章 〈変身アイテム〉か〈記念アイテム〉でオルターエゴを起動する

01

第1章

「あの人みたいになりたい」と思ったことはないか？

「変身」することで実力以上を発揮できる
――成功するためにアイデンティティを切り替える

控え室で私は立ってメモを読みながら、自分の出番が来るのを待っていた。これからスポーツ界のコーチ陣の前でプレゼンをすることになっている。プレゼンの練習をしていると、恰幅が良くてたくましい体つきの男性が部屋に入ってきた。

子どもの頃、任天堂のゲームでよくプレーした人物だった。彼はゆっくりとこちらに歩いて来ると、満面に笑みを浮かべて手を差し出した。「やあ。私はボー・ジャクソンだ」

私は思わず笑い声を上げた。「こんにちは。トッド・ハーマンです。あなたのことは知ってますよ、ボー。スポーツ業界で働いているのに、2種類のスポーツでオールスターに選ばれた唯一の選手を知らなかったら、私の信用はがた落ちですからね。テクモボウル（訳注：アメリカンフットボールのビデオゲーム）でも、あなたのおかげで何度勝てたことか」

ボーはくすりと笑った。「ああ、そう言ったのはきみが初めてではないよ。ありがとう。きみもスピーチするのかい？」

「ええ。次が私の出番です。でも、私の代わりにあなたがスピーチすることになったのかもしれません」

「まさか。私は友人と話をしにちょっと早く来ただけだから。で、今日は何を話すんだい？」

「メンタルゲームについて話す予定です。具体的には、〈オルターエゴ〉と〈秘密のアイデンティティ〉を使って、最高のパフォーマンスを発揮する方法を話す予定です」

彼は首をすこしかしげると、まるで心の琴線に触れたかのように目を細めて、うっすらと笑いを浮かべて首を振った。数秒後、彼は真剣な口調でつぶやいた。「ボー・ジャクソンは一度もアメフトで手を抜いたことはないんだ」

ボー・ジャクソンを知らない人のために解説しておこう。ボーは、北米で人気がある四大スポーツのなかでも、最高峰であるMLB（メジャーリーグベースボール）とNFL（ナショナルフットボールリーグ)で大活躍した唯一のアスリートだ。1980年代の彼は、スポーツの境界線を超えた天才であり、かつての私を含めたスポーツ好きの子どもにとってスーパーヒーローだった。

私は目を見開いて笑みを浮かべた。「なるほど。おもしろい。もっと話してください」

ボーは、若手選手だった頃に感情を抑えるのに苦労したことや、短気のせいで何度もトラブルに巻き込まれた話をしてくれた。彼はしばしば試合に熱中するあまり、ささいなファウルにも激高して相手選手に報復し、よけいなペナルティをもらうことがあったという。

ある日、映画を見ていた彼は、ジェイソンの冷酷で感情のない無慈悲な性格に心を奪われた。ジェイソンという名前を聞いたことがあるだろうか?

ジェイソンとは、映画『13日の金曜日』シリーズに登場する、ホッケーマスクを被った殺人鬼のことだ。

映画を見ながら、彼は「フィールドに足を踏み入れたら、ボー・ジャクソンであることを忘れて、ジェイソンになろう。コントロール不能な激しい感情はベンチに置いていこう」と決意した。

ボーは、フィールドではジェイソンだけがプレーしたと語った。ボーがロッカールームを出て、フィールドに到着すると、ジェイソンが体のなかに入って主導権を握る。気性が激しくて、挑発に乗せられると反則を犯しがちなボー・ジャクソンは、フィールドに足を踏み入れた途端に、冷酷で無慈悲でプレーに集中する破壊者へと変貌を遂げるのだ。
別のアイデンティティに切り替わることで、彼は持てる能力とスキルを発揮できるようになった。激しい感情のせいでパフォーマンスに支障をきたすことなく、フィールドで華々しく活躍するようになった。

ボーにとってそれは、「電話ボックスで変身する瞬間」だった。映画『スーパーマン』で、クラーク・ケントが電話ボックスに入ってスーパーマンに変身したように、ボー・ジャクソンも自身のオルターエゴであるジェイソンに変身したのだ。

もっとも、ボーはスーパーマンと違って、変身するためのスペースに悩まされることはなかったが。1942年に出版されたコミックスで、スーパーマンはこんな不満をもらしている。「ここは服を着替えやすい場所ではないけれど、ぼくはアイデンティティを変えなければならないからね――しかもできるだけ早く」

これにはにやりとさせられるが、このセリフは、オルターエゴ戦略の本質を突いている。

オルターエゴとは何か？

――これまで体系化されることのなかった最高の自分を引き出す方法

私はずっとコミックス、コミックスのヒーロー、コミックスのなかの世界に魅了されてきた。私はいつもヒーローが誕生する物語、悪役、壮絶な戦いに惹きつけられる。子どもの頃は、クリストファー・リーヴ主演の『スーパーマン』シリーズが大好きだった。

このところスケールの大きいスーパーヒーロー映画が次々と製作されて、人気が復活している。目の肥えた現代人が1980年代のヒーロー映画を見たら、笑い飛ばすかもしれないが、当時これらのヒーローはすごくかっこよく見えたのだ。では、ここでクイズを出そう。

スーパーマンとクラーク・ケントが同一人物だということはご存じだろう。では、彼のオルターエゴはどちらだろうか?

この15年間、私はこの質問を繰り返してきた。世界各地でスピーチした際に何度も観衆に訊ねたが、観衆の90%は即座に「スーパーマン!」と答える。

そう思うのも無理はない。「オルターエゴ」と聞くと、人は超人的な力、英雄的な行為、壮大な戦いを思い浮かべるだろうから。どれも、スーパーマンのようなスーパーヒーローが持っている資質ばかりだ。

だが、その答えはまちがっている。

スーパーマンは、クラーク・ケントのオルターエゴではない。クラーク・ケントがスーパーマンのオルターエゴなのだ。スーパーマンはリアルな人格なのである。地球にやって来たスーパーマンは、誰にも正体を見破られることなく日常生活を送るために、オルターエゴをつくり出した。それが、クラーク・ケントという穏やかな性格の新聞記者だ。

スーパーマンがこの人格《ペルソナ》を利用したのは、人間社会に溶け込んで、人間を理解するという重要な目的を果たすためだった。

スーパーマンは、その時々の状況にあわせて、オルターエゴ（クラーク・ケント）かスーパーマンか、最適なペルソナに切り替えた。


なぜペルソナを切り替えることが重要なのかって？

なぜなら、実のところ人生は過酷だからだ。私たちはみな、さまざまな責任を負っている。日常生活において果たさなければならない役割も多い。おまけに宗教、家族、チームメイト、同僚、友人、その他の人たちなど絶えず社会からの圧力にさらされて、思うように行動できないこともある。

たとえば人々の期待、ルール、常識通りに行動しないと批判されることもある。この目標を掲げるべきだ、これを所有するべきだ、これを信じるべきだ、と。

こうした期待や圧力に応えるうちに、〈がんじがらめの自己〉が生まれる。第3章で詳しく説明するが、〈がんじがらめの自己〉とは、あなたの思い通りにならない一面のことで、この一面が主導権を握ると、特定のことを避けたり、特定の行動を取らなければと感じたりするようになる。

その逆に、〈勇敢な自己〉が発現すると、あなたの人生経験はがらりと変わる。〈勇敢な自己〉とはあなたの一面のことで、〈勇敢な自己〉が主導権を握ると、やりたいことをやり、自分の目的に従って行動し、活動に集中して取り組めるようになる。おまけに、このテーマに関するおもしろい研究結果から、オルターエゴのメリットも明らかになっている。

ときに私たちは気力がわかない、不安になる、ムカつく、ねたむ、反抗したくなる、圧倒される、恐怖心を抱くなどの感情を覚えることがある。なぜそんな感情を抱くのか、理由がわからない場合がほとんどだ。無意識的な問題を理論的に説明することはできない。暴れまわる象の群れを、ネズミが統率しようとするようなものだ。

直感が「避けた方がいい」と警告したら、あなたはそれを避けるだろう。だがその無意識の力を使えば、イマジネーションの不思議な力を使えるようになる。ちょっと訓練すれば、どの自己の直感に従うかを選べるようになるのだ。おまけにこの方法がすぐれていることは、研究結果や科学によって証明されている。

15歳の少年と4時35分発ニューヨーク行きの列車

――オルターエゴで人生を変えた少年の話

アンソニーは、アメリカでも有数の進学校に通う生徒だったが、バスケットボール選手としての能力も高かった。練習中、彼はよくチームメイトにマンツーマンでバスケットボールを教えた。バスケットボールの名門大学のスカウトたちから声がかかり、周囲からも彼はいつかプロのバスケットボール選手になると期待されていた――ただし、彼が重要な場面で冷静さを保ち、自分の能力にもっと自信を持ってプレーできれば、の話だが。

アンソニーはワシントンD．C．の貧困層が多く住む地域で育った。両親はいなかった。彼が5歳のときに、自動車事故で亡くなったからだ。そんな状況のなか、祖母が彼を引き取って立派な青年に育て上げた。幼い頃のアンソニーは、暇さえあればバスケットボールのコートに行って、ドリブル、シュート、ジャンプの練習に励んだ。

アンソニーの才能が開花するに従って、バスケットボールの名門大学のスカウトたちが彼のプレーを視察しに来るようになった。人々は、彼が「その時々の状況で求められるプレーができれば」、プロのバスケットボール選手になれると期待した。

技術も能力も申し分なかったアンソニーだが、問題が一つだけあった。試合中にここぞという場面になっても、彼はドリブルで駆け上がってシュートすることも、ディフェンスをかわして切り込み、ジャンプシュートすることもなかった。いつも味方にボールをパスしてしまう。ボールを受けたチームメイトは、シュートを決めるか、さもなければ行きづまって終わる。彼が大事な場面でパスを選択する回数は増えていった。

アンソニーにはプロになれるだけの技術があった。しかし彼は、〈決定的な瞬間〉――成功を決定づける重要な瞬間――に目立つのを避ける傾向があった。

アンソニーは活躍して賞賛されるよりも、失敗して批判されることを恐れ、思いきった行動が取れなかったのだ。注目が集まれば集まるほど、彼は人々の熱い視線に萎縮してしまうのだった。

この問題の解決策は、ある日突然もたらされた。練習中に、彼に対するイライラをつのらせたコーチが大声で怒鳴ったのだ。「またか、アンソニー。おまえがジェイムズみたいな性格だったら、うちは最強になれるのに」。そのとき、アンソニーは以前に読んだメルマガを思い出した。

確かそのメールには、オルターエゴを使って試合に臨んだ選手の話が書かれていた。帰宅した彼は、早速そのメールを探した。次に彼は親が卒倒しそうな行動に出た。祖母ならなおさらショックは大きかっただろう。

彼はわずか15歳にして、午前4時にこっそり自宅を出てワシントンD.C.のユニオン駅に向かい、4時35分発のニューヨーク行きの列車に乗ったのだ。

２０１１年当時、私はほぼ毎朝マンハッタンのアッパー・ウェスト・サイドにある〈リーボック・スポーツ・クラブ〉で働いていた。6フロアから成るすばらしいジムで、あらゆる設備が整っている。誰にも邪魔されずにトレーニングできるため、セレブ御用達のジムとしても知られていた。たとえばコメディアンのクリス・ロック、司会者のレジス・フィルビン、俳優のドウェイン・ジョンソン、ウィル・スミス、ベン・スティラーなど。

NBA（ナショナルバスケットボールアソシエーション）に所属するチームは、ここで練習してからマディソン・スクエア・ガーデンにあるアリーナに移動して、試合に臨むことが多かった。私はいつも8時45分にこのジムに来て、プライベートカフェで会員のコーチングを行なった。そのあとは、トレーニングをして昼食を取るのが日課だった。

ある日、私がジムのエレベーターを降りてロビーに向かおうとすると、受付のスタッフが手を振って私を呼んだ。そして、今朝はるばるワシントンD.C.から私に会いに来た若者が、待合室で待っていると教えてくれた。「試合中のプレーについて、あなたに相談したくてここまで来たそうです。あの少年は本気ですよ！」

私がアンソニーに近づいて自己紹介すると、彼は慌てて椅子から立ち上がり、私の手を握った。「ミスター・ハーマン。お会いできて光栄です。ご迷惑でなければいいんですが、どうしてもあなたの助言がほしくて」

私はアンソニーをカフェに連れて行き、テーブルに着いて一緒に朝食を食べた。「まず、私がここに来ることをどうやって知ったんだい？　それから、ご両親はきみがここにいることを了承しているのかい？」

「メルマガにあなたが毎朝ここに来ると書いてあったので、試しに来てみたんです。それから、おばあちゃんには内緒でここに来ました。朝4時にこっそり家を出たので。でも、おばあちゃんが起きる頃にはぼくはいつも学校に行ってしまっているので、ぼくがいなくなったことに気づいてないと思います」

「なるほど。じゃあ、まずはおばあちゃんに電話して、きみが無事でここにいることを伝えようじゃないか」

彼がどうやってワシントンD.C.からここまで来たかを聞きだし、彼の祖母に無事に彼を家に帰すと約束したあと、私とアンソニーは彼の置かれた状況について話しあった。彼は現在の状況を説明したあと、人々の視線やプレッシャーを感じると、考えすぎてしまうのだとため息をついた。彼は自分の気持ちや不安を打ち明けながら、「頭のなかで戦っているんです」と言った。

「こうしたいと思っても、みんながどう思うか気になって、失敗してしまう」

さて、私はセラピストではない。セラピーはやらないし、その種の仕事にもまったく向いていない。私はメンタルゲームを専門とし、クライアントが高いパフォーマンスを発揮できるように戦略を練る。とはいえ、問題の根本を突き止めたいときに、私がいつも使う簡単なフレームワークがある。それについては第3章で詳しく説明するが、いずれにせよ、アンソニーの真の問題を突き止めるまでに時間はかからなかった。

「どうしてはるばるニューヨークまで私に会いに来たんだい？」と私。

「コーチに注意されたときに、あなたがメルマガで人生のサイドラインについて語っていたことを思い出したからです。あと、たくさんの一流アスリートがオルターエゴを使ってパフォーマンスを上げているという話も。彼らは、一部の性格がパフォーマンスに影響する場合は、その性格をサイドラインの外に置いて来ると書いてありました。コーチから『ジェイムズを見習え』と注意されたとき、あなたのことを思い出したんです」

「それはうれしいね。でも、どうしてメールをくれなかったんだい？　おばあちゃんに心配をかける必要はなかっただろうに」

「あなたはいつも言いますよね、ほしいものがあれば、取りに行けって。あと、早く結果を出したければ最高のメンターに師事しろ、とも。以前メンターに会うために、カナダからはるばるノースカロライナまで旅をし、そこでメンターと何週間も過ごしたことが、あなたにとっての重要な転機だったと語ってましたよね？　それでぼくも同じことをしようって思ったんです。でも、もう見当がついてると思いますが、お金がないのでコーナング料は払えそうにありません」

私はこの少年が大好きになった。クリス・ロックが、私とのアポを待つ間に少年に激励の言葉をかけた。スタッフから少年の冒険談を聞いたのだろう。

それから数時間かけて、試合中の彼の問題の原因をすこしずつ探っていったところ、彼が注目を浴びたがらない理由は、試合とは関係ないことがわかった。原因はすべて、両親が亡くなったときに彼が味わった苦痛にあったのだ。両親の死後、彼はさまざまな人たちの注目を浴びただけでなく、誰が自分の面倒を見るか、誰が保険金を受け取るかを言い争う場面まで目にした。彼はただ一人になりたいと願った。

そして今、再び人々の注目を集めるようになったアンソニーは、かつてと同じような不安を抱くようになった、というわけだ。

前述した通り、私はセラピーはやらないし、始めるつもりもない。アンソニーには、スクールカウンセラーか祖母に相談した方がいいと提案した。「優秀なセラピストなら、きみの問題の根本を突き止められるだろうからね。とりあえず今は、アンソニーという自己を脇に置いて、きみが試合を支配するために使うオルターエゴをつくろうじゃないか」

私はアンソニーと一緒に、彼の〈フィールド〉——バスケットボールコート——で彼が変身するオルターエゴを丹念につくっていった。「きみが体現したい人、キャラクター、物、動物はいるかい?」と訊ねると、彼は「黒豹がいい。どこからともなく現れてすばやく獲物を仕留めるし、身動きもしなやかだし。前に一度ナショナルジオグラフィックの番組で見たことがあるけど、黒豹の動き方はとにかくかっこいいんです。おまけに6メートルの高さまでジャンプできるし！　しかも黒豹は『森の幽霊《ゴースト》』って呼ばれてるんですよ」

アンソニーが自分のオルターエゴについて熱弁を振るうのを見ているうちに、こっちまでワクワクしてきた。次は、そのオルターエゴに名前をつける番だ。私たちはノートに思いつく限りの名前を書いた。たとえば……

●ブラックパンサー
●パンサーX
●忍者アンソニー

私はいろいろな名前を挙げた。彼の反応はいまいちだったが、「ブラックゴースト」という名前を聞いた途端、彼はようやく目を輝かせた。その瞬間を私は決して忘れないだろう。少年は椅子に背をもたせかけると、頭の後ろで両手を組み、天井を見上げた。「ぼくはブラックゴーストだ。コートにはパパとママを連れていこう。そして、みんなを困らせてやるんだ」

アンソニーは自分の深層心理と向きあったが、この本を通して読者にも同じ体験をしてほしい。アンソニーはこのあと効果的なオルターエゴをつくり出して変容を遂げるが、その過程についてはあとで紹介する。

読者のなかには、トラウマのせいで望み通りに行動できない人、自分はこれができるけどあれはできないと思い込んでいる人、心のなかによくわからない抵抗心があって目標を達成できない人もいるだろう。だが、覚えておいてほしい。

あなたのなかには解き放たれるのを待っている〈勇敢な自己〉があること、そしてそれを解き放つ鍵となるのが、オルターエゴまたは〈秘密のアイデンティティ〉だということを。

オルターエゴがその人の条件、日常生活におけるさまざまな役割、〈フィールド〉にピタリとはまると、あなたの創造力は自由になるだろう。オルターエゴを使って日々の問題に取り組めば、前よりも楽観的に問題と向きあえるし、心に余裕ができて、自信を持って恐怖心を克服できるだろう。

オルターエゴは誰にでも備わっている一面であること、大勢の人々がオルターエゴを使って大なり小なり目標を達成してきたこと、そしてオルターエゴはもっとも「あなたらしい」一面であることがわかれば、今まで気づかなかったあなたの隠れた能力を発揮できるようになる。

おっと、ここで読者に誤解を与えるといけないので、次のテーマに移る前に、注意事項を簡単に話しておこう。

書店の本棚や電子書籍リーダーには、あまい言葉を連ねた自己啓発書が並んでいるが、この本はそうしたあまいアイデアが満載の、読者を励まして元気にする本ではない。この本のなかには「一瞬で人生を変える魔法の戦略」はない。金貨がつまった宝箱のありかを描いた地図もない。

これは、努力を惜しまない現実的な人のための本だ。これを読んだからといって、人生の苦難がなくなるわけではない。**しかしこの本を読めば、あなたが最悪のタイミングで予期せぬ行動を取るのを防ぎ、ここぞという場面で最高の自分を出せるようになるだろう。**

あなたの想像力は、〈非凡な世界〉を築くこともできれば、〈平凡な世界〉を築くこともできる。あなたはすでにどちらの世界も築いている。遊び心は8歳でなくなるわけではないことを覚えておいてほしい。遊び心を使えば、もっと優雅に人生を送ることができる。

ここで、よし、やってやろうと思った人は、ようこそオルターエゴの世界へ。能力には限界があると主張したい人、すべてが「完璧」に整うまで待つ人、野心的な他人の成功談を知るだけで満足する人は、この本を読んでから、自分はどうするかを決めてほしい。

この本を書いた目的
――私にもできたのだから、あなたにもできるはずだ

この20年間、私は一つの簡単な問いの答えを探し続けてきた――私の野心的なクライアントたちに、彼らの潜在能力を駆使して、常に最高のパフォーマンスを維持してもらうにはどうしたらいいか？　という問いだ。

私は20年以上スポーツ科学を実践し、最高のパフォーマンスを発揮する方法を模索する一方で、オリンピック選手、世界トップクラスのアスリート、一流の企業経営者、起業家、芸能人にコーチングを行なってきた。たとえば私は、次のような状況に直面してきた。

●テニスのある選手権大会で、有名なプロのテニスプレーヤーが、対戦相手に追いつかれそうになっている。この選手に逃げ切って勝利してもらうために、私に何ができるか？

●メジャーリーグのプレーオフの試合で、4万人のファンが大声援を送っている。ここでピッチャーがスタジアムの熱気にのみ込まれると、次々と打者に打ち込まれる恐れがある。ピッチャーを冷静にマウンドに立たせるために、私はどうしたらいいか？

●営業部門の管理職が、契約件数を増やしたがっている。契約件数が増えれば、会社は大きくなり、彼も出世できるからだ。では、私はどうやって彼を助けることができるか？

●ある起業家の新事業が低迷している。彼女に自信を持ってサービスを売り込んでもらうには、どうしたらいいか？
●アグレッシブなマネージャー（または副社長）を、もっと穏やかで自制心が強いリーダーにし、忍耐強く部下を育ててもらうには、どうしたらいいか？
●日々の生活に追われている夫婦がいる。彼らがもっとやさしく愛情深く子どもに接し、自宅で楽しく過ごせるようにするために、私はどうしたらいいか？
●ブロードウェイのある人気女優は、本番前になると不安と緊張でいっぱいになる。彼女にスムーズに演技に集中してもらうために、私に何ができるか？

いつの時代でも、これらの問題を解決するにはオルターエゴが役に立つ。

冒頭の控え室でのエピソードに戻ろう。ボーと私はオルターエゴとは何か、オルターエゴを使っているアスリート、私のクライアントが実践しているプロセス、オルターエゴを使ってビジネスや日常生活で何かを達成した人たちについて語りあった。ボーは偶然オルターエゴをつくり出したこともあり、この方法を使うのは自分だけだと思っていたという。

オルターエゴは人間にとってごく自然な行為であり、歴史的にもそのような事例があるにもかかわらず、長年私たちはそれを無視してきた。この本を通して、私はこの傾向を変えたいと思う。

私は15年かけてこの本の構想を練った。私の目的は、この20年間私がクライアントに教えた方法を読者に紹介し、読者にオルターエゴを使って、大小に関係なく何かを達成してもらうことだ。

あなたの〈勇敢な自己〉――内なるワンダーウーマン、ダライ・ラマ、ブラックパンサー、オプラ、フレッド・ロジャース……どんな名前で呼んでも構わないが――を目覚めさせる方法を教えよう。

あなたの〈勇敢な自己〉が活性化すると、あなたの能力、スキル、信念、個性などが次々と現れ、あなたは本当の自分を知ることになるだろう。

本書では、この方法が効果的であることを裏づける科学的根拠を説明するとともに、この方法を使って困難を克服したオリンピック選手、ビジネスマン、父親、芸能人、作家、子どもも、私のエピソードも紹介する。

02

第2章

オルターエゴはどのようにして誕生したか

本当の自分をさらけ出しても傷つくだけ
——つくり上げた人格があなたを守ってくれる

シェップ・ゴードンには「スーパーメンチ」というあだ名がある（訳注：メンチとは「立派な人」の意）。シェップはハリウッド映画のエージェントであり、プロデューサーであり、芸能人のマネージメントも行なっている。『GQ』誌では「あらゆる人を有名にする無名の人物」と紹介されている。

ミュージシャンのジミ・ヘンドリックスやアリス・クーパー、R&B歌手のテディ・ペンダーグラスやルーサー・ヴァンドロス、女優のラクエル・ウェルチ、コメディアンのグルーチョ・マルクスらがキャリアを築けたのは、シェップのおかげと言えるだろう。

シェップはいわゆる昔ながらのやり方を踏襲している。クライアントと契約を結ぶことはない。合意は握手一つで完了し、業界の人たちは、物事は彼が予測した通りになることを知っている。

今日、カリスマシェフと呼ばれる人たちがいるのは、シェップのおかげだ——この市場をつくり出したのはシェップだからだ。シェップがいなかったら、エメリル・ラガッセ、ダニエル・ボールド、ウルフギャング・パックらは今も知られざる存在だったかもしれない。

俳優にして映画監督でもあるマイク・マイヤーズは、シェップの人生をドキュメンタリー映画に仕上げ、『スーパーメンチ——時代をプロデュースした男！』という絶妙なタイトルをつけた。

ジェイソン・ゲイナードが主催する「マスターマインド・トークス」は、クリエイターや企業家や芸術家が集まる、世界的に有名なイベントだ。

このイベントで、私は偶然シェップと出会った。シェップは類いまれなストーリーテラーだ。彼が語ったアリス・クーパーのエピソードは美しくも愉快だった。彼がマネージャーを務めた有名人の話はどれも刺激的で、爆笑することもしばしばだった。

私は１５０人の聴衆に交ざってシェップの話を聞いていた。ハリウッド屈指のスーパーエージェントである彼がエピソードを語っていると、誰かが「あのトップスターたちにどうやってハッパをかけて、ハイレベルなパフォーマンスを維持させているのですか？」と訊ねた。

シェップ・ゴードンは、印象深い話を率直に語った。

一人ひとり、個性がまったく違うからね。でもシェフであれ、芸能人であれ、私がすべてのアーティストにあてはめる一般的なルールが一つあるんだ。

それは、公の場で本当の自分をさらけ出しても、ハッピーにはなれないということだ。自分の性格を発展させて、なじみのあるキャラクターをつくり上げると、このキャラクターはこんなときはこうすべきだと意識してしまう。記者会見では、質問にどう答えるべきかを常に意識するため、自分に自信を持つことはないだろうね。

だが、あなた個人は何が正解なのかわからない。精神的にきついし、物事を個人的に受け取ると、傷つくだろう。つくり上げたキャラクターに対して悪評が立ったら、キャラクターを変えればいい。でも自分をさらして酷評されたら、心に深い傷を負うこともあるだろう。

一般化はできないけれど、大体において、いわゆる有名人は「みんなが好きなのは私ではなく、私が彼らの前で演じるキャラクターだ」と思えば気が楽になるのではないだろうか。『スーパーメンチ』を見た人のなかには、私のところに来て「あなたはすごい。とてつもない人だ」と話しかけてくる人がいる。私のことを何も知らないのに。彼らが知っているのは、映画に登場する私のキャラクターだ。そんな感じで、頭のなかで人格を分けておく方がずっと賢明だ。

私の仕事のことを知っているのか、聴衆のうちの15人ほどがすぐさま私を見た。びっくりして口をぽかんと開ける人もいた。にやりとしてウィンクする人も。ステージ上でインタビューしていたジェイソンは、聴衆のなかにいる私に気づくと、首を振って「ああ、きみは長年このテーマについて話してきたんだったな」と言いたげな表情を浮かべた。

そのあと、シェップと私はこのコンセプトについてさらに議論した。そしてオルターエゴは、ステージやフィールドで注目を浴びる著名人や芸能人やアスリートにとどまらず、万人に通じるテーマだということで意見が一致した。

人生の困難に立ち向かい、失敗してもくじけないためにも、オルターエゴはあなたや私はもちろん、誰にでも役立つツールだ。

自分の傷つきやすい一面を守りながら、創造的な一面をもっと伸ばそう。あなたが活躍したいと願う〈フィールド〉では、もっと意図的にキャラクターを演じようではないか。

オルターエゴは、これを試した数多くの人たちから支持されているだけではない。具体的に言うと、私が20年以上かけてつくり上げたこのシステムの効果は、この方法で成功した大勢の体験談や研究によっても証明されている。本文のなかで彼らの成功談をいくつか紹介しよう。

オルターエゴのルーツ
――「信頼できる友」「もう一人の自分」

オルターエゴについて初めて語った人物は、紀元前1世紀のローマで政治家にして哲学者でもあったキケロだといわれている。もっとも、キケロが自身の哲学書のなかで使ったのは、「第二の自己」。信頼できる友」という意味でだったが。[*1]

ラテン語では「もう一人の自分」を意味する。

オルターエゴの概念が何世紀も前からあったことを証明するために、どちらの定義もとても重要だ。「信頼できる友」であれ「もう一人の自分」であれ、この語源のルーツを見ると、これらが良い意味で使われていたことがうかがえる。

キケロが今も生きていたら、人間のごく自然な行為に名前をつけただけだと語るだろう。オルターエゴをつくったのが私ではないのと同じで、キケロがつくったわけでもない。私がやったことは、オルターエゴを構築するシステムと、そのすばらしい威力を発揮させるためのフレームワーク（オルターエゴ戦略）をつくったことだけだ。この本を読めば、人々が多種多様な目的のためにこの戦略を使っていることがわかるだろう。

私はカナダのアルバータ州にある小さな農村で育った。6000エーカーの牧場を営む実家で暮らしていた私が、初めてオルターエゴのパワーを知ったのは10代の頃だ。当時の私はフレンドリーでスポーツ好きの少年で、恐ろしく負けず嫌いだった。何につけても二人の兄――ロスとライアン――と競おうとした。兄たちにはめったに勝てなかったが、いつか兄たちを負かす日が来ると予感していたし、私が勝っても、彼らにぐずぐずと言い訳させなかった。

スポーツは私にとって逃避だった。一見すると負けず嫌いで生意気な子どもだったが、内心は自信がなくて不安で仕方がなかったからだ。私はいつも、みんなに好かれているか？どうやって人を味方につけるか？　どうすれば好印象を抱いてもらえるか？　といったことばかり考えていた。だがスポーツをすると、そうした不安が吹き飛び、私は競争心の塊になった。

だが、問題が一つあった。私は感情をコントロールできなかったのだ。

14歳のとき、私が通っていたいなかの小さな学校が、サスカチュワン州のゴールデン・プレイリーで開催されたバレーボール大会に出場した。試合中に対戦相手である一人の選手が、ネット越しに何度も私を挑発した。少年はスパイクを打つときも、ジャンプしてボールをブロックするときも、わざと脚を蹴り上げて、私の股間にあてようとしたのだ。

1回目は、偶然だと思ってやり過ごした。しかし少年はやり続けた。私は審判に訴えたが、審判はホームチームの選手にファウルを取る気はなさそうだった。試合が進むにつれて、少年は大胆に蹴るようになっていった。そして、ついに少年の蹴りが私の股間を直撃すると、私は怒りを爆発させた。少年が床に着地するや否や、私はネット越しに少年のユニフォームをつかんで引き寄せ、ピストルに弾を装塡するみたいに拳を引き、繰り出して少年の顔を殴ったのだ。少年は床に倒れた。

会場は大騒ぎになった。中学生のバレーボール大会でこれほどの騒ぎが起きようとは。複数の審判が笛を鳴らし、選手とコーチが少年に駆け寄り、私のチームメイトは「何が起きたんだ？」と言いたげに私を見た。

その日、私が退場を言い渡されたあと、コーチのヘンダーソン先生がぼくを椅子に座らせ、二人で腹を割って話しあった。先生は、挑発に乗って学校の面目を潰してしまった私を厳しく叱った。

しばらくの間、先生は私のスポーツマンシップについて語ろうとしたが、私と率直に議論するうちに、我慢がならなくなったようだ。「まずはその態度を大いに改めた方がいい」と言い出した。

私の夢がいつかカレッジフットボール（訳注：アメリカの大学が参加して行なわれるアメリカンフットボールの大会）に出場することだと知っていた先生は、こう言い放った。「トッド、きみは知ったかぶりをするから、指導しにくいんだ。チームメイトが失敗すると怒鳴るから、みんなはきみと一緒にプレーしたがらない。そのやり方を改めない限り、夢をかなえる道のりは必要以上に険しくなるだろう」

ヘンダーソン先生は、私が人生で出会った大勢の恩師の一人だ。先生の言い方を手厳しいと感じる読者もいるだろう。しかし私は先生と親しかったし、尊敬もしていた。だからといって私が黙っていたわけではない。私は言い返した。

すぐれたコーチの例にもれず、先生も私に「自分で考えろ」と言って立ち去ることはしなかった。「目標を達成したければ、心の動きをコントロールしなければね。きみに読んでほしい本があるから、月曜日に学校へ来たら、図書館で借りてほしい」

先生に言われた通り、私はその本を借りてきたが、正直言って退屈な本だった。だが、こちらがはっとする箇所が一つあった。心について書かれた箇所だ。好奇心をかき立てられた私は、インナーゲーム（訳注：勝負において、競技者の心のなかで行なわれる勝負のこと）、メンタルの強さ、瞑想（当時はまだ宗教的な行為だと思われていた）、ゾーンに入る方法などについて学び始めた。

もう一つの私の顔

——私の人生を変えたある日の空想

1876年のこと。ネイティブ・アメリカンの伝説的な首長シッティング・ブルは、リトル・ビッグホーンの戦いでジョージ・アームストロング・カスター中佐が率いるカスター隊を全滅させたあと、スー族を引き連れて国境を越えてカナダに逃れた。

彼らがカナダに入ると、カナダ騎馬警察は彼らを亡命者として迎え入れ、アメリカ陸軍から守ってやると約束した。シッティング・ブルはカナダに4年間とどまって、他の部族と和平交渉を行なったが、最後にはアメリカに帰国して投降した。

カナダに入国したシッティング・ブルが、カナダの白人によって捕らえられ、居住地として住まわされた地域は、うちの牧場の近くだった。

この話は、私がバレーボールの試合で激怒した出来事とは無関係だ。だがこれから説明する内容とは大いに関係しているし、あなたが自分の〈勇敢な自己〉を解き放つための模範を探すときに、役に立つかもしれない。

牧場に生まれ育ち、父親からいろんな作業を手伝わされたこともあり、私たちはいつも広大な土地を耕したり、雑草を刈ったり、牧草地を歩きまわったりした。農作業で外に出ると、ネイティブ・アメリカンが夜にキャンプをした跡を見つけることがある。たき火をした痕跡を見つけると、私はいつも辺りを掘って、矢じりなどの道具を探したものだ。

歴史の舞台となった地域に住んでいたため、私はネイティブ・アメリカンの文化にすっかり魅了された。ある日私は、ソファに寝転んでウォーダンス（少人数のネイティブ・アメリカンがたき火のまわりで踊ったり、歌ったりする儀式）に関する本を読んでいた。

その本によると、この儀式は彼らが「一つに団結」し、無事に旅を終えられるよう精神を統一するために行なうのだという。


突然、何かがひらめいた。私は本を胸に抱えて、部族の戦士たちにチャネリングし、彼らと一緒に原野へと出発する自分を思い描いた。すると集中力が高まり、誰かに支えられ、信頼されているような気がした。

この空想によって私の心は穏やかになり、目的に集中できるようになった。

次にアメフトのフィールドに出るときは部族の戦士になろうと決めた。私は細身だったが足は速く、おまけに力強いプレーがしたいと願っていた。戦士になったつもりでプレーすると、集中力は高まったが、まだ何かが足りなかった。

そこで私はあこがれの選手に自分を重ねあわせることにした。たとえばシカゴ・ベアーズで抜きんでたランニングバックだったウォルター・ペイトンや、サンフランシスコ・フォーティナイナーズでディフェンスの要だったロニー・ロット。試合前になると私は、ペイトンとロットのトレーディングカードを5枚選んで、ユニフォームのなかに忍ばせた。

ペイトンのカードを、ヘルメットのなかと太ももに装着するサイパッドに一枚ずつ入れながら、ペイトンみたいに走り、フィールドを見渡す自分をイメージした。それからロットのトレーディングカードをショルダーパッドに一枚ずつ入れながら、ロットみたいに否応なしに相手を押さえ込む自分や、強力なタックルを決める自分をイメージした。

すべてのカードをテープでとめてから、私はフランケンシュタインみたいなオルターエゴに切り替えてフィールドに向かったものだ。私のオルターエゴは何人かの個性を組みあわせたものだったが、効果はあった。

結果的に、私は細身の体というハンデを感じさせないプレーができた。最後には夢をかなえ、カレッジフットボールに出場した。

といっても、すべての問題が解決したわけではない。学校や私生活ではまだいくつかの問題があったからだ。

しかし私は、いつもそうした問題をすべてサイドラインの外側に置いてからフィールドに入り、最強の自分を出して全力で戦った。シェップが語ったように、オルターエゴは盾となって私の〈根源的自己《コア・セルフ》〉を守るとともに、勝つためには誰をフィールドに立たせるべきかが明確にイメージできるようにしてくれた。

心にはまだまだ知られざる謎がある
——別の人格になると「症状」が消える?

『Mr.ビーン』でおなじみのイギリスの人気俳優ローワン・アトキンソンは吃音《きつおん》があり、そのせいで学校でいじめられていたという。

アトキンソンは高校を卒業したあと、オックスフォード大学で電気工学を専攻して修士号を取得する。大学時代、吃音のあるこの聡明な青年は演劇と出あってのめり込んでいったが、その過程でおもしろいことを発見する。

2007年8月23日に発売された『タイム』誌の記事のなかで、アトキンソンは、吃音はどうなったかと訊ねられる。彼はただ「出るときもあれば、出ないときもある。でも、誰かの役を演じているときはうまく話せるんだ。私が俳優になろうと決意したのには、そのことも関係しているだろうね」と答えている。

アトキンソンの話は、人間の未知なる一面を浮かび上がらせる——脳の仕組みについてすべてが解明されたわけではない、ということだ。私たちはまだこの「未知の領域」の全体像をつかもうと探索中なのだ。

だが、わかっていることもある。たとえば、想像力を意図的に使えば、驚異的な力を発揮して新しい世界や新たな可能性をつくり出すことが可能だということだ。あとで紹介するが、アスリートのなかには「別の自己」を活用することで、身体能力を変えた人がいる。しかも彼らの親たちが、大金を積んでスキルトレーニングをさせても直らなかった問題も解決できたのだ。

心には知られざる謎があるが、こうした不可解な現象を説明する理論はある。

オプラ・ウィンフリーの靴に救われたジョニー・ジャック
――〈変身アイテム〉で自分を変える

まずは20代の頃の私の話を紹介しよう。再びオルターエゴの概念に戻るが、当時の私はまだこの表現を使ってはいなかった。空いた時間に、副業でスポーツトレーニングを始めた頃のことだ。

クライアントの紹介もあって仕事はうまくいっていたが、生計を立てるには不十分だった。人々を助けられると思っていたが、大々的に自分を宣伝する勇気はなかった。

まだ若いことに引け目を感じ、誰も私の話を真剣に聞いてくれないだろうと不安を覚えた。40歳以上でなければ相手にしてもらえないと思ったのだ（実際、私の頭のなかでは、尊敬されるのは40歳からだという思い込みがあった。どうしてそう思い込んだのかはわからない）。

おまけに童顔だった私は12歳ぐらいに見えた。

ある日の午後、私はやるべきことを先送りして、トーク番組『オプラ・ウィンフリー・ショー』を見ていた。その番組は私の人生を変えることとなった。言い古された陳腐な表現だが、言い古されるということは、実際にそんなことが起きるからに他ならない。

番組にはジョニ・ジャックという女性が出演していた。1997年のある日、ジョニはチャリティセールでオプラ・ウィンフリーの靴を買ったが、その靴が彼女の人生を変えたのだという。「その靴を買い、すごく気に入ってたから寝室に置いておいたの。そして憂うつでくじけそうになって、でも話しかける人が誰もいないとき、私はその靴を取り出して――」[*2]

そこでオプラが口をはさんだ。「私の靴を履いたのね。当時、あなたはよく私の靴を履いたけど、今は前ほど靴を履く必要がなくなったんでしょう。だって今はもう自分の足で立てるようになったから」

そのあとでジョニはこんな話をしている。「世間の重圧が消えてなくなったの。その日から人生が変わった」

その瞬間、私ははっとすると同時に、自分がスポーツの試合でよくオルターエゴを使ったことを思い出した。ジョニのおかげで、何かがわかった気がした。どういうわけか私はオルターエゴを仕事で使おうと思ったことがなかったが、結局のところ、世の中も試合と同じようなものではないだろうか。

ジョニが自信を持つためにオプラの靴を履いたように、私も自分が何を使えば仕事でもっと堂々と振る舞えるかすぐにわかった。

子どもの頃、私は頭のいい人たちが大抵めがねをかけていることに気づいた。人間は、若い頃にまわりの人々の常識や振る舞いを見て、それを基に自分の考え方や行動が形成される。私はめがねを見ると、真剣に話を聞かなければならない賢い人だと連想するようになっていたのだ。

そんなわけで、「私がめがねをかけたらどうなるだろう?」と思いついた。ばかげたアイデアとも思ったが、やってみる価値はありそうだった。常々、人がめがねをかけると頭が良くてまじめそうに見えたので、私がめがねをかければ、見込み客に好印象を与えられるかもしれない。

実際にさまざまな研究結果からも、めがねをかけた人は誠実で、勤勉で、頭が良くて頼りがいがあると見られやすいことが証明されている。[*3]

弁護士は、クライアントである被告人に法廷ではめがねをかけさせるという。ハーヴェイ・スロヴィス弁護士は、『ニューヨーク』誌でこう語っている。「めがねをかけると落ち着いた人との印象を与え、犯罪に手を染めるような人には見えなくなります。私がこれまで弁護を担当した裁判でも、被告人の犯行を示す証拠がたくさんあったにもかかわらず、被告人がめがねをかけて裁判に臨み、無罪となったケースがたくさんあります。めがねをかけるだけで、やぼったくて無害な人との印象を与えることができるのです[*4]」

さらに、何百万人もの人々の先頭に立ち、20世紀でもっとも尊敬された人物も、必要がないのにめがねをかけていたことがわかった。

マーティン・ルーサー・キング・ジュニア（キング牧師）だ。キング牧師がめがねを利用したのは、めがねをかけた方が「威厳があるように見えた」からだという[*5]。

こうした道具が、大勢の状況を劇的に変えてきたのだ。この本を読んでいる人（あなたかもしれない）が変化の先駆けとなって、埋もれていた自分を解き放ち、すごいことを成し遂げる可能性もある。

オルターエゴを起動するために〈変身アイテム〉か〈記念アイテム〉を使うが、あとでこれらのトリガーの効果を裏づける科学的根拠についてお話しする。

テレビでジョニの話を見てインスピレーションがわいた私は、早速めがね店に駆け込み、だてめがねがほしいと言って店員を驚かせた。「本当に度の入っていないめがねをご希望ですか？」と店員に確認されたぐらいだ。

「ええ。お願いします」

「でも、視力に問題はありませんよ。どうしてめがねをご希望なんですか？」

「変わり者だからですよ。とりあえず、めがねをお願いします」

今でこそ、めがねはファッションアイテムとなったが、これははるか前の話だ。私は見込み客に対応するときに、めがねをかけるようになった。スポーツの試合に出るときに、ペルソナを使ったのと同じ要領で、だ。

めがねをかけると、私はオルターエゴの「リチャード」に変身する（リチャードは私のファーストネームでもある。だが私はいつもトッドという名前を使っている）。私がめがねをかけるのはリチャードになりたいときだけで、商談が済むとすぐにめがねを外す。

「別バージョンの自分」を使う人たち
――「小道具を使っているのでは？」という私の直感

アスリートのコーチングを始めて何年か経過したところで、かつて私が試合を有利に運ぶため、そしてパフォーマンスを上げるために行なったことを、他のアスリートも実践していることが判明した。

私が指導する水泳選手のなかに、オリンピックのチームに選ばれることが確実視されている逸材がいた。ある日その選手が「プールに飛び込んだ瞬間に、別バージョンの自分に変身するんです」と語ったのだ。

彼女の言葉を聞いて、私は立ち止まって考えた。これはおもしろい。以前に他のアスリートも同じようなことを言ったが、彼女の言葉には私をはっとさせる何かがあった。

このときまで、私は気づくことも、注意を払うこともなかった。クライアントのことを詳しくメモしている私は、彼女が「別バージョンの自分」と言ったあと、早速古いメモ帳を何冊もめくって同じようなコメントを探した。

驚いたことに、似たようなことを言うアスリートは一人や二人ではなかった。たくさんいたのだ。

だが、〈オルターエゴ〉だの〈秘密のアイデンティティ〉だのと表現した人はいなかった。オリンピック候補の水泳選手と同様に、「別バージョンの自分」と呼ぶ人もいた。映画やコミックスのヒーロー、たとえばウルヴァリンになりきると語る人もいた。

多くのアスリートは、コミックス、スーパーヒーロー、スポーツ界のヒーローを挙げては、その人になった自分をイメージすると語った。

このパターンに気づいた私は、クライアントが別バージョンの自分になると打ち明けてくれるたびに、小道具に何を使うのかと訊ねるようになった。私自身がトレーディングカードやめがねを使ったのだから、他の人も小道具を使って別バージョンの自分を出現させるのではないかと思ったからだ。

直感はあたった。多くのアスリートは小道具を使っていた。

ただし、私はこのパターンに気づくだけでは物足りなかった。この方法を使ってアスリートをサポートする方法を見つけたいと思ったからだ。

「インナーゲーム」を克服しよう
——オルターエゴ戦略という新しい方法

アスリートは自己評価、自己批判、不安感などに悩まされることが多い。バスケットボールの試合で同点弾となるラストショットを放てなかったり、野球の試合で、同点でランナーが2塁、3塁という好機でバッターが三振に終わったり、ゴルフの試合でリードを奪えそうな状況でパットを外したりするのは、内なる批判的な声が邪魔するからだ。障害となる何かがあるからだ。

このような「インナーゲーム」を克服して能力を発揮できるようにするためのツールはたくさんある。そのうちのいくつかは長期的な戦略だ。たとえば——

●瞑想
●指導法の改善
●リラクゼーションと呼吸のコントロール
●イメージトレーニングとビジュアライゼーション
●スキルアップ
●ルーティンをつくる
●目標設定
●場合によっては、セラピーも

私はすでに、クライアントのコーチングでこれらの戦略を使っていた。ところがある木曜日、私のもとに訪ねて来た人から「土曜日に重要な試合があるので助けてほしい」と頼まれた。この要望に応えるには長期的な戦略以外の何かが必要だった。その人を今すぐサポートできる何かだ。

先に挙げた戦略には、短期的に使えるものもあったが、何度も安定して結果を出してきた戦略が一つだけあることに私は気づいた。オルターエゴ戦略だ。これが中心的な戦略であることにも、私がプロスポーツ界で「オルターエゴの人」と呼ばれているのにも、理由があるのだ。

このキャリアを始めて20年が経過し、今や私はスポーツ界やエンタメ界を超えてこの戦略を人々と共有している。オルターエゴ戦略を使って起業の資金を調達した人、より良い親になった人、新しいオンラインビジネスを立ち上げた人、本を書いた人、長年温めてきた目標に向かって動き出した人も見てきた。

これまでに何度もオルターエゴ戦略について話した。では、この戦略がどう作用し、なぜ効果があるのかを説明しよう。

03

第3章

オルターエゴ戦略のすごい力

感情を制御できないと才能が無駄になる
——ここ一番は「何者か」になって乗り越える

イアンは、聡明なマーケティングのプロであり、年商数百万ドル規模のネット通販企業の創業者でもある。企業家になる前、イアンはすぐれたテニスプレーヤーだった。「高校時代に活躍したとかそういうレベルじゃないよ。大学生の頃に全国大会で優勝したんだ」とのことだ。

3歳でテニスラケットを握ったイアンは、負けず嫌いで短気な性格だったが、さらに上のレベルを目指せるだけの身体能力を持っていた。

だが残念ながら、全国大会優勝が彼のピークだった。「ぼくと試合をした人に訊けば、みんな同じことを言うだろう。ぼくは才能を無駄にした典型例だった。腕は一流なのに、メンタルや感情をコントロールできなかった。テニスコートではサイコパスになり、試合に負けるとラケットを壊したり、壁を殴ったりしたんだ」

イアンはなぜこれほどまでいらいらし、カッとなって激怒したのか？　しょせん、ただのテニスの試合なのに？　ただし、イアンにとってはただのテニスの試合ではなかったし、週末の試合で負けただけだと済む話でもなかった。

「ぼくのなかでは、試合に負けただけどころではなかった。テニスプレーヤーはぼくのアイデンティティだったから、人間失格の烙印を押されたように感じたんだ」

さて、ここでいったん停止して、このセリフを再生しよう――「テニスプレーヤーはぼくのアイデンティティだったから、人間失格の烙印を押されたように感じたんだ」

ああ、確かに！　と思った人はいるだろうか？　野心的な人は思いあたるふしがあるかもしれない。イアンの言葉は、オルターエゴ戦略と、これから私が説明するモデルの核心を正確に言いあてている。オルターエゴが無数の人々から共感される理由、人々に決定的な変化をもたらす理由を挙げると――

1. この戦略を理解できるし、あなたもその方法を知っているから。
2. あなたには多面性があること、状況に応じてさまざまな役割を担っていること、場面によって意図的に自分を演じ分けていることに気づかされるから。つまりあなたは、クラーク・ケントでなくてもスーパーマンになれるのだ。
3. 才能も能力もある人が、思うようなパフォーマンスができない根本的な理由はここにあるから。彼らは、〈フィールド〉や〈決定的な瞬間〉においては、意図的に「何者か」になる必要があることに気づいていない。

「何者かになる」とはどういうことか？　説明しよう。

現在のあなたが形成されるまで
――〈根源的自己〉は「本質的な動機」の源

オルターエゴ（または〈秘密のアイデンティティ〉）を構築するプロセスを紹介する前に、この戦略がなぜ強力なのか、さらにはなぜ重要な場面で失敗しそうな性格が出てしまうのかを説明しよう。これから数ページをかけて、モデルを提示しながら、現在の自分が形成された過程をお話しする。そのあと、この戦略を使ってもっと自信と勇気と信念を持って人生を歩む方法を考える。

あなたにはまず、〈根源的自己〉があることを認識してほしい。

可能性は〈根源的自己〉にあるからだ。この内核とも呼べる深部には創造力が秘められており、あなたによって意図的に起動されるのを待っている。あなたが即座に何かを変えられるのは、このすばらしい想像力、創造力、決定力があるからなのである。

〈根源的自己〉にはあなたの心の底からの願望、野心、夢が宿っている。本当にやりたいことがあるのに、それをなかなか認められない場合、おそらくあなたは〈根源的自己〉という内なる声を避けているのだろう。こうして心のなかでせっつかれると、あなたは行動へと駆り立てられ、あなたがわくわくすることやうれしくなるものを手に入れようとする。

〈根源的自己〉は「本質的な動機」の源でもある。「どうして私はこれをするのか？」とか「なぜ私はこれが気になるのか？」と自問しても答えが見つからないとき、おそらくその原因は内的な動機にあるだろう。内的な動機はとらえどころがない。触れることも、つかむことも、人に見せることもできない。人間にはいくつもの内的な動機があり、あなたがそれをうまく利用すれば、もっと有意義な行動を取れるようになる。

たとえば――

●成長。改善したい、常にもっと良くなりたいと望むこと

- ●好奇心。新しいことを発見したいと望むこと
- ●習得。何かを学んで、うまくなりたいと望むこと
- ●冒険。何かに挑みたい、世界や自分をもっと知りたいと望むこと
- ●喜び。努力して充足感を味わいたい、時間を忘れるほど没頭したいと望むこと
- ●自制。自立したい、自分の人生の主導権を握りたいと望むこと
- ●愛情。誰かまたは何かを心の底から大切にしたいと望むこと

こうした内的な動機は、あらゆる人のなかになんらかの形である。人間の本能のなかに刻み込まれているのだ。おまけにこれらは、有意義な人生を送るためにきわめて重要だ。〈根源的自己〉以外にも、私たちの人格を形成する層が何層かある。私たちの思考、感情、行動に影響するこれらの層を〈根源的自己〉と混同したとき、問題は生じる。「私はいかにして現在の自分になったのか」と解き明かそうとすると、にっちもさっちもいかなくなるだろう。考えれば考えるほど、堂々巡りして行きづまるからだ。

重要な意思決定を下さなければならないときに、なぜ優柔不断になってしまうのか？　特定の人と同じ部屋にいると、なぜ口を開けなくなり、神経質になり、いろんな臆測をしてしまうのか？――考えても理由はわからないだろう。

営業電話の最中に、潜在顧客を逃してしまうと知りながらも、延々としゃべり続けてし

図3-1 第1層——根源的な原動力の層

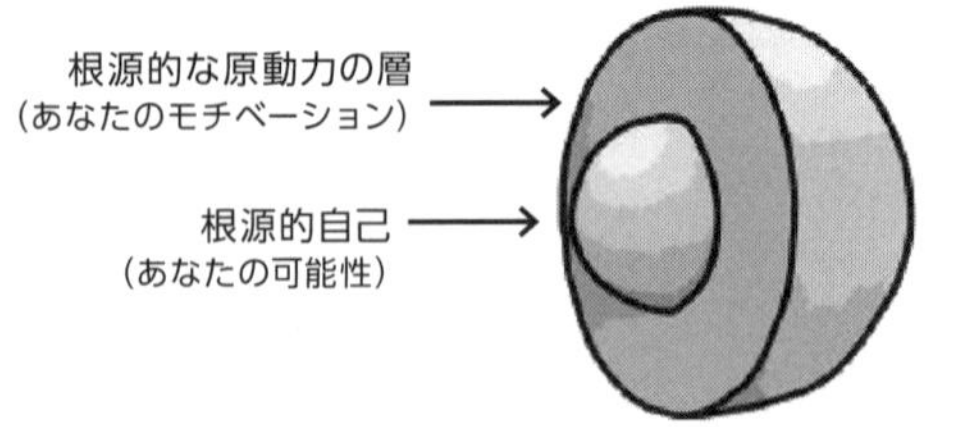

まったことはないだろうか？　起業したいという夢を長年温めながらも、何もしなかったことは？　考えてもその理由はわからないだろう。

人間はその核心において、創造的な可能性を秘めたエネルギー体だと理解することが重要だ。あなたは、どうしてこんな人間に成長したのだろうと疑問に思ったことや、「でも、これが私なんだ。これがありのままの私なのだから」と自分に言い聞かせたことがあるかもしれない。

だが、本当にそうだろうか？

私たちの人格、特にさまざまな〈フィールド〉で現れる人格や行動は、内的な要因や外的な要因に大いに影響される。

第1層——根源的な原動力の層（あなたを超えたスケールで、あなたの原動力となっているもの）

この層には、あなたが心から大切に思うもの、深いつながりを感じるもの、深く共鳴するものがある。これらはあなたに目的意識を与えると同時に、自己を形成する何かだと感じ

図3-2 第2層——見解の層

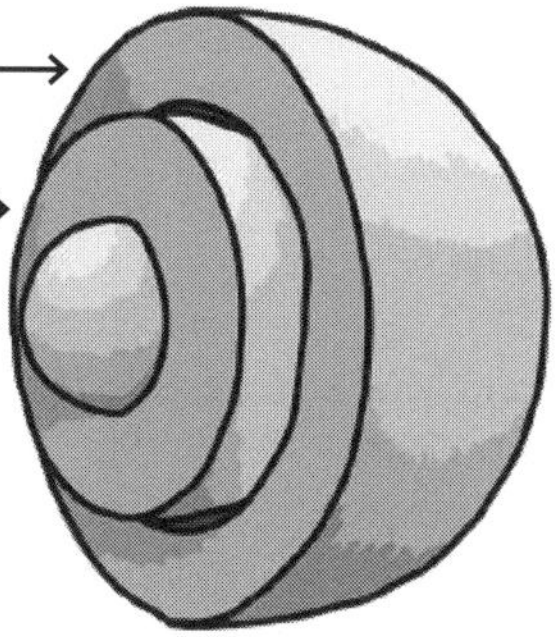

る人も多い。あなたの心の奥底にある目的は、家族、コミュニティ、国、宗教、民族、ジェンダー（性差）、同族グループ、アイデア、大義と関係しているかもしれない。とはいえあとで説明するが、こうした根源的な原動力は、あなたに悪い影響を与えることがある（その他の層についても同じことが言える）（**図3-1**）。

第2層——見解の層（自分自身と身近な世界をどう定義するか）

自分自身や身近な世界をどうとらえるかといった、あなたの態度、信念、価値観、認識、経験、期待はこの層にある（**図3-2**）。

第3層——行動の層（どう振る舞うか）

この層には、あなたが長年蓄積してきたスキル、能力、知識がある。〈フィールド〉や〈決定的な

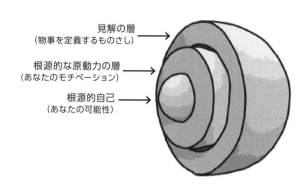

図3-3 第3層——行動の層

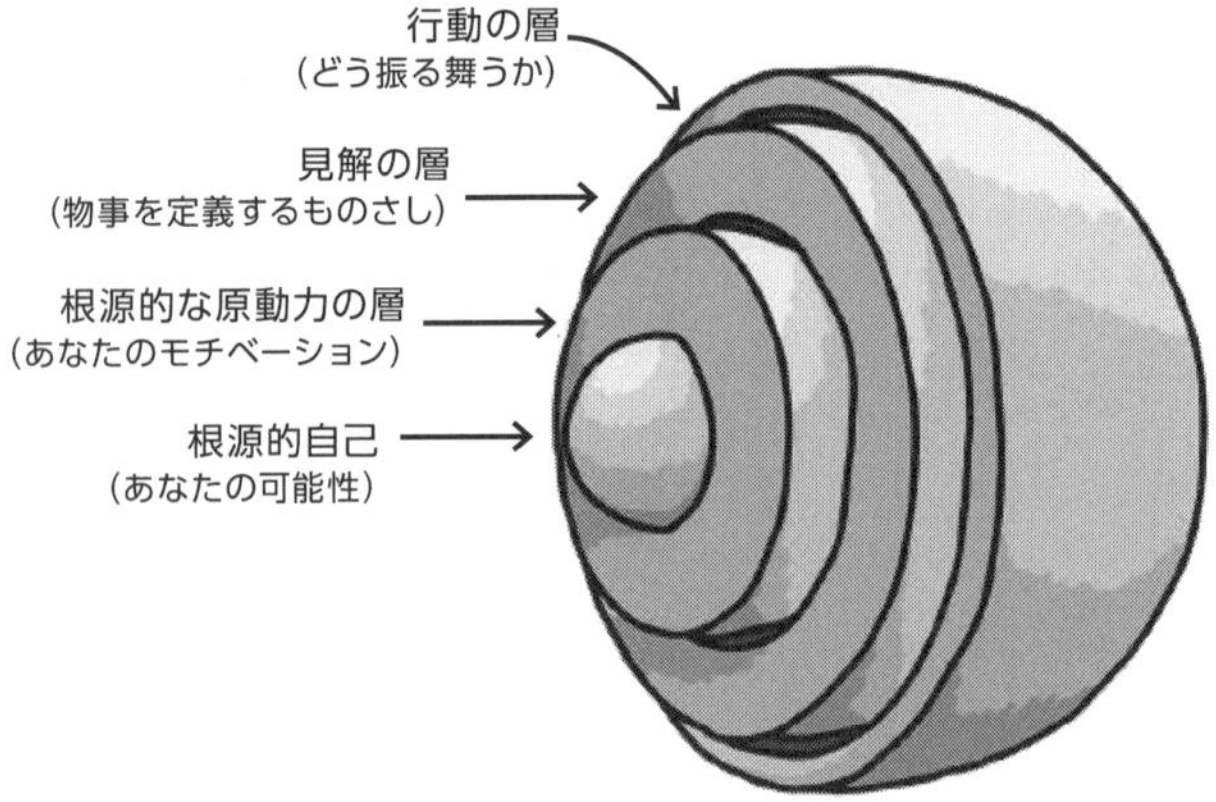

図3-4 第4層——フィールドの層

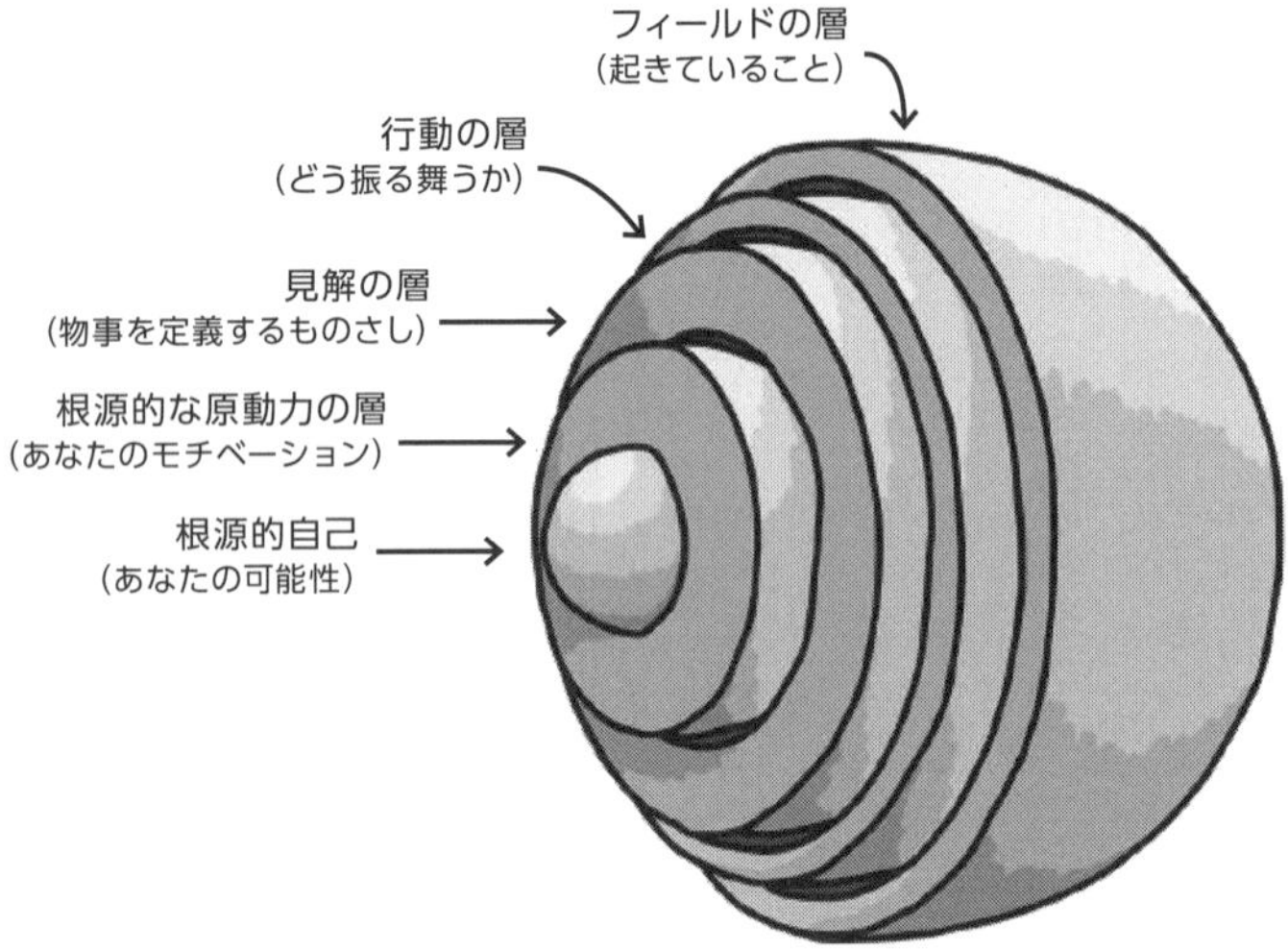

瞬間〉でのあなたの態度、行動、反応もこの層にある（**図3-3**）。

第4層——フィールドの層（起きていること）

これは状況に関わる層だ。この層において、私たちは物理的な環境、状況、制約、人々、場所、関わる物、人々による期待などの影響を受ける（**図3-4**）。

これらの層はすべて、あなたの考え方や感じ方に影響したり、形成したりするとともに、人生のさまざまな場面や〈フィールド〉で自分をどう評価するかにも関わる。これらの層は長年の間に徐々に形成される。私たちはときに無自覚に行動するが、それは意識の外にあるものに影響されて行動するからだ。これからこれらの層について説明するとともに、オルターエゴを使って行動や思考を変える方法も紹介する。

仮にあなたが自分は親切でやさしい人間だと思っているとしよう（申し分のない性質だ）。だが職場という〈フィールド〉では、周囲があなたの親切な性格につけ込んで、多すぎるほどの仕事を押しつけたり、あなたに不利な条件で契約を結ぼうとするかもしれない。

そうならないためにも、職場にふさわしい人格を意図的に出す必要があるのだ。これはあなたらしさをないがしろにする行為ではない。成功するためにあなたのどの性格を表に出すべきかを考え、オルターエゴの助けを借りて、その一面を出してほしいのである。

聖歌隊からスーパースターへと羽ばたいたビヨンセ

――オルターエゴが隠してくれる「本当の自分」

デトロイトのイーストサイドにあるアフリカ系の人が多く済む街で、住民たちは日曜日を心待ちにしていた。日曜日に起床すると、人々は礼服に着替え、「天使の歌声」を聴くためにセント・ジョンズ統一メソジスト教会に向かった。聖歌隊には歌の上手な隊員がたくさんいたが、一人だけ別格の歌い手がいたからだ。

ジェイダは、ゴスペル好きのキリスト教徒の家で生まれ育った。家のなかは絶えず音楽や歌声であふれ、ジェイダと妹は、リクエストされるたびに大声で歌ったものだった。

デトロイトの東側の人たちは、日曜日にジェイダが披露する歌声にたびたび聞き入った。ジェイダの独特な声に気づいた父親は、デトロイト付近で歌のコンクールが開催されるたびに、ジェイダとその親友のアリシアを出場させた。

最初は二人グループだったが、やがてラップやダンスもこなす6人のガールズグループに成長し、コンクールで優勝するようになった。

何年か経過すると、この信心深い家庭で育ったゴスペルのうまい少女は、国内の注目を集めるようになったが、一つだけ問題があった。ジェイダは、ステージの上で挑発的な歌を歌うのも、踊るのも得意ではなかったのだ。だがクリエイティブに表現することや、ステージ上で感じる自由はたまらなく好きだった。彼女の野心は、心のなかで葛藤を引き起こした。

で、どうしたかって？ ジェイダは「ヘイリー・ストーム」というオルターエゴを使うことにした。ジェイダ、つまり本当の自分と違って、ヘイリーは観客を挑発することを厭わない。何千人もの観衆で会場が埋まるなか、ヘイリー・ストームはステージ上で激しく踊ることも、腰をくねらせることも、目立つことも恐れなかった。教会の信者たちをうっとりさせたゴスペルの若き歌い手は、世界的なスーパースターへと成長した。

ただし、実はこの少女はデトロイト出身ではなく、名前もジェイダではなく、オルターエゴもヘイリー・ストームではなかった。もうお察しかもしれないが、このスーパースターこそが、テキサス州ヒューストン出身のビヨンセ・ノウルズだ。そして彼女のブレイクに一役買ったのが、「サーシャ・フィアース」という名のオルターエゴだった。もっとも、セント・ジョンズ統一メソジスト教会という名前は本当で、彼女は毎週日曜日にここで人々をうならせた。

いくつかのインタビューで、ビヨンセはオルターエゴをどう使ったか、なぜ使ったかについて語っている。

「ステージに立つ自分の動画やテレビに映る自分を見ると、『この子は誰？』って思う」[*1]

「私はオルターエゴをつくり出したわ。普段はやらないことでも、歌うときにできるようになるから。インタビューでは出さない私の一面を、さらけ出すことができるの」[*2]

「(ステージの上では) 体外離脱を経験する。脚を切っても、倒れても、痛くもなんともないのよ。怖いもの知らずになるから、自分の顔や体も意識しなくなるの」[*3]

「仕事をするときや、ステージに立つときは、誰かが私の体を乗っ取るの。私がつくり出したこのオルターエゴは、私を守ってくれるし、本当の自分をさらけ出さずに済むの」[*4]

2008年にアルバム『アイ・アム…サーシャ・フィアース』をリリースしたあと、彼女はオルターエゴを使うのをやめた。ビヨンセは別人格に変身するためか、さまざまなパフォーマンスを試みるためか、なんらかの理由で「サーシャ・フィアース」に助けられていたが、パフォーマーとして完成してオルターエゴを必要としなくなったからだ。

人生を振り返って、自分を「パフォーマー」と呼ぶことをためらう人もいるだろう。ビヨンセ、エレン・デジェネレス、デヴィッド・ボウイなどの「ショー」をするアーティストと違って、私は「パフォーマンス」はしないからと思う人もいるだろう。

だが、「ショー」とは人々の期待に応えることだと言えば、あなたにもあてはまるのではなかろうか? 誰にでも応えなければならない期待、つまりショーがある。果たさなければならない責任、つまりショーがある。多くの人は困難だが、やりがいのある野望を心に秘めているし、できるかどうか自信のないことを頼まれることもある。だったら、オルターエゴを使わない手があるだろうか？

あなたにはすでに立っている舞台、あるいは立ちたい舞台がある。となれば、舞台の上で英雄的な自分を見せたいと思わないだろうか？

私は、オリンピック選手やCEOなどの一流パフォーマーから10歳の子どもにいたるまでコーチングを行なっている。一対一で行なったコーチングは1万5000時間以上に上る。困難に挑む人を支援するとき、オルターエゴ戦略は私にとってずっと頼れる武器だったし、それは今も変わらない。

さらに、オルターエゴを使えば、人間は逆境を前にしても取り乱すことなく冷静かつ自信を持って対処できるようになる。オルターエゴの効果は、ミネソタ大学の研究者たちの調査によっても証明されている。

〈勇敢な自己〉を起動させる
——より高いパフォーマンスを実現するために

このコンセプトについて、頭のなかでこんなことを考え始めた人もいるだろう——「ほう。〈秘密のアイデンティティ〉に切り替えるなんて、おもしろそうだ。失敗しても〈秘密のアイデンティティ〉のせいにすればいいのだから。

ビヨンセみたいに、別のアイデンティティに仕事を任せてしまえば、いつものように不安や自己批判で自分を責めずに済む」（ちょっと言いすぎたかもしれないが、そんなノリでやればいいのだ。）

オルターエゴを使って、現在のあなたの人格と、あなたがなりたい人格との間に距離を置くのは賢いやり方だし、おまけにその効果は研究でも証明済みだ。私の多くのクライアントも、最初のうちはオルターエゴで自分を守っていたが、のちにオルターエゴは自分自身であり、同時になりたい自分でもあったことに気づいたと話してくれた。

複数のアイデンティティを持つというアイデアは、研究者たちも評価し始めている。ミネソタ大学が4～6歳の児童を対象に行なった最近の調査では、子どもに忍耐を身につけさせるには、親は「バットマンか、お気に入りのキャラクターになったつもりで我慢しなさい」と教えると効果的だという。

というのも、こうすることで心理的な距離ができるからだ。[*5] イアンを含めた私のクライアントも、まさに同じことを言っていたし、オルターエゴを実践した人たちを見て、私が感じたことでもある。

実験では、子どもたちを三つのグループに分けた。それから鍵のかかったガラスケースにおもちゃを入れて、子どもたちに複数の鍵がついたキーホルダーを渡した。で、どうするのかって？　実はどの鍵を使っても開けられないのだ。研究者たちは、子どもたちの実行機能（訳注：行動、思考、感情を制御する能力）を伸ばす方法は何か、子どもたちは何分後にケースを開けるのを断念するか、どんな方法で開けようとするかを調べようとした。

子どもたちをサポートするために、研究者はちょっとした戦略を与えた。そのうちの一つは、「バットマンのふりをすること」だった。マントを着ることもできた。女の子は『ドーラといっしょに大冒険』の主人公、ドーラも選択できることにした。[*6]

実験の結果、ケースを開けようと一番長く粘ったのは、自分をバットマン（またはドーラ）だと思い込んだ子どもで、その次はこれらのキャラクターのふりをした子、最後は素の自分のままで取り組んだ子どもたちだった。[*7]

自分をバットマン（またはドーラ）だと思い込んだ子どもは、他の子どもよりも柔軟に考え、ほとんどの鍵を試し、おまけに穏やかだった。4歳の子どもは、「バットマンは怒らないからね」とまで言ってのけた。[*8]

この研究を見ると、アイデンティティの威力——自分をどんな人間だと認識するかで状況を一変できること——や、一時的に別の人格を呼び起こすとどうなるかが見て取れる。

スーパーマンは、社会に受け入れてもらうためにクラーク・ケントをつくり出し、そのかいあって誰にも本性を知られずに歩きまわり、自分は人類よりもすぐれていると感じることはなかった。私が「リチャード」というオルターエゴをつくったのは、心のなかの不安から目をそらし、起業し、私のクライアントにより良いサービスを提供するためだ。

ビヨンセが「サーシャ・フィアース」をつくり出したのは、自分の創造的な一面を発揮し、アーティストとしてさまざまなことを試したかったからだ。

オルターエゴに変身することがいかに効果的か、わかり始めただろうか。重要な〈フィールド〉で、あなたがもっと意図的に自分の特徴を出すようになれば、創造的なエネルギーが活性化して、さらに高いパフォーマンスを発揮できるようになるだろう。

本章のはじめに紹介したイアンが、一つの〈フィールド〉が彼の人間性を定義するわけではないと認識していたら、彼は激情に駆られることも、いらいらすることも、怒りを爆発させることもなかっただろう。

〈平凡な世界〉と〈非凡な世界〉

──〈非凡な世界〉で起こる特別なこと

私は「あなたは何にでもなれる」と主張するだけの本を書きたいわけではない。私が書きたいのは、理想だけでなく現実的でもある本だ。だから私は、重要な点を繰り返し強調するつもりだ。人生の一領域が「平均的」だからといって、自信を失う必要はない。

図3-5　フィールドモデル

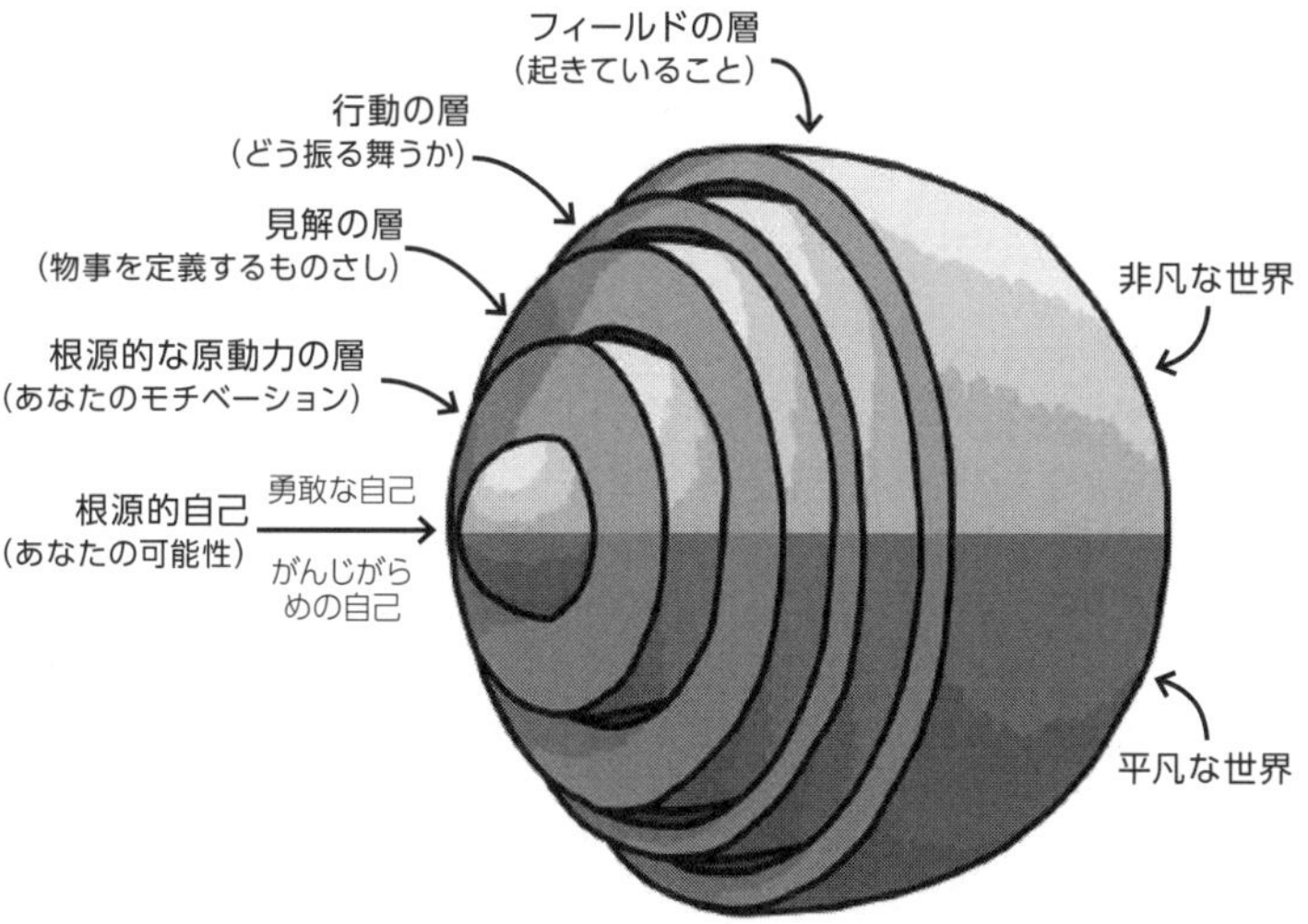

この本を読み終えたからといって、人生のすべてが思い通りになるバットマン（またはブラックウィドウか、ブラックパンサーでも構わないが）になれるわけではない。

率直に言って、読者にそんな誤解を与えるような本を書いたら、私は自分を責めるだろう。

むしろ、このアイデアをコンパスのように使って、一つ上の段階へと自分を導いてほしい。〈フィールド〉を一つ定めて、そこに〈非凡な世界〉をつくることを考えよう。誰にでもできるよう、私が簡単で実践しやすいプロセスを提供する。

このセクションでは、フィールドモデルのなかの〈平凡な世界〉と

〈非凡な世界〉で何が起きているかを説明するので、あなたにはこれからの旅に備えてほしい（**図3-5**）。

〈平凡な世界〉と〈非凡な世界〉という言葉は、マインドセットを切り替えるときに、あなたが経験する世界をたとえた表現だ。さらに、あなたの精神的な方向性は短期的にも長期的にも作用し、これから困難に直面したときの自信にも影響するだろう。このように思考を転換させることには良い効果があることが、研究からも裏づけられている。

研究者たちは、自信と勇気を身につけるには「自己抑制モード」と「自己拡張モード」が鍵となることを突き止めた。[*9、10] 調査や仕事の際に、私たちは「自己抑制モード」を「萎縮マインド」と呼び、「自己拡張モード」を「高揚マインド」と呼んでいる。ネガティブな動機で行動することは、萎縮マインドで自分を抑えつける行為だ。

というのも、あなたは嫌なことが起きるのを防ごうとするからだ。あなたは心の痛みを避けるために、思考、感情、または経験を抑制するようになる（萎縮マインド）。

困難を避けるために行動しようとすると、それは一種の抑圧となる。仮にあなたがコンパスのようにネガティブな動機に方向を定めて、苦痛か何かを避けるために行動すると、自分を一人でも問題を解決できる人間だと思いにくくなる。

本当の自分やなりたい自分になるのを避け、その抑圧的なサイクルを繰り返すうちに、

〈がんじがらめの自己〉が生み出される。

他方で「自己拡張モード」、つまり「高揚マインド」とは、ポジティブな感情や成長したいという動機で何かをやりたくなることだ。ポジティブな考え、感情、経験などに後押しされて、何かを手に入れようとか、何かをしようと活発になる。

ポジティブな感情に目を向けて、ポジティブなことを成し遂げようと考え、そうした行動を長期にわたって繰り返して習慣化すれば、自己効力感（訳注：なんらかの課題に直面した際に、自分はそれが実行できるという期待や自信のこと）が高まるだろう。自信や勇気が身につき、困難に直面しても対処できると思えるようになる。その結果〈勇敢な自己〉が生み出される。

自分の意図を明確にし、行動によってどんなメリットがあるかを見きわめ、〈フィールド〉で何かを成し遂げようと決意すると、〈勇敢な自己〉を発揮しやすくなる。

「言うは易《やす》く行なうは難《かた》し」ということわざがある。

オルターエゴや〈秘密のアイデンティティ〉を使うのはそのためだ。これらを使うと、自己不信を払拭して、誰か（または他の何か）の強み、能力、並はずれたパワーと連携できるようになる。

オルターエゴ戦略を理解していただくために、二つの世界をつくった。

私たちは上／下、暑／寒、外／中、明／暗など、二極化した世界に生きている。〈平凡な世界〉と〈非凡な世界〉も存在しており、私たちは状況次第でどちらかを選ぶことができる。それぞれの世界では、まったく異なる体験が待っている。どちらの世界も困難に直面することに変わりはないが、私たちが〈根源的自己〉を「抑制」または「拡張」すると何が起きるかは、この二つの世界を見ればわかる。

このことについては、オルターエゴのつくり方を説明する際に詳しく説明するが、**図3-5**を見ると、この二つの世界によって〈根源的自己〉が二つのゾーンに分かれているのがわかるだろう。

〈平凡な世界〉には〈がんじがらめの自己〉が存在し、〈非凡な世界〉には〈勇敢な自己〉が存在する。

あなたが〈フィールド〉にどうアプローチして何を経験するかによって、どちらかの自己を経験するだろう。

オルターエゴ戦略と名づけたのはそのためだ。この戦略を用いると、まったく新しい結果や成果が生じる。

フィールドモデルのまんなかに立っている自分を想像してみてほしい。あなたが〈平凡な世界〉に目を向けると、あなたが各層を通して抱く思い、感情、経験は、あなたの〈根源的自己〉を「抑制」するものであり、最終的にあなたは「がんじがらめ」だと感じるだろう。

その過程を説明しよう。

すぐれたストーリーによくあるように、ヒーローがいれば、その近くには〈敵〉がひそんでいるものだ。そしてあなたが「ネガティブなことか苦痛」にばかり注意を向けると、その隙を敵につけ込まれ、あなたは自己不信、自己批判、ためらい、恐怖心でいっぱいになるだろう。こうした感情があると、特定の〈フィールド〉で思うように能力を発揮できず、場合によってはまったく自分を出せずに終わる。

基本的に、あなたはその分野を完全に避けるか、全力を尽くさなくなるかのいずれかになる。というのも、あなたは敵にしかけられた強力な〈隠れた罠〉にかかって、がんじがらめになっているからだ。

敵は、すべての層を使ってあなたに挑むだろう。たとえばこんなことをささやく。

●根源的な原動力の層

「これはきみには向いてないよ。結局、家族のなかでこんなことをした人はいないんだから」

●見解の層

「過去を振り返ってごらん。いろんなことを試しては中途半端にやめたじゃないか。こんな自分を信じられるわけがない」

●行動の層
「きみにはスキルも知識もない。だからもっと勉強して、一生懸命取り組み、完璧になるまで待った方がいい」
●フィールドの層
「人に笑われたくはないだろ？　本当にそんな大きなリスクを冒すつもりか？　失敗するところをみんなに見られたくない！」

〈平凡な世界〉では、人は大抵、主導権を握っているのは自分ではないと感じる。むしろ「本当の自分」はネガティブなストーリー、思い込み、状況で八方塞がりとなり、状況を打開する方法など見つかりそうにないように思える。

だが敵は実に狡猾《こうかつ》で、あなたがすこしでも不安を覚えるか、ネガティブな動機にとらわれるか、〈フィールド〉でどの人格を出すか明確に決めない状況にあれば、すぐにそれを察知しようと待ち構えている。

〈平凡な世界〉は二つの言葉に集約できる――「破壊的」と「退屈」だ。〈平凡な世界〉は〈根源的自己〉にとって破壊的で、退屈な結果をもたらす。

人はよく〈がんじがらめの自己〉と自分を混同しそうになるが、実はそうではないと認識することが重要だ。〈根源的自己〉にはあなたの異なる面（勇敢な自己）を活性化させるリソースがあり、オルターエゴの助けがあれば、〈勇敢な自己〉を発現できるのだ。

では、〈非凡な世界〉ではすべてが順風満帆なのだろうか？

フィールドモデルの中心点に戻ろう。ここであなたが〈非凡な世界〉に向きを変えると、各層を通してあなたが抱く思考、感情、経験は、あなたの〈根源的自己〉を「拡大」し、あなたは英雄《ヒーロー》になったような気分を味わうだろう。

その過程を説明しよう。

〈非凡な世界〉では、あなたは「ポジティブ」の方向を向く。〈敵〉は自己不信、誘惑、怒り、自尊心、恐怖心などを駆使してあなたを止めようとするが、あなたはオルターエゴを構築して、すべての層を使って強力な特徴――ここでは〈超能力〉と呼ぶ――であなたにとって重要な〈フィールド〉に挑むため、敵の思い通りにはならない。

〈根源的自己〉から創造的な力を活性化したあなたは、望み通りの人格を出現させることができる。あなたのなかでこんな声が聞こえるだろう。

●根源的な原動力の層

「家族のために頑張ろう」「大義のためにやり遂げるんだ」「仲間たちに、こんなことも可能だと示そう」「祖先を敬うために、これをやり遂げよう」

●見解の層

「私には変化を起こすだけの力がある」「私は挑戦するのが好きだ」「結果がどうなるか早く知りたい」

●行動の層

「私はすべてを把握しているわけではないが、最善は尽くした」「重要なことに集中すると私はすごい力を発揮する」「大きなプレッシャーがかかる状況でも、私はまったく冷静でいられる」

●フィールドの層

「失敗を足掛かりに成功してみせる」「私にはいつでも手助けしてくれるたくさんの仲間がいる」

〈非凡な世界〉では、私たちは真正面から人生と向きあい、挑戦し、障害などものともしない。だからこの世界は特別なのだ。

〈フィールド〉ではオルターエゴに切り替えるため、自分の能力を疑わなくなる。おまけにビヨンセの「サーシャ・フィアース」がそうだったように、〈敵〉があなたを止めようとしても、オルターエゴはそうした障害からあなたの〈根源的自己〉を守ってくれる。おまけに、あらかじめ決めておいた〈超能力〉を使えば強い力を発揮できることは、研究結果でも実証済みだ。

マーティン・セリグマンとクリストファー・ピーターソンは、幸福と多幸感に関する研究で世界的にも有名な学者だ。[*11] 二人は10年間にわたって、世界中の100種類近い民族を研究した。15万人を対象に実験を行なって、人々が人生の逆境や困難にどう対処するかを見きわめようとした。

その結果、自分の中心的な特徴（つまり〈超能力〉）を認識し、意図的にその能力を駆使した人は、精神的回復力《レジリエンス》と充足感が高かったという。

この本のなかで、あなたのオルターエゴに役立つ〈超能力〉を調べて特定していこう。

具体的なケースで想像してみよう
――人は思考や意思ではなく「行動」で判断される

想像力を使って心のなかに世界をつくるという驚異的な能力は、誰にでも備わっている。だが残念ながら、多くの人は想像力を使って心のなかで恐ろしいシナリオをつくってしまう。そして引っ込み思案になり、目標から遠ざかってしまう。

だが、彼らの思い描くシナリオのなかで、自分をワンダーウーマンかマザー・テレサかレイア姫と重ねあわせると、まったく異なる展開が期待できる（男性の場合は、スーパーマンかネルソン・マンデラかヨーダをイメージしよう。もっとも、ワンダーウーマンがいいという人は、それで構わないが)。

こんな状況を想像してみてほしい。

シナリオ

あなたは大講堂で、千人の仲間たちの前でスピーチしなければならないとする。

さて、あなたはどうスピーチするか?

緊張するか? どんなボディランゲージで話すだろうか? あなたのスピーチは人々にどんな印象を与えるだろうか?

次に、ワンダーウーマン(またはスーパーマン)になって壇上に立つ自分をイメージしてほしい。あなたはどう行動し、どんな姿で、どんな話し方をするだろうか?

マザー・テレサ(またはネルソン・マンデラ)になったつもりでスピーチしたらどうか?

レイア姫(またはヨーダ)だったら?

これから本書のなかでもっとも大事な点を説明するので、しっかりと頭に入れてほしい。

観衆の視点から見ると、どれが「本当のあなた」だろうか?

よく考えてから答えを出そう。多くの人はこの矛盾のせいで人生でつまずくからだ。この数十年間、アマチュアによる自己啓発をうのみにした人たちは、ここで道をまちがえてきた。

ヒントとして、こう考えてみるといいだろう。

人間は日々の行動で判断されるのであって、思考や意思で判断されるわけではない。

私が母に電話して母の好きなところを伝えたいと思う場合と、実際に受話器を上げ、電話をかけて母に伝える場合とでは、まったく異なる世界ができあがる。**一つは〈平凡な世界〉で、もう一つは〈非凡な世界〉だ。**

仮にあなたがひどく緊張しながらスピーチしたものの、観衆はみな、あなたが自信に満ちあふれた態度でユーモアをまじえながら雄弁にスピーチしたという印象を抱いたとする。ところが実際には、あなたは観衆に良い印象を与え、スピーチを成功させるためにオルターエゴを使ったのだとしたら、観衆は気にするだろうか？

気にしないだろう。

結局のところ、重要なのは行動だと私は思う。

このビジネスを始めたとき、私は雄弁で自信と決断力があり、アスリートのメンタルを強化して成績アップへと導くことができるプロフェッショナルになりたいと思った。

だが、できなかった。そのような人格になれなかったからだ。私は〈敵〉がしかけた〈隠れた罠〉にはまり、他人にどう思われるかを気にするあまり、行動意欲を削がれてしまったのだ。こんなに若く見える私を、誰も尊敬しなければ、話も聞いてくれないだろう、と。

こうした不信感、不安、恐怖心で頭がいっぱいになり、身動きが取れなくなった。しかし、めがねをかけるとオルターエゴが現れて、私が望むような性格、スキル、信念が活性化して、期待通りのパフォーマンスができるようになる。どれもすでに私のなかに備わっているが、オルターエゴの「リチャード」によって具現化されるのである。

オルターエゴに切り替えることは、嘘をつくことではない。素粒子物理学を知らないのに、知ったかぶりをするのは嘘だ。

仮にあなたが退屈な物理学の教授だとしよう。そのあなたがオルターエゴを使って学生たちに楽しい授業を行なうことは、単に仕事に最適なツールを取り入れたにすぎない。

クライアントなどからもらうフィードバックのなかで私がうれしいと感じるのは、自分の能力の深さや幅広さに驚いたという感想だ。まさに「ボトルのなかにいると、ラベルを読むのが難しい」の典型例と言えるだろう。

１９６０~70年代にかけてブロードウェイとハリウッドでキャスティング・ディレクターとして活躍したマイケル・ショトレフは、大方の予想とはうらはらに、演技とはすでに自分のなかにあるものを使うことだと主張した。「ほとんどの人は、日常の平凡な自分自身から逃げるために、小説にありそうな魅力に満ちた変わった誰かになるために、自分自身から離れて、演技に身を投じる。何が演技を養成するのだろう?　それは、あなた自身だ。あなた自身を使うのだ、実際にはあなたの内面にあるものが役に立つ。他の誰かではなく、いろいろな状況でのあなただ。自分から逃げてはいけない。銀幕や舞台で、裸の自分自身をさらすのだ[*12]」

俳優のダニエル・クレイグはジェームズ・ボンドではない。だがダニエル・クレイグのなかにはジェームズ・ボンドが存在する、というわけだ。

私のクライアントのほとんどは、オルターエゴを純粋な自分のように感じると言う（あなたのオルターエゴについてはあとで診断しよう）。私の良き友、イアンはこうたとえる。「オルターエゴは一番深いところにある自分だ。一番純粋な自分だと思う」

ジョアンも同じように感じたという。認知行動療法と交流分析の資格を持つジョアンは、ロンドンのブリティッシュ・エアウェイズで営業とマーケティングに関わる技術系の仕事をしている。だが彼女の前職はヨット・ブローカーだ。ジョアンは、自分は生まれながらの内向型だと語りながらも、オフィスでは自分でも驚くような個性を発揮することがあったという。

「仕事を始めたばかりの頃に、大きな商談をまとめたあとや、百万ドル単位の契約を取ったあとに、昇進できなかったことがあったの。そのときに、キャリアは自分でなんとかしなくてはと自覚したわ。もっと積極的に動いて出世の道を切り開こうって。キャリアを人任せにしたくなかった」

ジョアンは、その仕事で成功するには、性格を変えなければならないと気づいた。男性中心の業界だったこともあり、ジョアンは同僚や上司とのミーティングでは、強くて勇敢で決断力のある女性を演じるようになった。

オルターエゴに関する私のスピーチを初めて聞いたとき、ジョアンはぴんときたという。「あなたの話を聞いて、『ジョバンナのことだ！』と思ったわ。仕事で積極的にならなければならない状況になると、私は後ろでおとなしくしている口数の少ない女性から、コンプレックスのない別のペルソナ（ジョバンナ）に切り替わるの。私のなかにはイタリア人の血が流れているからかも。私が人目を気にするような場面でも、ジョバンナはまったく気にしないの。最初からジョバンナは私の盾となって私を守ってくれた。ジョバンナのおかげで、私はずっと夢に描いていたことを実現できた」

自己を守るという概念について話していると、彼女がこんな話をしてくれた。会社の人たちが道徳に反する言動を取るような環境にいたとき、彼女はオルターエゴのおかげで割り切ることができたという。「これはこの人たちの問題であって、私の問題じゃない。私はこの環境やこの人たちから離れることもできるんだから。会議室での誰かの言動を見て、『こんなの耐えられない』と立ち去ることはできる。でも、ジョバンナはそれを受け止めることができた。ジョバンナになった私は、自分のために戦った。ジョバンナになると、ここぞという場面で、私は激しくて強くて、物おじしない性格に変貌できるの」

オルターエゴのおかげで、ジョアンは悪意に満ちた〈敵〉のささやき声に屈することなく、〈根源的自己〉を保持し続けることができた。

「私はよく『この人に対して冷たすぎたかしら』と不安になった。だけどオルターエゴに任せてアグレッシブにならなかったら、今の仕事に就けなかったと思う。自分のために尽力し、必要なときにアグレッシブになれなければ、仕事で生き残れないから」。ジョバンナというオルターエゴを使ったことで、ジョアンは自分の一番いい面を出して、仕事の目標を達成することができた。

「この2年間で、私はオルターエゴが実は本当の私だと気づいた。そしてできれば、ずっとこんな性格でいたいとも思う」

イアンやビヨンセやジョアンと同じように、オルターエゴとは、こうなりたいと思う自分を定義することであり、〈超能力〉を定義することだ。

実在する人、キャラクター、スーパーヒーロー、動物などの特徴を借りて、あなたの〈勇敢な自己〉を活性化させることでもある。

〈フィールド〉でどんな人格を出すのかを決めるのはあなただ。あなたの人生経験を形成する層はいくらでも変えられる。私の指示に従ってオルターエゴを構築すれば、未来を変えることができる。本当の自分、あなたの〈根源的自己〉に一番近いのはどれだろうか？

この何年かの間に、心理学者たちもオルターエゴの概念を使うことのメリットに注目し始めた。心理学者のオリバー・ジェイムズは、2016年に亡くなったミュージシャンのデヴィッド・ボウイが、いくつものオルターエゴを使っていたと述べている。

ボウイは、ロックスターになるという夢をかなえるため、さらには家系的に自分もいつか精神疾患を発症するのではないかという恐怖心を克服するために、「ジギー・スターダスト」を含めた複数のオルターエゴをつくったというのだ。

さらには、デヴィッド・ボウイがスターになれたのも、精神的に安定した大人へと成長できたのも、複数のペルソナのおかげだとまで言い切っている。[*13]「重要なのは、彼がセラピーがてらつくったペルソナを、本物の自己へと発展させたことだ」（実は、デヴィッド・ボウイもペルソナの一つだ。この有名なミュージシャンの本名はデヴィッド・ジョーンズという）。

ペルソナを使っているのは、ごく少数ではないし、ボウイのような一流パフォーマーだけの裏技というわけでもない。ジェイムズは「私はセラピストとしても働いているが、複数の異なる自己を持たない患者に会ったことがない」とも述べている。[*14]

ジェイムズは、複数のペルソナを使い分ければ、誰もが目標を達成できると主張するほどだ。デヴィッド・ジョーンズが、デヴィッド・ボウイやジギー・スターダストなどのペルソナを使って夢を実現したのと同じように、だ。それには、「自分にはさまざまな一面があることを理解し、そうした一面やその一面を身につけた経緯に気づき、状況にあわせてどの性格を出すかを意識的に選ぶことだ」という[*15]。

どれも私たちがオルターエゴでやっていることに他ならない。私たちは人生においてさまざまな役割を担うが、オルターエゴ戦略でも、その状況にふさわしい「自己」を選んで、その自己に切り替えるからだ。

すでにオルターエゴを使っている人もいる
――オルターエゴ戦略の正しい使い方を身につけよう

私は20年近く、オルターエゴ戦略を指導したり、教えたり、プレゼンを行なったりしてきた。オルターエゴの概念を説明すると、実に多くの人がオルターエゴを使ったことがあるとか、無意識のうちに似たようなことをやったことがあると教えてくれる。

キスマもその一人だ。キスマは起業家で、コーチングとトレーニングを行なう企業を立ち上げた。初めてオルターエゴ戦略を知ったとき、彼女は以前に演奏家として活動していた頃に、自分がさまざまなオルターエゴを使っていたことに気づいた。

「プロのオーケストラで演奏していた頃、ソロで演奏する前にかなり緊張したものです。フルート奏者だった私は、何度もコンチェルトを演奏しましたが、その際には頭を切り替える必要がありました。コンチェルトを演奏するためにステージ上を横切りながら、『誰にチャネリングしようか？　誰になろうか？』などと考えたものです。ヨーヨー・マになることもあれば、エマニュエル・パユ（訳注：スイス出身のフルート奏者）になることもありました。誰を選ぼうとも、あの人になろうと自分に言い聞かせると、すぐになりきることができました」

　気づかないうちに、キスマはオルターエゴ戦略のようなものを使って〈フィールド〉で別人に変身し、〈決定的な瞬間〉――ソロ演奏――を乗り切ったのだ。しかし彼女は私と出会うまで、この戦略を他の分野、たとえば今の仕事でも使えることに気づかなかったという。

　キスマのような人は多い。もしかしたらあなたもそうかもしれない。本能的に想像力を駆使してオルターエゴを創造するケースだ。オルターエゴを意図的に使ったこともなければ、その威力を最大限に発揮したこともないが、やり方は認識している人たちがいる。彼らにとっては、ごく普通のやり方なのだ。彼らはただその名前を知らず、また正式なプロセスを持たないだけなのだ。

　では、そろそろあなたの冒険の旅に出よう。街の中心地へと通じる道がたくさんあるのと同様に、オルターエゴ戦略へと通じるドアはたくさんある。

04

第4章
「やらないこと」を正当化している自分はいないか？

野心も夢も目標も実現しない世界
――「本当の自分」が罠にかかった状態

「『八方塞がり』という言葉でしか言い表せないよ。毎朝、キッチンのテーブルに着いて小説を書こうとするのに、マグネットの同極どうしみたいに、椅子と私の尻は反発しあってね。抵抗が強すぎるんだ。創作したいと思いながらも、抵抗に抗う力がないという、この堂々巡りから逃れられないのではないかと思ったほどだ」

飛行機のなかで私は、著名な作家が長年の夢をかなえることの難しさを語るのを聞いていた。おもしろいことに、この種の仕事をしていると、私に人生の悩みを打ち明けてくる人がいる。毎回すばらしい会話に発展するが、特にこうした問題を克服した人との会話は学ぶことが多い。

この男性は、椅子に座って文章を書き始めても、画面上で点滅するカーソルを凝視してしまうという。そしてカーソルが点滅するたびに、「おまえには無理だ。おまえには無理だ。おまえには無理だ」と言われているような気がするのだそうだ。

「毎回同じ現象に悩まされるんだよ」

彼はまた、近くの棚に飾ってある小さな地球儀をぼんやりと見つめることがあった。「ずっと地球儀を見続けるうちに、心のなかで自分の声が延々と聞こえてくるんだよ。『作家に向いてない』とか、私が書いた原稿なんてしょせんゴミ箱行きだ、とか。もう耐えられないよ」

地上から3万フィート上空で、この作家との会話が終わる前に、私が知っていたことが二つある——彼はナルシストではないことと、このような経験は誰にでもあるということだ。

私が言葉を交わしたカーマニアのなかには、部品を組み立てて一から車を復元したがっている人たちが何人もいた。何年も車の雑誌を集め、部品をオーダーし、今度の日曜日には組み立てようと計画するものの、結局は車庫に行って椅子に座ったまま、ほこりをかぶった箱の山を眺めて終わってしまうのだそうだ。

私が出会った営業マンのなかには、外回りに行くと言って会社を出るものの、駐車場で車を停めては座席をリクライニングさせ、なかに隠れる人たちがいた。各家庭の玄関をノックして商品を売り込むのが怖くて、彼らは何時間もそうやって座っているのだ。

ある男性はこんな感想をもらした。「座席のリクライニングボタンを押して背を倒すときは、まるで恐ろしい泥沼に沈んでいくような気がしました。胸に圧迫感を覚えるのですが、体がリクライニングすればするほど、その圧迫感が増していくのです。ぞっとしますよ」

さらに、試合中にシュートをしないと打ち明けるアスリートたちもいた。その理由は「シュートを打つのは×××(ここには主力選手の名前が入る)であって、ぼくの仕事じゃないから」だという。

同じような話は、アーティスト、シンガー、俳優、科学者、学生、会社員、トレーダー、母親、起業家からも聞く。彼らは総じて、目標や夢を実現しようとするものの、目に見えない力で阻止されてしまうのだとため息をつく。

これが、いわゆる〈平凡な世界〉だ。

この世界では「本当の自分」は罠にかかったみたいになる。野心も夢も目標も実現することはない。これらを実現するためにあなたが〈フィールド〉で戦うことはないため、あなたは自分の腕を試すことも、自分に何ができるのかもわからないまま終わる。イライラとストレスにさいなまれ、何よりも自己嫌悪が山のように積み重なっていく。

ここは、とどまりやすい世界でもある。

ほとんどの人にとっては、生死に関わる危機的状況ではないからだ。サーベルタイガーに追いかけられて、食われる恐れはない。行動しなければ、傷つくこともない。そこは心のなかにあるおなじみの世界で、野望、希望、夢、目標、今とは違う自分か、もっとすぐれていて進化した自分が存在する。

映画のなかのキャラクターと違って、あなたの葛藤を知る観客もいない。身動きが取れないまま居ついてしまいやすい世界だ。心のなかで「私がこれをやらなくても、誰も気づきやしない」と自分を正当化する声が聞こえる。

だが、あなたはそれに気づいている。

あなたの〈平凡な世界〉を把握しよう

――自分が何が嫌なのかをしっかりと知る

今頃あなたは、自分のオルターエゴをどうしようか、〈超能力〉は何がいいか、解決しなければならない問題は何か、などと考えているかもしれない。この戦略を始める方法は一つだけではない。自分にとって最善の方法を選ぼう。やりやすい方法から始めればいい。途中で行きづまったら、さっさと次のステップに進もう。それぐらいシンプルだ。

本書では、まずは〈平凡な世界〉について深く掘り下げる。次に、あなたを押し止めて身動きが取れないようにしようと〈敵〉がしかけてくる〈よくある罠〉と〈隠れた罠〉について解説する。

さらに、過去のどんな出来事があなたに影響を与えているか、あなたのどの一面が〈フィールド〉や〈決定的な瞬間〉に現れるかも明らかにしていきたい。

本章を読み進めるうちに、どの〈フィールド〉に注力するか決めて最初のオルターエゴづくりに取りかかりたくなるだろう。では、この〈フィールド〉という概念を検証して、その何が「平凡」なのかを明らかにしよう。

また、あなたが望んだ通りの性格を出せないか、〈隠れた罠〉によって思うように行動できないと、自信を失ったり、いらいらしたり、がっかりしたりすることがある。そこからあなたのフィールドにおける〈決定的な瞬間〉が明らかになるかもしれない。

ここでは、あなたに心療内科にあるようなソファに横たわって長年のトラウマを語ってもらうといった手法は取らない。その必要はないからだ。

オルターエゴ戦略が強力なのは、シンプルで、すぐに使って結果を出せるからだ。

初めてのクライアントや初対面の人に、「あなたは今、どんな問題／難題／悩みを抱えていますか？」と訊ねると、こんな答えが返ってくる。

スポーツ

「試合中にもっと積極的にシュートを打てるようになりたい」
「コーチがチームメイトにはやさしいのに、私には厳しい」
「スランプに陥っていて、ここから抜け出す方法がわからない」
「もうすぐ大事な入団テストがあり、そこで最高のパフォーマンスを発揮しなくては」
「試合中に考えすぎてしまう」

ビジネス

「新しい会社を立ち上げたいが、新規顧客の開拓に苦戦している」
「ベンチャー企業を立ち上げたいのだが、投資家が見つからない」
「会社を大きくするために、次に何をすればいいのかわからない」
「スタッフに手を焼いている」
「会社がなかなか軌道に乗らなくて、もう疲れ果ててしまった」

キャリア

「原稿を書き終えられなくて、苦痛で仕方がない」
「私は穏やかな性格で、人にやさしくするのが好きだ。だけど仕事では他人にいいように利用されてしまう」
「こんなに長時間働いているのに、誰にも仕事を評価してもらえなくてうんざりしている」
「うちの業界は転換期にあり、今後の見通しが立たなくて不安で仕方がない」
「映画祭で笑顔を振りまくのも、さまざまなメディアに出演するのも好きじゃない。私はただ演技をしたいだけなのに」

お金、健康、エクササイズ、家族、人間関係、プライベートな時間、幸福についても、同じような問題をいくらでも挙げられるが、あなたにももう察しはついただろう。人生は苦難の連続なのだ。自問してみてほしい。

人生の領域のなかで、あなたがもどかしいと感じるのはどこか？　何がその状態を生み出しているのか？

それについて、あなたは何が嫌だと思うか？

それの何が問題なのか？

今はうまくいっていないが、自分にはできると思うことは何か？

あなたは、他の誰よりも自分を理解している。ここで自分に正直になって、本当の自分と向きあえば、本書の後半でより多くの収穫を得られるだろう。自分を責める必要も、恥じる必要も、厳しく批判する必要もない。自分に正直になって自分を客観視しよう。

私生活や仕事から〈フィールド〉を一つ選ぼう

——〈フィールド〉は「頭痛の種」から選択する

「ジョンは野獣だよ。いつもエネルギッシュで、私が知る人のなかでもっとも元気がある人だ」

ジョンは私のクライアントだ。2011年にジョンの従業員たちに彼の印象を訊ねたところ、多くからこのような返答をもらった。

ジョンはブロンクス育ちの誇り高いイタリア系アメリカ人で、母がつくるマニコッティ（訳注：リコッタチーズや肉、ハムなどを中につめた筒状のパスタにトマトソースをかけて焼いた料理）をこよなく愛し、私が出会った誰よりも「兄弟」を連発する人だった。

証券会社を経営するジョンは、ある日私を連れてヒューストンに飛んだ。現地のスタッフと会って、彼らのパフォーマンスと士気を高めてほしいとのことだった。

2008〜2009年の金融危機以降、会社は痛手を受け、彼は利益を確保しようと奮闘する毎日だった。彼は私の助けを借りて、チームに全力で働いてもらい、職場に悪影響を及ぼし始めたマイナス思考を取り払いたいと考えていた。

それから数日間で、私はさまざまな部署に所属する35人の社員と面談した。そのなかには聡明な役員補佐のシルビアや、ストレスをためた外務員のマーカスもいた。誰もがジョンのために全力を尽くす覚悟でいた。

数日間でメンバー全員と面談したあと、細部までこだわって装飾されたオフィスで、私はジョンと向きあっていた。壁と本棚にはスポーツ関係の記念品が並んでいる。私たちはこの数日間の出来事や今後について話しあった。

ジョンの友人に、私のクライアントでもあるＮＢＡの選手がいて、ジョンは最初彼から私のことを聞いて連絡してきた。私はこの選手にオルターエゴ戦略を教えたのだが、当時ジョンは仕事で精彩を欠きつつあったこともあり、この戦略に興味を持ったのだ。

コーチングを始めて数か月後のその日、オフィスで向かいあいながら私はジョンに訊ねた。


「オルターエゴは役に立ってるかい？」

「妻と子どもたちに同じ質問をしてみるといいさ」。そう言って彼は笑った。

「じゃあ、うまくいってるんだな」

「兄弟！　きみは知らないかもしれないが、大あたりさ。妻はきみのために大量のカンノーリ（訳注：イタリアの伝統菓子）を用意して待ってるよ。ニューヨークに帰るときの手土産にしてくれ」

前に、人は人生でさまざまな役割を担うと述べた。親、配偶者、経営者、リーダー、姉など、どの役割も〈フィールド〉に相当する。どれでもいいから、オルターエゴをつくりたい

〈フィールド〉を選ぼう。ジョンがそうだったように、あなたも真っ先に仕事、スポーツ、果たすべき務めを思い浮かべるかもしれない。

だがジョンの場合は、仕事ではなんの助けもいらないことが判明した。彼にはすでに確たる労働倫理と哲学があり、仕事では「野獣」のペルソナを使って成果を上げていたからだ。だが、家庭生活となると状況は一変する。

ジョンが生まれ育った家庭では、父親はめったに家に寄りつかず、たまに帰ってきたとしても、子どもたちを怒鳴りつけるか、自分専用の椅子に座ってみんなを無視した。自宅でのジョンの振る舞いは父親に似るようになり、彼は自分に嫌悪感を抱いた。

そんなわけで、彼はもっと多くのエネルギーを仕事に注ぐ代わりに、家庭生活という〈フィールド〉に注力することにした。

ジョンは生まれ育ったニューヨークでの親友の父親をモデルにして、自分のオルターエゴをつくった。「ティミーのお父さんはいつもぼくたちのバカ騒ぎにつきあい、ジョークを飛ばし、地域でも最高のバーベキューを開き、おまけに人生を心から楽しんでいた。一緒にいるとすごく楽しかったんだ」

ジョンはオルターエゴを使うプロセスを通して、楽しい家庭生活を築こうと努力するうちに、仕事のやり方が変わり、部下からも好かれるようになった。

彼はチームのメンバーから「野獣」と呼ばれていると話したが、重要なのはここだ。

メンバーたちは彼の労働倫理とビジネスの手腕に敬意を抱いていたが、彼を「野獣」とか「刺激的な人」だと言ったのは、家庭で変化したジョンを見て親しみを覚えたからだ。

この本を読みながら、オルターエゴをつくりたい〈フィールド〉を一つ選んでほしい。

私生活を選ぶ人もいるだろう。世の中には、プロとして卓越した手腕を発揮し、簡単に成功を手にする人がいる。だが、彼らの私生活を見ると、理想からはほど遠い状態だったりする。大切な人や家族や友人や子どもへの接し方を知らない人や、こうした人たちと愛情豊かで安定した信頼関係を築く方法を知らない人もいる。

私のクライアントとは仕事やスポーツに関して取り組む場合が多いが、ジョンのケースと同じように、クライアントがより良い配偶者(または親)になりたがっていることが判明すると、私生活でのオルターエゴを構築することがある。

仕事でオルターエゴがほしい人もいるだろう。世の中には、私生活が申し分なく充実している人がいる。彼らは愛情豊かで、人々からの協力も得られるが、仕事で成功したくても、夢に描いているようなインパクトを残せていなかったりする。

〈フィールド〉を選ぶときは、あなたにとっていらいらや苦悩や頭痛の種となっている領域を選ぼう。その領域でオルターエゴをつくれば、あなたの人生を大きく変えることができる。

ところで、私がこうした領域を〈フィールド〉と呼ぶのには二つの理由がある。一つは、スポーツの世界を参考にしたからだ。フィールド上にはチョークで引かれた線や境界線があり、活動に始まりと終わりがある。また、〈フィールド〉という名前を使うと、あなたは人生の多様なフィールド、さまざまな段階、いくつものアリーナで戦っていることを認識しやすくなるだろう。

しかもどの場所でも、うまくいくには異なるスキル、態度、心構えが必要になる。

オルターエゴ戦略がこれほど強力なのは、この理由によるものでもある。意図的につくったキャラクターでフィールドに臨むことができるからだ。

ある店主の苦悩
——いらいらの本当の原因は何か？

1999年、マリアンは夫と一緒に自動車整備店を開いた。マリアンにとっての最大の問題は顧客だ。かつて銀行で働いていた彼女は、事業を運営するための財務管理は理解していた。だが、顧客からの電話に彼女が出ると、相手は「代わってくれ」と言う。顧客は、整備士か経営者と話したがる。要するに彼らは、女性ではなく、男性と話したいのだ。

「お客さんに腹を立てていたわ」とマリアンは認める。「でも、ある晩寝ないでそのことをずっと考えていて、『本当は何にいらついているのだろう?』と自問したの。すると、自分が原因だとわかった。顧客にプロセスを丁寧に説明してサポートできない自分にね」

マリアンは頭が良くて有能だと自覚していたが、電話では、はきはきと答えられなかったため、顧客も彼女と話したがらなかったのだ。そこでマリアンは二つのことを始めた。

一つは、自動車整備に必要なスキルと知識を身につけること。もう一つは、オルターエゴをつくって、〈決定的な瞬間〉（顧客からの電話に出るとき）にしかるべき性格で対応することだ。

やがて顧客は、車について相談があるとマリアンを指名するようになった。男性優位の業界で女性からサポートを受けられるということで、女性の顧客はマリアンの応対を歓迎した。

あなたの〈平凡な世界〉で起きていることは、起きていないことかもしれない。あなたが避けていることかもしれない。起業したにもかかわらず、新商品やサービスの宣伝をせず、営業の電話もかけていない場合。起業したいと思いながらも、まだ始めていない場合。昇給か昇進の要望を出したいと望みながらも、どちらも手つかずの場合……。

アイスホッケーの伝説的存在、ウェイン・グレツキーの有名な言葉を引用しておこう。

「シュートを打たなければ、100％入らない」

あるいは飽き性な人もいるだろう。一つのことを集中してやり遂げることができず、かなりの努力を無駄にし、血と汗と涙の結晶を残すことなく終わるケースだ。

なんであれ、このフレームワークを使ってあなたの〈平凡な世界〉を明らかにすれば、あなたの本当の実力をいかんなく発揮できるようになるだろう。

前進するための五つの架け橋
——あなたの〈平凡な世界〉を定義しよう

一つ簡単な質問をさせてほしい——最近、あなたが誰かと話した際に、その内容かテーマに注目したことはあるだろうか？

その内容なりテーマなりは、次の五つの架け橋のいずれかに属するのではないだろうか？私がこれらを「架け橋」と呼ぶのは、ある領域から別の領域に出入りする道筋となるからだ。これら五つの架け橋は、あなたの仕事、競技人生、私生活のクオリティを高めることもあれば、低下させることもあるだろう。

- やめる
- 始める
- 続ける
- 減らす

●増やす

人生に関する会話のなかで、誰かが何かを変えたいと言うと、大抵の場合、これら五つの意図のいずれかが見られる。

●やめる――「タバコをやめたい……不健康な食生活をやめたい……酒の飲みすぎをやめたい……夜型の生活をやめたい……子どもに怒鳴るのをやめたい……ギリギリになるまで物事を放置するのをやめたい……」

●始める――「野菜中心の食生活を始めたい……朝のトレーニングを始めたい……これからはもっと一貫性のある宣伝をしたい……もっと楽しむようにしたい……これからは夜は子どもたちと過ごすようにしたい……」

●続ける――「エクササイズを続けたい……試合前のルーティンを続けたい……事業のためにSNSを活用し続けたい……週に一度のチームミーティングを続けたい……」

●減らす――「テレビを見る時間を減らしたい……SNSにかける時間を減らしたい……昼食後に眠くならないようにしたい……あの不快な人たちと過ごす時間を減らしたい……」

●増やす――「もっとたくさん本が読みたい……妻と夜に出かける機会を増やしたい……

友だちと過ごす時間を増やしたい……もっと泳ぎたい……もっと笑いたい……」

自分の生活にもっと注意を払えば、こうしたテーマが頻繁に繰り返されることに気づくだろう。このエクササイズのため、さらにはこの探求に取り組むうえでの助けとなるように、五つの架け橋の他にもう一つ、最後のフィルターを紹介しよう。

思考、感情、行動、経験だ。

私たちは常にこれら四つのレベルで生きている。

何を考えているか、何を感じているか、何をしているか、何を経験しているか、または経験によってどんな結果になったか、だ。

あなたの〈平凡な世界〉とあなたが選んだ〈フィールド〉の関係においては、この本のなかで何度も〈五つの架け橋〉を使って、何が順調で、何がうまくいっていないかを見きわめて、あなたのオルターエゴを強化する。ここではあなたが変えたい結果に注力するため、二つの架け橋だけを使って、あなたの特定の〈フィールド〉上にある〈平凡な世界〉を定義しよう。次の各カテゴリーについてリストをつくり、あなたが望むことは何かを自問してみよう。

●やめる――こんな経験はもうしたくない／こんな結果はもういやだ

●減らす――こんな経験は減らしたい／こんな結果は減らしたい

たとえば、次のような望みがあるかもしれない。

●私の創作物が埋もれるのはいやだ
●未完成に終わる仕事の数を減らしたい
●私の販売実績が落ち込む回数を減らしたい
●私の料理／絵画／原稿／創作的な仕事について人に批判されたくない
●貴重な一日をＳＮＳで浪費するのをやめたい
●今の家にはもう住みたくない
●なくし物を減らしたい
●コーチからパフォーマンスが悪いと批判される頻度を減らしたい
●節約したい
●食事量を減らしたい
●断られる回数を減らしたい
●ゴルファーとして、ボギー数を減らしたい
●ペナルティの回数を減らしたい

●ベンチで待機する時間を減らしたい
●自宅で過ごす時間を減らしたい
●ＴｏＤｏリストの項目を増やさないようにしたい
●家族から批判されるか、やる気を出せと叱咤される回数を減らしたい

私がコーチングするときは、クライアントにたくさん書き出してもらう。このリストをつくるときは、正直に、そして自由にどんどん書いてほしい。すぐに吟味したり、書き直したりしないこと。このワークをやると、あなたの〈平凡な世界〉と、あなたが現在経験している結果を明確に把握できるようになる。リストを書き終えたら、最優先事項に星印をつけよう。

すべてをこなすことはできないかもしれない。効果的なオルターエゴがほしい人は、一つの〈フィールド〉に注力するといいだろう。しっかりと集中して取り組み、強力なオルターエゴを構築して、〈フィールド〉でのあなたの振る舞いを変えていこう。

このワークを通して進歩するための五つの架け橋を決めると、あなたの〈フィールド〉を全体的に見まわして内省できるようになる。

あなたが〈平凡な世界〉において、どう生活し、どう行動し、何を感じ、何を考えているかを正直に見つめることができる。そしてその状況をすぐにポジティブなものに変えられる。

やめたいことやうまくいかないことに思い悩む代わりに、あなたが望むことや望む状況に変えることができる――すると〈非凡な世界〉が開ける。〈非凡な世界〉については、後続の章で詳しく説明する。

私はよくクライアントに「あなたの答えがなんだろうと、私は気にしませんから」と答える。実際に私は気にしない。誰もが自分の人生をどう生きるかを選んでいる。私が気にかけるのは、クライアントの行動、思考、感情が彼らの望みに向かって歩調をあわせているか否かだけだ。これらが一致すると奇跡が起きるが、ほとんどの人は一致していない。私たちは、〈非凡な世界〉で生きたいという深い願望を抱えながらも、「外部にある障害」が変わらない限り無理だなどと葛藤している。このような考え方にいつまでもとらわれてはいけない。そこには〈敵〉が潜んでいるからだ。

自分に正直になるだけでいい。自分に正直になれば、心が共鳴して、それが動機や目的となってオルターエゴを活性化させてくれるからだ。

機上での作家との会話の結末
――言葉があふれ出すようになった「ユーゴーの言葉」

冒頭で紹介した著名な作家が過去の話を語るにつれて、私は彼がしばしば地球儀に言及することに気づいた。私は答えに近づいていたのだ。

「では、どうやって頭を切り替えて、その抵抗を克服することができたんですか？」

彼は笑ってこう答えた。「先延ばしのおかげだよ。おもしろいことにね」

「というと？」

「肘掛け椅子に座って、有名なフランス人作家、ヴィクトル・ユーゴーに関する本を読んでいたとき、あるエピソードにはっとしたんだ。『ときにかなって生まれた発想ほど強力なものはない』という言葉だ。本で頭を殴られたみたいにガツンときたよ。ユーゴーに話しかけられたみたいに感じた。私は椅子から立ち上がって、本棚に近づき、小さな地球儀を手に取ると、それを机の上に置いた。地球儀を回してフランスを自分に向けると、ヴィクトル・ユーゴーに思いをはせるようになった。ユーゴーは執筆するときの私のオルターエゴになったんだ。私のなかから言葉があふれ出てくるようになった。何しろ『私のときが来た』のだからね」

さて、あなたの頭のなかには、〈平凡な世界〉の全体像がはっきりと見えているだろうか？

あなたをいらいらさせる原因がわかるだろうか？

わかったのなら完璧だ。あなたの〈非凡な世界〉へと歩を進めるときが来た。

05

第5章
あなたの〈決定的な瞬間〉に焦点をあわせる

目標から「逆算」して計画を立てる
——自分を変えてくれる要素を明確にする

私たちはガラス張りの会議室で向かいあっていた。眼下にはニューヨークのコンクリートジャングルが広がり、大勢のニューヨーカーたちが急ぎ足で歩いているのが見える。

私が外の風景を眺めていると、ショーンが遠くにあるビル群を指さした。クライアントのビルだという。立派な超高層ビルが立ち並ぶ区域だ。大手のテクノロジー企業に勤めるショーンは、クラウドストレージ部門のトップを務め、世界でも屈指の大手銀行や金融機関の対応を任されている。

ショーンの娘はすぐれたサッカー選手で、私が彼女にコーチングしたのをきっかけに彼と出会った。娘のパフォーマンスを安定させるために私がサポートするのを見て、ショーンも自身のキャリアで高い実績を保つために、同じ戦略を取りたいと考えたのだ。

私たちは大きなテーブルに戻って椅子に座った。私は赤、青、黒のマーカーを手にすると、ホワイトボードに向かった。今日は、会社でトップの営業成績を上げたいという彼の目標を実現すべく、計画を練ることになっていた。

といっても簡単なことではない。彼が勤めるのはフォーチュン500に数えられる大企業だからだ。

私は彼に普段の一日の過ごし方について訊ねた。彼はクライアントとのミーティング、プレゼン、夕食、電話応対、管理業務などを挙げた。

「あなたの主な業務はなんですか？　査定では、上司はどの実績であなたを評価しますか？」

私は彼に自分の仕事ぶりについて掘り下げて具体的に語ってほしかった。自身のキャリアに大きな変化をもたらす要素は何かを明確にするためだ。

「私の役割は、ニューヨーク市、特に金融業界のクラウドコンピューティングでのうちのシェアを拡大することなんだよ」

「なるほど。では、上司の評価は高いと思いますか？」

「ああ。数値目標を達成している」

「あなたがやりたいことは、数値目標を達成することですか？」

「いや。私はもっとやれると思うし、余力もたっぷりある」

「わかりました。それではあなたの〈フィールド〉を見て、契約数を増やすという最終的な目標から逆算して、この目標を達成するために何を変えるべきか検討しましょう」

ターゲット・マッピング
――〈決定的な瞬間〉にフォーカスする

ターゲット・マッピングとは、最終的な結果や目標を設定し、それから逆算して、目標を達成するための戦略と計画を練ることだ。「目標を定めてから始めること」と言い換えることもできる。

どんな職業であれ、抜きんでて成功している人は、目標から逆算して考える能力に秀でている。仮にあなたが目的もなく歩いている気がしたら、あなたは目的地、目標、結果を決めずに、漫然と動いている可能性が高い。

目標を決め、そこから逆算して動けば、その目標を実現するためにあなたが踏まなければならない重要なステップや段階をすべて見渡すことができる。

毎朝6時に疲れの取れた体ですっきりと目覚めたい？

10年後には、投資金額を100万ドルまで増やしたい？

両手でガッツポーズして勝利を味わい、自分のパフォーマンスにほれぼれしながら、トーナメントを終えたい？

90日間でほっそりと引き締まった健康的な体を手に入れたい？

飛行機に乗る90分前には空港に到着したい？

それならその目標を実現すべく、逆算してどんなステップを踏めばいいか計画を練ろう。

逆算すれば目標を絶対に達成できるかって？　絶対ではないが、実現する可能性は大幅に高くなるだろう。

私のサポートの下で、ショーンは会社での彼の真の目的を明確に把握していった——ニューヨーク市内の金融業界でのクラウドコンピューティング関連の売り上げを、あるレベルまで引き上げるという目標だ。この目標を達成するには、不要な業務を排除し、重要な業務にエネルギーを注ぐのが手っ取り早いだろう。

目標から逆算しながら、私たちは彼がニューヨークの金融業界のシェアを拡大させるうえで、効果がありそうな業務を洗い出していった。私たちがつくったリストには、顧客とのミーティング、見込み客への電話、顧客との関係を築くための昼食会、プレゼンなどが含まれる。どれもキャリアという〈フィールド〉で重要な活動ばかりだ。

もしも私たちが彼の家族、個人的な幸せ、スポーツといった〈フィールド〉にフォーカスしたら、まったく違う活動が並んでいただろう。だがショーンは、営業成績で突出したがっていたため、私たちはこれらに注目することにしたのだ。

私たちはこれらの業務を細分化して、〈フィールド〉での彼の仕事ぶりを詳しく分析した。成功に大きく影響する行動、機会、出来事、状況、期待などを、私は〈決定的な瞬間〉と呼んでいる。〈決定的な瞬間〉には強い抵抗、激しい感情、困難がつきまとう。というのも、〈決定的な瞬間〉では、あなたの弱みをさらけ出さなければならない局面が多いからだ。

たとえば……

- 買ってくださいと頼むとき
- シュートを打つとき
- 自分の言葉で文章を書くとき
- 大勢の前でスピーチするとき
- 誰かがまちがったことを言って、それを指摘するとき
- 謝るとき
- 「愛している」と伝えるとき
- お金を投資するとき

●レジュメを提出するとき
●テストを受けるとき

フィールドモデルで言うと、〈行動の層〉と〈フィールドの層〉が接するところだ（**図3-5を参照**）。**あなたの行動や結果や反応が、他人によって評価される瞬間でもある。**〈敵〉はこの瞬間が到来するのを見張っていて、すぐに〈よくある罠〉や〈隠れた罠〉をしかけてくるだろう。

フランス人批評家のシャルル・デュ・ボスはこう言っている。「重要なことは、なりたい自分になれる瞬間に、今の自分を犠牲にする準備をしておくことだ」

どんなに成功している人や、どんな要職に就いている人でも、人生においてもがき苦しむときや、実力不足を痛感するときがある。世界屈指の一流アスリートでも、突出したビジネスマンでも、それぞれのフィールドのどこかで苦しんでいるものだ。

成功する者は、自分の試合の録画やデータを自ら分析して、自分のパフォーマンスをありのままに受け入れる。挑戦する勇気がないときもあれば、自分のやり方がまちがっていたと認める勇気がないときもあるだろう。

ショーンと私は、彼のこれまでの成功事例と失敗事例を詳しく検証して、何が結果を大きく分けたかを分析した。

「あなたがやったすべての活動を振り返ってみましょう。過去に何かをやったところ、大きなビジネスチャンスにつながったことはありませんか？」と私は訊ねた。

「そうだな。オフィスで『ランチ学習会』を開いて、見込み客の他に既存の顧客も招いたときかな。私は短いプレゼンをやってうちのサービスを説明し、新技術を披露し、チームメンバーを紹介し、顧客の質問に答えたんだよ」

「おもしろそうですね。去年は何回開いたんですか？」

「1回かな」

その返事に私は驚いた。「まさか？　一番成功したイベントなのに1回でやめたんですか？」

ショーンは笑った。「ああ、賢いやり方ではないだろうね」

「批判しているわけではありません」と私。「引き続きランチ学習会を開かなかった理由があるはずです。一つの行動があなたの業績と上司の評価に大きな影響を与えたのに、あなたはなぜもっとランチ学習会を開催しようとしなかったんですか？」

第4章で、前進するための〈五つの架け橋〉があるという話をしたが、覚えているだろうか？　この質問では、私は「増やす」架け橋を提案しようとしている。私はショーンがランチ会についてどう思い、何を感じたかを探りだそうとした。

「計画・実行がね。スケジューリングしたり、部屋を予約したり、ランチを注文したり、ゲストの入館証を手配したり、やることがたくさんあるんだ。こういう管理業務を一人で担うのは面倒だからね」

「プロジェクト管理をサポートしてくれる人が必要そうですね」と私は提案した。そこで私たちがテクノロジー部門の同僚に電話をかけて相談したところ、サポートしてもらえることになった。私たちはショーンのスケジュールを開き、90日間で6回の「ランチ学習会」を開くことをすぐに決めた。

ランチ学習会の問題が解決すると、今度はショーンのプレゼンスキルについて検討した。

「プレゼンすることをどう感じますか？」

「私は社交的な性格だけど、顧客にプレゼンするのは簡単ではないね。仕事においては抜け目のない交渉のプロばかりだから。金融業界には、トップクラスの交渉のプロがわんさといる。その場になれば、うまくやれるだろう。とはいえ顧客の前に立つと自信がゆらぐし、会社のプレゼン資料は詳細すぎてつまらないし。もっといい資料をつくれるだろうに」

私たちは議論を重ね、手強いビジネスのプロたちの前で自信を持って振る舞えるかという問題だけでなく、彼に足りないスキルや能力も探し出した。私は「ナンシー・デュアルテの『ザ・プレゼンテーション』（ダイヤモンド社）を読んで、もっとストーリー性のあるプレゼンをつくってはどうか」と彼に勧めた。

仮にあなたが最適でないツールを渡された場合、それを変えられるのなら、別のものを使おう。与えられたツールしか使えない場合は、オルターエゴを使って状況を打開することもできる。人生は思い通りにならない。成功に必要なリソースがすべてそろっている人などいない。だが、あなたが〈平凡な世界〉にいようが〈非凡な世界〉にいようが、手元にあるものをどうするかで、大きな違いが生まれる。

ショーンの場合は、ツール、つまりプレゼンを変える必要があった。その次に、彼がリラックスしながらも自信に満ちた態度で歩きまわり、はっきりと主張し、自分は手強くて影響力のあるスピーカーだと自分を信頼できるよう、オルターエゴをつくった。

ショーンのコーチングを始めたのは11月下旬だったが、2月の終わりまでに彼はランチ学習会を5回開き、顧客と直接やり取りする機会も増やした。その結果、彼の売り上げはぐんと上昇しただけでなく、2月の販売最高額を塗り替えた。テクノロジー業界では、通常2月はもっとも売り上げが落ち込む月だというのに。

〈平凡な世界〉で行きづまりを感じていたショーンは、その後、グローバルセールス部門のトップに就任するとともに、〈非凡な世界〉で生きるようになった。

会社の役員たちから、その独自のメソッドを人々に共有するよう頼まれるようになり、その結果彼はさらに昇進し、評判も上々だった。

もしもショーンが自分の〈決定的な瞬間〉にフォーカスせず、今後のために行動や振る舞いを適切なものに変えなかったら、いつまでも〈平凡な世界〉にとどまり続けていただろう。

〈決定的な瞬間〉は人それぞれ
――八方美人で能力を発揮できなかったジュリアの話

〈決定的な瞬間〉は個人によって違う。ジュリアもそうだった。ジュリアはアリゾナ州フェニックスで、ウェブサイトと広告の制作会社を経営している。8人から成るチームは、デザイナーやブロガーやインフルエンサーとも連携している。彼女は会社を大きくしたい、自分自身ももっと存在感と威厳を示したいと思っていたが、うまくいかずに悩んでいた。必要なスキルがないからではなく、彼女のなかの何かが邪魔をするのだという。

彼女の〈決定的な瞬間〉は、顧客と交渉するときに生じる。「私は八方美人なんです」と彼女は言う。「なんでもイエスと答えたくなってしまう。ところが、約束したことが果たせなくて、大問題に発展することがあります。安請けあいしたせいで、みんなを落胆させたことも何度もありました」

〈決定的な瞬間〉が来ても、ジュリアは自分の立場を固守しない。自分の信念や願いを貫くために主張することもない。結局は八方美人に逆戻りして、能力を発揮できないまま行きづまってしまう。

「10代の頃から注意されてきました。会社を始めたときも、『ジュリア、きみは弱腰すぎる。みんなからいいようにあしらわれて、中途半端に終わってしまうよ』って」

だが、彼女自身は弱腰ではないと思っている。「私はすごく野心的ですし、心のなかではかたく決心しているのに、それを口や態度に出せないんです」

同じことに悩む人はたくさんいる。ジュリアはスキルも能力もある。彼女はかなりの紆余曲折を経て、自ら選んだキャリアで大成功を収めた。心のなかの強力な障害と戦って、今のキャリアにたどり着いたのだ。

ビジネスという〈フィールド〉で顧客と交渉する際、彼女は〈決定的な瞬間〉に断固として主張する代わりに、愛想笑いを浮かべてしまう。やさしくて協調性がありすぎて、顧客に言いくるめられてしまうのだ。

献身的で安請けあいしがちな彼女だが、もうやめるべきだとわかっている。彼女は〈勇敢な自己〉を出せず、その結果、彼女の会社は伸び悩んでいるというわけだ。

彼女はリーダーらしい行動が取れるはずなのに、思うように振る舞えないことに悩み、私のところに相談に訪れたのだった。

自分の〈決定的な瞬間〉を知ろう
――三つの具体的なケース

〈決定的な瞬間〉を突き止めるには、あなたが〈フィールド〉でどんな結果を出したいかを知る必要がある。あなたが成功するために必要な特性、能力、スキル、態度、信念、価値観、その他の要素はなんだろうか？

ショーンやジュリアと同様に、この本を手に取ったということは、あなたにも〈決定的な瞬間〉があるはずだ。

〈決定的な瞬間〉のあなたの行動や振る舞い（あるいはあなたがやらない行動や振る舞い）が、結果に影響して、あなたの〈平凡な世界〉を構築している。

あなたの〈決定的な瞬間〉を特定するだけでなく、あなたのどの行動や振る舞い（またはやらない行動や振る舞い）があなたの足を引っ張るのかも明らかにする必要がある。

ショーンの例を見て、あなたの〈決定的な瞬間〉も管理業務だと思った人がいるだろう。だが、それは違う。管理業務は責任を伴うが、この業務によってあなたのキャリアが劇的に飛躍することはないからだ。たとえば、管理業務をうまくやっても、上司が度肝を抜くようなプレゼンができるようにはならない。ショーンにとって、管理業務は〈決定的な瞬間〉における障害にすぎなかった。

あなたが探すべき瞬間とは、もっとも高いリターンが見込める瞬間、またはリターンが得られる確率がもっとも高い瞬間のことだ。

と同時に、あなたの〈勇敢な自己〉を十分に発揮できない瞬間でもある。その瞬間にいつもと違う自分を出せれば、違う結果になっていただろう瞬間のことだ。

ただし、〈決定的な瞬間〉であっても、あなたがなんとかしなければと悩んでいない瞬間であれば、心配する必要はない。たとえそれがあなたが成功するうえで重要な瞬間だとしても。

前述したように、私が仕事でオルターエゴを使い始めたのは、人目が気になって仕方がなかったからだ。他人の目に映る自分のイメージを気にするあまり、私は自分でも嫌になるような性格になった。

今は、初対面の人にどんな印象を持たれようがまったく気にならない。人と接するときは、相手に敬意を払い、丁寧に対応するよう心がけているからだ。

相手から好かれようとこびることなく、適切に接しているという自負がある。相手が私を好きになろうが、嫌いになろうが、私は構わない。他人からどう思われようが、私の人となりや自己評価は変わらないだろう。だが人々のなかには、目上の人と会うと、うまく言葉が出てこない人がいる。そのような人は、新しい友人や仕事上の人脈を築く代わりに、取り巻きのように振る舞って相手をしらけさせてしまう。

顧客との交渉は、ジュリアにとって〈決定的な瞬間〉の一つでもあった。顧客にプレゼンすることは、ショーンにとっての〈決定的な瞬間〉の一つだ。コーチングを始めて間もない頃の私の〈決定的な瞬間〉は、見込み客と会うときだった。私はつかえるか、言葉がしどろもどろになり、相手に契約を結ぶには優柔不断で頼りないとの印象を与えていた。

よくある〈決定的な瞬間〉を三つ紹介しよう。これらの例をヒントに、あなたの〈決定的な瞬間〉を見つけよう。

人前でプレゼンまたはスピーチをするとき

手に汗をかき、呼吸が浅くなり、顔は引きつり、支離滅裂な言葉で聴衆にあいさつしたことはあるだろうか？　プレゼンやスピーチをせざるを得ない状況に陥ることがある。たとえば、スタッフミーティングでプレゼンをやらなければならないときや、オンラインビジネスを拡大させるために、オンラインセミナーやトレーニングセミナーの回数を増やさなければならないときなど。私のクライアントにも、この〈決定的な瞬間〉に悩む人が大勢いる。

ここで失敗すると、キャリアに大きな傷がつく恐れがあるからだ。人々の注目が集まる場に立つときは、リラックスした様子を見せる必要がある。人間は、ごく自然な態度でプレゼンする人に好印象を抱くからだ。会社の会議室だろうが、イベントのステージだろうが、チームミーティングだろうが、人々がスピーカーに期待することは同じだ。

私が見たスピーカーのなかには、緊張のあまり、または自分の能力や評価に不安を抱くあまり（自己不信、心配症、批判を気にするなど）、自分の考えやアイデアを説明できずに黙り込んでしまう人もいた。

ネットワークづくり、初対面の人とのやり取り

イベントの会場に足を踏み入れた途端に、引っ込み思案になる人がいる。知りあいとしか話さないか、落ち着かない態度で接して相手に神経質でおどおどした人との印象を与えてしまう。他にも、興奮して会場を歩きまわり、目があった人に誰かれ構わず名刺を渡す人もいる。

私がコーチングする人たちにも、会場にいる人に片っ端からあいさつしてまわり、有意義な関係を築くチャンスを台なしにする人がいる。いつの時代でも、人と会って人間関係を築くことは、会社やキャリアを前進させるうえできわめて重要だ。

契約を取るとき

顧客が商品またはサービスを買う意思があることを態度で示すときがある。にもかかわらず売り手は、手順やプロセス通りに説明しようと必死になるあまり、相手のサインを見落としてしまう。人間らしく柔軟に対応せず、ロボットのように行動してしまう人だ。

金額を提示しなければと頭がいっぱいになって、まごまごしながら会話する人もいる。延々としゃべり続けるものの、契約を取れずに終わる人も見たことがある。または顧客に頼りなさそうとか、おどおどした人との印象を与えて、契約を取れない人もいる。

あなたの〈決定的な瞬間〉は？

――何が起きていて、何が起きていないのか？

「行動の層」に〈五つの架け橋〉をあてはめるなら、次の二つの橋がいいだろう。

●やめる：……するのをやめる／……を自制するのをやめる／……を避けるのをやめる／……のように振る舞うのをやめる／……を選ぶのをやめる

●減らす：……をあまりやらないようにする／……をあまり選ばないようにする

行動の層には、あなたの行動、反応、振る舞い、スキル、知識が含まれる。どれも〈フィールド〉で役立てることができる。あなたは人にどんな印象を与えているか？　どんな行動を取っているか？　どう振る舞っているか？　どんな選択をしているか？

これらの質問を「やらないこと」や「あまりしないこと」と言い換えて自問すると、望みを実現しようとするあなたの邪魔をする、主な障害が見つかるかもしれない。

これはフィールドモデルの行動の層を検証して、あなたの行動が結果にどう影響しているかを調べるワークだ。〈平凡な世界〉にいるときと同様に、ありのままに答えよう。正確に答えること。

あなたの〈決定的な瞬間〉に何が起きて、何が起きないかを詳しく書こう。

今はデータを集める段階だ。オルターエゴをつくるのはまだ先の話だ。オルターエゴをつくれば、〈平凡な世界〉でのあなたの性格や行動が、まったく異なるものになるだろう（おそらく正反対になるだろう）。

必要であれば、前章に戻ってあなたのメモを確認しよう。あなたの〈平凡な世界〉を書いたときに、〈決定的な瞬間〉がどれか気づいた人もいるだろう。奮起するか、行きづまったままでいるか――私たちにはこの二つの選択肢しかない。

このワークを終えたところで、あなたは自分の〈フィールド〉でどうすべきか明確になったのではないだろうか？　それなら、これまでとは違う結果が待っているだろう。なぜかって？　なぜなら、あなたの世界をくまなく調査するために、これからあなたが能力を発揮できない理由に光をあてていくからだ。

今までは、陰に隠れた何者かがあなたの〈勇敢な自己〉を邪魔したために、あなたは能力もスキルも才能も発揮できずにいた。〈敵〉はこっそりと行動し、その正体は秘密のベールに覆われていたが、それも今日までだ。では、これから〈敵〉の正体を暴いていこう。

06

第6章

何があなたの成功を妨げている?

あなたを〈平凡な世界〉にとどめているもの
――オルターエゴ戦略では、それを〈敵〉と呼ぶ

あるコーチと電話で話していたときのことだ。電話の反対側で、コーチは徐々にヒートアップしてとうとう大声を出し始めた。「彼女は大きな選手権大会で勝てるはずなんだ。なのに、楽勝できそうな試合でも打ち負かされてしまう! まったく理解できない!」

コーチと15分ほど話したところで、私はチームの役に立ちそうだとの結論に達した。問題の選手であるレイチェルは、ずば抜けて才能のあるテニスプレーヤーで、試合の前半ではや

すやすとゲームを支配する。だが前半で大きくリードしても、優勢を維持できずに勢いを失っていく。素人目には、彼女がエネルギーを使い切って、余力を失ったように見えるだろう。彼女のプレーは散漫になり、対戦相手に逆転負けすることもしばしばだった。

レイチェルと初めて会ったときも、彼女の精神面とパフォーマンス面の評価結果に目を通したときも、彼女が試合で能力を発揮できない原因を正確に突き止められなかった。問題が明らかになったのは、ＢＬＴサンドイッチを食べたときだった。

レイチェルと私は、マンハッタンのイーストサイドにある、ペネロペという私のお気に入りのダイナーで食事をとっていた。小さな店だが料理はおいしくて、なかでもＢＬＴサンドイッチは他のどの店にも引けを取らない絶品だ。

彼女がメディア向けのイベントのためにニューヨークに立ち寄ったのを機に、私たちはトレーニング、次のシーズン、生活全般について話しあった。テーブルに伝票が置かれると、私が手にするより先に、彼女があっという間にそれをつかんだ。

「私が払います。前回おごってもらいましたし」

「いやいや、待ってくれよ」と私。「ランチに誘ったのは私だよ。招待された者は支払う必要はない。そういう決まりだろう」

「次回はごちそうになります。でないと不公平ですから」

ああ！　そういうことか。このささいなやり取りのおかげで、パズルのピースがすべてあてはまった。

前述した内容だが、重要なので繰り返しておこう――私たちは複数の〈フィールド〉に立っている。家庭、スポーツ、友人関係、仕事／キャリア、趣味、健康と幸せなど、さまざまなフィールドがある。私たちが担う役割はフィールドによって違う。役割ごとに異なる責務を負うからだ。

私の場合は、父親としての役割と仕事での役割はまったく異なる。スポーツでの役割と配偶者としての役割もそうだ。フィールド自体も入る段階も異なるし、それぞれにおいてあなたは違う一面を出して、その場にふさわしい行動を取ることが求められる。

私たちは常に自分のなかのさまざまなバージョンを出している。それは自然なことで、人間なら誰でもやっている。

今現在、あなたはある〈フィールド〉で特定の性格と特徴を持つ自分の1バージョンを出しているが、そのバージョンは〈決定的な瞬間〉であなたの役に立っていない。そのバージョンはあなたを成功に導かないどころか、あなたの望みとはうらはらに、あなたが〈非凡な世界〉で生きるのを邪魔している。

では、あなたの1バージョンに悪影響を与え、あなたを〈平凡な世界〉にとどめているものは何か？

オルターエゴ戦略では、それを〈敵〉と呼ぶ。

〈敵〉は心の葛藤を生み出したり、あなたの〈勇敢な自己〉が発現するのを邪魔したりする。太古の昔から人間はこの現象を議論してきた。ユングはこれを「影《シャドウ》」と呼んだ。『スター・ウォーズ』では「フォースのダークサイド」と表現されている。神話学者のジョーゼフ・キャンベルにとって、〈敵〉とは退治しなければならないドラゴンのことだ。

一つ言っておきたいことがある。〈敵〉は目新しいものでも、妙なものでも、不自然なものでもない。憎むべきものではないし、私たちは〈敵〉のせいで自分を責めがちだが、そんなことをする必要はない。

人生には二元性がある。相反する二つの要素から成るということだ。光と影。生と死。上と下。中と外。昼と夜。陰と陽。自然界は二元性に満ちており、あなたもその自然の秩序の一部なのである。あなたが戦う相手、つまり〈敵〉は、実際にはあなたのなかにごく自然に備わっているものなのだ。

ちなみに、〈敵〉はすぐそこにいる。

光があるところには影がある。上昇すれば、下降する。英雄がいれば、〈敵〉もいるはずだ。バランスの問題なのだ。

〈敵〉はあなたの一部だが、あなた自身ではない。

〈敵〉は、不安感や他人の目だけではない。特定の信念や価値観が混ぜあわさった思い込みや、スキル、能力、振る舞いなどの特徴が肥大化して、望み通りに行動しようとするあなたを邪魔するのである。

前章で、あなたにとって望ましくない行動や振る舞いを洗い出してもらったが、その原因となるのが〈敵〉だ。交渉の場で相手の言いなりになったり、ボールをパスしてしまったり、その反対にパスを出し惜しんだり、プロジェクト・リーダーをやると名乗り出られなかったり、安請けあいしてしまったりするのは、あなたを陥れる〈敵〉のしわざだ。〈敵〉はあなたが輝く瞬間を盗み、あなたを〈平凡な世界〉へと閉じ込めて身動きを取れなくしてしまう。

私たちがよくしてしまう「言い訳」

――明日頑張ればいいと思ったことはないか？

〈敵〉は陰に隠れてあなたの足を引っ張ったり、だましたり、〈よくある罠〉をしかけたりする。〈敵〉はネガティブな思考、感情、行動を生み出してあなたにじわじわと働きかけ、その結果あなたは、〈フィールド〉や〈決定的な瞬間〉で思うような態度を取れなかったり、能力を発揮できなくなったりする。

目標を達成するのを阻む〈よくある罠〉には、たとえば次のようなものがある。

●自分の感情をコントロールできない
●自分に自信がない
●他人からどう思われるか不安になる
●自分の能力を信じられない
●積極的に危険を冒してしまう
●意図しない行動を取ってしまう
●悪い態度を取ってしまう

図3-5のフィールドモデルを見返すと、〈敵〉がどの層でもこうした罠を張ってくるのが見て取れるだろう。

●あなたの〈フィールド〉とその関係者、すなわち上司、コーチ、対戦相手や市場、家庭、その状況による重圧などを気にして不安になる。
●あることを実現するためのスキル、能力、リソース、やり抜く力があるか、自分に自信が持てない。うまくやれるか、または勝てるか、疑わしいと感じる。
●十分なスキルがあるにもかかわらず、堂々とした態度で実力を発揮するための自信が欠けている。

●ささいな試みを含めて、新しいことを試しても、失敗に終わるのではないかと不安になる。

結局、あなたは安全第一でいこうと自分を納得させる。これなら組織やチームから解雇されることもないだろうから、と。だが、チャンスをふいにしたせいで、本当の自己がうずく。私たちは、もう努力したくないときや、障害を克服したくないときに、悪い態度を取って自分に言い訳し、自分を安心させることがある。たとえば、今日は練習する必要はないと自分に言い聞かせたことはないだろうか？　今日はのんびりして、明日2倍働けばいいじゃないかと思ったことは？

私がこれらの罠を〈よくある罠〉と名づけたのは、私たちがよく友人やチームメイトや家族や同僚にこうした言い訳をするからだ。

前に、バレーボールの試合で私が激怒して相手選手を殴ったエピソードを紹介したが、あれは私が自分の感情をコントロールできなかった一例だ。心のどこかになんらかの深い理由があったわけではない。ただ単に私が未熟で感情をコントロールできなかったにすぎない。だが、理由が明らかだからといって、その問題が解決しやすいわけではない。オルターエゴを使えば、この種の罠も簡単に解決できることを、説明していきたい。

もう一つ、私がまだ触れていない〈よくある罠〉がある。それは、議論が十分でないために起きる「無計画」な行動や振る舞いだ。無計画に臨むと、ほとんどの人は満足のいく結果が得られない。

〈フィールド〉という観点で物事を考えると、どういう性格でどう行動するか計画するようになる。〈フィールド〉これはオルターエゴを持つことで得られる最大のメリットだ。きちんと計画して意図的に行動しないと、〈フィールド〉で不適切な一面を出して問題が生じる。オルターエゴをつくる過程で、この罠についても本書で詳しく掘り下げていくつもりだ。本章の後半では、テニスプレーヤーのレイチェルがこの罠によってどんな影響を受けたかも説明しよう。

人間の心は、多種多様なイメージや感情をつくり出す強力な工場のようなものだ。そのイメージや感情は、あなたの理由や動機を助長することも、損なうこともできる。

「おまえはまだ昇進するには早すぎる。人を管理したこともないのに」

「本気でそんな大金を投資用不動産に注ぎ込むつもりか? リスクが大きいし、小さい投資しかしたことないのに」

「シュートするな。外したら、みんなからどう思われることやら」

「おまえよりも料理上手なメアリーでさえ、レストランを経営していないんだぞ。おまえがレストランを開けるわけないだろうに?」

「キャプテンの座はチャーリーに譲った方がいい。彼の方がリーダーに向いている」

「今から起業しようなんて遅すぎる。何年も前に起業するべきだった。時機を逸したんだ」
「おまえは売り込むのが苦手だから、資金を調達するのは難しいだろう」
「おまえの新しいマーケティング戦略はまったく使いものにならないぞ！」

このなかに、あなたにもなじみのある言い訳はあるだろうか？〈敵〉はこうした不安、自己不信、コンプレックスを使って、あなたが本領を発揮するのを阻止しようとする。

私がコーチングしたあるバスケットボール選手は、スタンドで観戦するファンや両親が自分のプレーをどう思うかが気になり、苦しんでいた。他人の目を気にするあまりゲームに集中できず、試合のペースをつかめずにミスを連発。もっとも、人目を気にする人は大勢いて、彼はそのうちの一人にすぎないのだが。

コンサルティング会社のＣＦＯ、カレンの話を紹介しよう。カレンはプレゼンが苦手だった。だが、エグゼクティブにとってプレゼンは重要な仕事だ。彼女が発表する情報や分析は的を射ていて、会場にいる人たちのなかで彼女ほど頭脳明晰で鋭い人はそういないだろうが、そんなことは彼女にとって関係なかった。カレンは自分に自信がなかったのだ。

プレゼンの前はもちろん、プレゼン中やそのあとにも、彼女の頭のなかで「私にはプレゼンは無理だ」という声が繰り返し聞こえた。大勢の前に立つと、彼女は明らかに緊張して不安そうな表情を浮かべた。声は何度もかすれ、質問を受けると、彼女はつかえたり、言いまちがえたり、とりとめのないことを話したりして、はたで見ていて痛々しいほどだった。

彼女は、自分を批判するだけではなく、他人値踏みされているという不安にも苦しめられていた。その結果、自分はプレゼンに向いていないと強く思い込むという悪循環に陥った。

私の知る限りでは、多くの人はそのような結末を回避できるようなスキルと知識を持ちあわせている。カレンもそうだ。彼女はオルターエゴをつくって〈敵〉を打ち負かし、プレゼンの名手となった。〈敵〉はこっそりとあなたに不利な理由をでっちあげて、あなたの行動を阻止しようとする。こうしてあなたは起業することも、昇進するために努力することもやめてしまう。

念のために言っておくが、私はやるべきことをやらずに、高度な専門スキルを持っているふりをしろと勧めているわけではない。あなたが胸部外科医になりたいなら、医学部を卒業して、何年も勉強して臨床経験を積まなければ一人前になれない。しかも実際に胸部外科医になると、常にベストを尽くして働かなければならない。

ここまでは、あなたのやる気を削いだり、あなたを制止したりする〈よくある罠〉を紹介したが、もう一つ〈隠れた罠〉というものがある。これは見つけにくいうえに、操り人形の糸のようにあなたの人生をコントロールする。〈隠れた罠〉は次のような形で現れる。

1. インポスター症候群（訳注：自分が達成したことを認められず、自分はみんなを欺く詐欺師だと感じる傾向のこと）
2. 心的外傷《トラウマ》
3. 心の声

隠れた罠①
——インポスター症候群

私がデイヴにコーチングを始めたとき、彼は自分で設立したソフトウェア製品の販売会社を順調に経営していた。市場でかなりのシェアを誇っていたこともあり、そろそろ会社の規模を大きくしようと考えた。

会社を大きくするには、オフィスをもっと広い場所に移転させる必要があった。だが、会社を次の成長段階に進ませるには、キャッシュフローが不安定だったため、生まれて初めて彼は投資家——正確にはベンチャーキャピタリスト——を募ることにした。彼の実績が申し分なかったこともあり、有名なベンチャーキャピタリストたちと面会するアポも簡単に取れた。

すべての条件が整っているじゃないかって？　確かにそうだ。

ただし、デイヴ自身に問題があった。

デイヴは面談の場に堂々と入って行く代わりに、尻尾をたらした犬みたいにおどおどと現れた。やはりというか、彼は希望通りの返事をもらえなかった。かくして彼は私のもとへ相談に訪れたのだった。

しばらくデイヴと話すと、彼が頭が良くて、有能で、優秀な人物だとわかった。だが、デイヴは自分を優秀だとは思っていなかった。数々の実績や努力の成果も、「幸運だった」とか「タイミング良くその場に居あわせたんだ」とあっさり片づけてしまう。おまけに彼は、自分がベンチャーキャピタリストのおめがねにかなう人間だと思っていなかった。

デイヴを悩ませたのは、インポスター症候群と呼ばれる症状だ。多くの成功者や偉業を達成した人でも、この症状に悩まされる。**〈敵〉があなたにインポスター症候群をしかけてきたら、大勢の著名人たちも同じ悩みを抱えていたのだからと自分を励まそう。**アルベルト・アインシュタイン、詩人のマヤ・アンジェロウ、ジョン・スタインベック、女優のティナ・フェイなど、挙げるときりがないほど多くの人が、大成功を収めておきながら、自分は詐欺師だと感じると語るか、または書き残している。

〈敵〉がインポスター症候群の形となって背後から現れると、あなたの耳に悪意ある物語をでっちあげてささやくだろう。「おまえが成功したのは努力のおかげじゃない。幸運か、偶然か、遺伝子のおかげだ」。すると人々は、自分のスキルも能力もこれまでの勝利も大したことではないと思うようになる。インポスター症候群はじわじわと心を腐食する現象で、〈フィールド〉でのあなたの振る舞いや行動に悪影響を与える。

スティーブ・ジョブズは「あらかじめ将来を見据えて、点と点をつなぎあわせていくことはできない。あなたにできるのは、将来、過去を振り返って点と点をつなぎあわせることだけだ」と表現した。

〈敵〉も同じようなやり方で、あなたの実績や成功を一蹴しようとするだろう。あなたが点と点をつなげて一連の出来事を論理的に解釈する前に、あなたの努力や成果を過小評価する話をでっちあげ、それを延々とささやくのだ。

「確かに成功はしたけど、タイミング良くその場に居あわせただけさ」と〈敵〉は言うだろう。「もちろん、賞はもらったさ。長年この仕事をやってるんだから当然だ。いまだに何も受賞していなかったら、よっぽどの無能だろう」。またはインポスター症候群によってこう自分を納得させるかもしれない。「たいしたことないさ。これぐらいのことはみんなやってるんだから」

どんな成功を収めようが、あなたがそれを努力のたまものだと認識して、勝利の記録として刻むことはないだろう。罠がそれを阻止するからだ。

仮にあなたが、インポスター症候群に支配されたらどうなるか?

あなたは自分が無能だとばれるのではないかと恐れるようになる。マヤ・アンジェロウも、詩人として賞賛されて栄光を手にしたにもかかわらず、同じことを恐れていた。「私は本を11冊書いたけれど、本が出版されるたびに『ああ、今頃はみんなに気づかれているだろう。私はいつもみんなを欺いてきたが、そのことにみんなが気づくだろう』と考えてしまう」[*1]。無能だとばれて地位を失い、笑いものになることを恐れている大物がたくさんいると知ったら、あなたは驚くかもしれない。だが、これは妄想にすぎない。そんな事態になるのは、実際にスキルも能力も知識もない人に限られるし、ほとんどの人はそんなことにはならない。

詐欺師だとばれて、部族から追い出される——これほど恐ろしいことがあるだろうか? 人間は生まれながら民族意識が強い。人類が何千年も生き延びられたのは、私たちが一つの部族となって狩猟や穀物の収穫や住居をともにし、厳しい天候や猛獣や他の部族などの脅威から身を守ってきたからだ。狩猟しながらたき火の管理をすることはできない。一晩生き延びたいと思うなら、誰かの助けが必要だ。

仮にあなたが詐欺師だと部族にばれれば、あなたのなかで「しまった。これで私は追い出される。荒れ地に一人でいるところを襲われるかもしれない」と本能が警鐘を鳴らすだろう。

インポスター症候群に陥ると、自分自身はもとより、自分の能力や実績も軽視するようになる。あなたが〈フィールド〉での自分の能力を過小評価すると、望み通りの成果を得られないだろう。

隠れた罠②
——心的外傷

世の中には、過酷な人生を生き抜く人がいる。心的外傷を負うような出来事を耐え抜いた人々だ。戦争や両親の死を経験し、そこから立ち直った人もいるだろう。貧困、家庭内暴力、差別的な環境で生まれ育った人、幼い頃にいじめに遭った人、健康に問題があった人、過去に忘れられない出来事を経験した人もいる。

フリードリヒ・ニーチェはかつてこう言った。「生きることは苦しむことであり、くじけずに生き抜くことは、その苦しみになんらかの意味を見いだすことだ」

オルターエゴを使って心の傷を治すことはできない。だが、いつもその重荷を背負って生きる必要はない。トラウマを忘れることはできなくても、〈敵〉があなたのことやあなたの経験についてささやくことは、役に立たないものばかりだ。〈敵〉は「そうなったのは自分のせいだ」とあなたを責め、「そのような過去を克服した人はいない」とささやくだろう。心のなかで何度もこだまするこうした話は、〈敵〉がしかけてくるのである。

たとえば、サッカー選手のハビエル。ハビエルのコーチは、選手たちのやる気を引き出すには、大声で怒鳴りつけるのが一番だと思っていた。叱咤されて奮起する選手もいたが、ハビエルは違った。ハビエルの父親はアルコール依存症で、鬼軍曹のように家庭と子どもたちを支配した。父親は堂々とした風采の男だったが、恐ろしく短気で、恐怖で人を支配する傾向があった。

試合中にコーチが大声で叫ぶと、ハビエルは闘志をかき立てられるどころか、過去の出来事を思い出して、感情が不安定になった。突然、当時の恐怖心がよみがえるのだ。ハビエルの過去が障害となって、彼はひどく感情的になり、ミスやファウルを繰り返すようになった。

誤解のないように言っておくが、あなたのこれまでの人生は〈敵〉ではない。〈敵〉はチャンスがあれば、過去のトラウマを悪用してくる。望まないことは起きるものだが、人はそれをバネにして飛躍しようとする。本書の後半で、過去の嫌な出来事を解釈し直すことで、トラウマをエネルギーに変えた人たちを紹介する。それから、過去の出来事との軋轢を生まないオルターエゴをつくりだして、希望通りに振る舞えるようになった人もいる。

隠れた罠③

——心の声

この罠は、根源的な原動力から〈フィールド〉でのあなたの考え方や振る舞いに働きかけるため、非常に強い影響力を持つ。心の声は仲間内で広く浸透しているがゆえに、あなたはそれを自分のことと受け止めやすく、無意識のうちに信じ込んでしまう。

〈敵〉はずる賢い。〈敵〉はこっそりと心のなかに忍び込んで、この集団はこれができる（またはできない）といった話をつくり上げる。

〈敵〉が「偉業を達成できるのはこんな人だ」といった思い込みをつくり出すと、あなたは知らないうちにそれを信じ込み、世界や自分の可能性に対する考え方を変えてしまう。

仮に私が「ハーマン家は金運がない」とか「ハーマン家は平凡な家系だ」といった「家族の声」を聞きながら育ったら、その考え方や信じ込みは私の振る舞い、パフォーマンス、私に何ができるかといった思い込みに影響を与えていただろう。

心の声に扮した〈敵〉は、家族のなかにも潜んでいる。それは、家族のなかで何世代にもわたって語り継がれてきた話だったりする。私がコーチングするビジネスマンには、「うちは起業家の家系ではないから」と言う人がたくさんいるが、そういう人は往々にしてその家系で初めての起業家になったりする。

では、この声は真実を語っているだろうか？　まさか。誰でも起業家になる可能性はある。だが〈敵〉は、家族の歴史や過去の体験をもとに話をつくり出して、私たちの性格や行動に影響を与えるのだ。

そのような現状を打開したすごい例を紹介しよう。バレエダンサーのミスティ・コープランドだ。今や傑出したバレエダンサーである彼女は、由緒あるアメリカン・バレエ・シアターで、プリンシパルに抜擢された史上初のアフリカ系アメリカ人でもある。

彼女がバレエダンサーへと成長を遂げる間に、彼女と同じような外見で最高位まで上りつめた人は一人もいなかった。ヨーロッパ系優位のクラシック・バレエ界で、彼女はアフリカ系アメリカ人であり、しかも伝統的にきゃしゃな骨格が主流ななかで、彼女は筋肉質な体つきだったからだ。

今では、アメリカン・バレエ・シアターでも有名なバレリーナとなったコープランドは、大きな公演で何千人ものファンを前に踊っている。「アフリカ系アメリカ人にバレエは無理だ」とささやく〈敵〉の声に屈することもできただろう。だが彼女は別の道を選び、少女たちは彼女に刺激されて大きな夢を描くようになった。

インポスター症候群の影響力について説明したときに、人間は部族に所属する必要があるという話をした。それはDNAに刻まれた本能だからだ。

仮にあなたが原始人のような生活をしているとしよう。地上では、サーベルタイガーや毛むくじゃらのマンモスが歩きまわっている。そんななか、あなたは部族から追い出されたとする。あなたはたった一人で生活し、狩猟に出かけ、着る物をつくり、避難場所を見つけなければならない。誰があなたを守ってくれるのか?

私たちにはどこかに所属したい、自分の部族を見つけて受け入れられたいという願望が今も根強くあるのだ。

私たちが所属する部族のなかでもっとも影響力が強いのは、家族だ。家族の期待や「家族はかくあるべきだ」という思い込みに葛藤する人を、私は大勢見てきた。彼らがこんな生き方がしたいと望んでも、そうした期待や思い込みが彼らを阻もうとする。

ちなみに、私の家族は密接な関係を築いている。二人の兄も妹も両親も、アルバータ州にあるうちの牧場の近くに住んでいる。その牧場も何代にもわたってうちの家族が営んできた。私も家族の近くに住みたいし、子どもたちにも従兄弟ともっと親しくつきあってほしい。家族にもっと会いたいとも思う。だが私は、あえて家族と離れて生活することを選択した。私がニューヨーク市に住むことにしたのは、キャリアのためとコーチとして成長する機会が多いと見込んだからだ。家を出て何十年も経った今でさえ、私は時々〈敵〉がつついてくるのを感じる。「どうして家を出たんだ？　父親や兄妹を置いて行ってしまうなんて、ひどいじゃないか」としつこく責める声が今も聞こえてくる。

〈敵〉はしばしば、私たちの身近な人が怒るだろうとささやいて私たちを不安にさせ、私たちの意思決定に口出ししようとする。その結果私たちは、自分のキャリアにとって最善のこと、何かを創造すること、心から望むこととは違う道を選んでしまう。

私が心理分析を行なったところ、〈勇敢な自己〉を出すことを恐れていることが判明した人がたくさんいる。どうして恐れるのかって？　成功するのが怖いからだ。成功すると〈平凡な世界〉を出て〈非凡な世界〉に行くことになるが、友人や家族はそのような変化を受け入れてくれそうにないからだ。

そのため彼らは、協力者もいないまま、荒涼とした大地を一人寂しくさまようことになるのではないかと恐れてしまうのだ。

オンライン・トレーニングのイベントをやったときの話を紹介しよう。私がコーチングしたのはニューヨーク大学の教授で、過去にノースカロライナ大学とスタンフォード大学でも教鞭を執ったことがある男性だった。

教授はこの6年間、ビジネスリーダー向けにより良い社風を築くためのプログラムを開発してきた。そのための方法論とカリキュラムをつくり、ニューヨーク都市圏の企業に広めたいと考えていた。彼には〈非凡な世界〉がはっきりと見えていたが、〈平凡な世界〉から〈非凡な世界〉に向けて第一歩を踏み出せずにいた。

「大学でフルタイムで教えているのに、会社を立ち上げたら、自分の時間がなくなってしまいます。それに人を雇って、この事業をサポートしてもらうわけにはいきませんし」と彼は言い訳し始めた。

私は彼の話をとめた。「ちょっと待ってください。どうして人を雇えないんですか?」

「私がこのプログラムの研究をするために人を雇ったことが同じ学科の教授たちに知られたら、笑われてしまいます」

「どうしてそう思うんですか？　みんなは本当に笑うでしょうか？」

「それは……」彼は続けようとしたが、私がさえぎった。

「クライアントや顧客に確実に役に立つすぐれたプログラムをつくっても、多くの大学教授がまさに同じ理由で二の足を踏むことをご存じですか？　そのような考えや思い込みのせいで、人々が世に新しいものを生み出すのを躊躇することをご存じですか？　あなたは他の教授たち、つまり仲間たちにどう思われるかと悩み、不安を感じています。ですが、人がどう思おうが構わないでしょう？　彼らから給料をもらっているわけではありませんし。あなたのアイデアやソリューションの恩恵を受ける人でもないのですから」

彼は黙って私を見つめていた。

私たちはみな、仲間、つまり私たちが同じ部族だと思う人たちから、認められたいと思っている。

あなたはどうか？　あなたもこの第3の罠にかかってしまうのだろうか？　家族や仲間も、〈敵〉が利用する罠にすぎない。敵は他にも、文化だの宗教だの民族だの性別だのといった理由を持ち出してきて、あなたの頭のなかでささやくだろう。

「そんなことは他の人にやらせておけばいい。私がそんなことをしたら、みんなから裏切り者だと思われてしまう」

「私がそんなことをしたら、教会／モスク／シナゴーグのみんなは快く思わないだろう」

「そんなことは男性にしかできないわ」

「それは女性にしかできない」

「私は数学と科学が得意だから、医師かエンジニアに向いているのだろう」

「カナダ人は親切で、絶対にけんかなどしない」（この言葉も挙げておかないと）

覚えておいてほしい、〈敵〉はいろんな方法を使って、あなたが目標を達成しようと行動するのを妨げ、あなたに現状を維持し続ける道を選ばせようとすることを。

だが、それを変えていこうではないか。


では、レイチェルはどうしたか？

本章の前半で紹介したレイチェルを覚えているだろうか？　なぜ彼女は、〈フィールド〉であるテニスコートで実力を発揮できなかったのか？　なぜ私はBLTサンドイッチをきっかけに、彼女の〈敵〉が試合中にどうして現れるのかを突き止めたのか？

答えはいたって単純だ。彼女はフェアを尊重する人だったからだ。実際私は、レイチェルほど感じが良くてやさしい人に会ったことがない。

だが、カフェで列に並んでいるときに誰かに横入りされたら、彼女は激怒するだろう。他方で、道端でホームレスの人を見かけたら、彼女はその人が一日を快適に過ごせるよう、手持ちのものをあげるだろう。それぐらい同情心の厚い人なのだ。

あなたはこう思うだろう――いいじゃないか！　何が問題なんだ？　こんな人がもっと必要だよ、と。

私も同感だ。とはいえ、何事もタイミングと場所を考える必要がある。スポーツや試合は、同情心が求められる場ではない。

私は彼女を呼び止めて言った。「レイチェル、きみの問題がようやくわかったよ」

私たちはレストランから出て歩き、31番街とレキシントン・アヴェニューが交差する四つ角に立った。「と言うと？」と彼女。

そこで私が訊ねた。「きみが試合でやすやすと相手選手を負かして大量にリードし始めると、相手選手をどう思うようになる？　どんな気持ちになる？」

この質問について何度かやり取りしたあと、彼女はすこし考えてからこう言った。「相手選手を叩きのめす必要があるのでしょうか？　何度も相手をやり込めて、恥をかかせるなんて。自分の方が上だと見せつけるために？　相手に恥をかかせて、実力をひけらかすの？　私ならそんな負け方はしたくないです」

「で、どうなるんだい？」

「攻撃の手をゆるめます」

「まさにそれだよ。きみが『いつものレイチェル』でテニスコートに足を踏み入れるのが原因なんだ。『いつものレイチェル』はフェア精神を尊重し、みんなを平等に扱おうとする。

そしてそのせいで攻撃の手をゆるめてしまうんだ。テニスコートにおけるフェア精神とは、ルールに則ってプレーすることであって、わずか数点差で相手に勝つことじゃないんだよ。競技には勝敗がつきものなんだから、きみの役割はベストを尽くして、勝つか負けるか、どう転ぶか見守ることだ。「今のきみは、相手が『恥や屈辱や失敗』を経験するか否かを決められる立場にあり、そのせいで相手から向上する機会を奪っている。人はこうした屈辱的な経験をバネに変化するからね。だからきみはフェアじゃない。きみは相手の方が上だと誤解させている。コートの上では、持てるテクニックをすべて駆使して戦わなければならない。それで相手に圧勝すれば、上等じゃないか。きみは相手に学ぶ機会をあげたんだから」

彼女は何も言わずに立っていた。近くを数台のタクシーが疾走して行き、歩道の上で私たちのそばを通行人が急ぎ足で通りすぎて行く。レイチェルはようやく口を開いた。「そんなふうに考えたことはありませんでした。確かに、おっしゃる通りです。『いつものレイチェル』に目標があるように、『試合中のレイチェル』には状況にあったペルソナが必要なんですね」

「そうなんだよ」

平等を重視することは決して悪いことではない。だがスポーツや競争の世界では、平等などと言っていられない。スポーツマンシップは必要だが、誰かが負けなければならないからだ。フェアであることはレイチェルの人格の一部となっていたため、コートでもフェア精神を発揮してしまい、パフォーマンスに支障が出てしまったのだ。

レイチェルに対して私は、フェアであることは忘れろとか、その価値観を変えなさいと説得はしなかった。その代わりに、彼女がいつものフェア精神をテニスコートに持ち込まないよう、オルターエゴをつくった。レイチェルのオルターエゴは、激しい競争を戦って勝利を勝ち取ることを名誉と感じる。そう、チャンピオンにふさわしい真のスポーツ選手なのだ。


さて、〈敵〉の罠に話を戻そう。

自分の〈フィールド〉でどの人格でどう振る舞うかを明確にしておかないと、いざというときに〈がんじがらめの自己〉が発現して、あなたの足を引っ張るだろう。

前章で、進歩するための五つの架け橋のうちの二つ、つまり「やめる」と「減らす」をフィールドモデルのフィールドの層と行動の層にあてはめた。今度はこのフレームワークを見解の層と根源的な原動力の層にあてはめて、あなたの障害となっているものや、あなたの結果に影響する罠を明らかにしよう。

あなたがやめたいこと、減らしたいことはなんだろうか？

●やめる：……を信じるのをやめたい／……を考えるのをやめたい／……を尊重するのをやめたい／……だと推測するのをやめたい／……で判断するのをやめたい／部

族の声にとらわれないようにしたい

●減らす：あまり……だと感じないようにしたい／あまり……だと考えないようにしたい／あまり……を心配しないようにしたい／あまり……を疑わないようにしたい

〈よくある罠〉か〈隠れた罠〉ではないかと思われる要素が見つかったら、それを「やめる」と「減らす」のフレームワークにあてはめてみよう。

これまでの数章で、「考えること、感じること、行動すること、経験すること」のなかで、あなたが「やめたいこと」や「減らしたいこと」を突き止めた。このワークを行なうと、〈敵〉の正体が明らかになり、何があなたを〈平凡な世界〉に引き止めているのかがわかるだろう。

これを明らかにしないと、〈敵〉の背後にあるビジョンや理由を十分に理解できないため、強力なオルターエゴをつくることが難しくなる。「成功者の振りをすれば、そのうちに成功者になれる」という格言があるが、多くの人がこの原理を実践しても効果がない理由もここにある。

「成功者になる」まで「振りをする」ことは誤った意図を伴う。だが、あなたが〈非凡な世界〉で本心から望むことをベースにしてつくられた明確なビジョンがあれば、〈勇敢な自己〉

が現れる。〈勇敢な自己〉とは、あなたの本質をそのままに維持しながらも、あなたの可能性や創造性が秘められた自己のことだ。

その反対が〈がんじがらめの自己〉だ。がんじがらめと表現したのは、現在のあなたの状況や自分の姿が、本当の自分ではないと感じられるからだ。ユングはそれを「影」と呼んだが、私たちは「敵」と名づけた。

これまでにいくつか例を紹介したが、〈敵〉のなかには、誤ったタイミングで誤った個性を出してしまったという簡単なものも含まれる。たとえるなら、カウボーイが銃撃戦にナイフを持ってくるようなものだ。

あなたのそのバージョンは、違う〈フィールド〉でなら、最高のキャラクターとなるかもしれない。たとえばレイチェルのすばらしいフェア精神が、状況次第で長所になったり、短所になったりするように。

ちょっとわかりにくいかもしれないが、さまざまな〈フィールド〉というレンズを通して、人生について考えてみよう。

自分をコーチングする
――自分自身を分析して理解しよう

パフォーマンスとメンタルゲームのコーチとしての私の仕事は、クライアントであるアスリートやリーダーたちにそれぞれのありのままの姿を見せて、彼らが〈決定的な瞬間〉にどんな行動を取るのか、なぜそんな行動を取るのか、その動機を理解してもらうことだ。あなたが自分のありのままの姿を客観的に見られるよう、本章ではあなたの罠を詳しく検証した。人によっては、やや不快な思いをするかもしれない。

私は不快な気持ちになるたびに、「これは試合の録画を見て復習するようなものだ」と自分に言い聞かせる。アスリートは練習や試合の録画を見て、自分のフォームを詳しく分析し、修正が必要な欠点を見つけては、最高のパフォーマンスが出せるよう練習する。

あなたが今、自分の罠についてやっていることも同じだ。試合の録画を見て、情報を集め、あなたがどうして現在のような振る舞いをするのか深く理解しようとしているのである。

好奇心をかき立てられて、罠に関する説明を読み直したくなるかもしれない。発見を楽しもう。「ふうむ、これはおもしろい」と考えよう。気づいたことに素直に驚こう。人間に生まれながらに備わっている好奇心を駆使して、ポジティブな気持ちで世の中を見よう。

罠が重複することもあるだろう。リストを見返しながら、「確かに、これとこれはあてはまるな。あと、これも絶対にあてはまる」と思うかもしれない。ぴんとくるものが一つしかない人もいれば、何も見つからない人もいるだろう。「だめだ。私の考え方や感情や行動の原因がわからない」と思っても、それで構わない。〈よくある罠〉か〈隠れた罠〉の影響がない場合もあるからだ。

あまり多くの時間をかけて心の奥底をかき回さないこと。ないものは、探しても見つからないからだ。

あなたが自分のコーチになってくれれば、それで十分だ。ただし、一つ覚えておいてほしい——あなたは生まれながらにしてオルターエゴ戦略を知っているということだ。

仮に私があなたに「バットマン（またはエレン・デジェネレス）ならどうすると思う？ジェームズ・ボンドだったら？」と訊ねるとする。するとあなたは、すぐにそのやり方がわかるだろう。

たとえ完璧でなくても、オルターエゴを使って、いつもとちょっと違う自分を演出するだろう。この本を参考にすれば、そのオルターエゴにさらなる奥行きと遂行能力が加わって強いパワーを発揮し、あなたに変化をもたらすだろう。

さて、準備ができたところで、あなたの〈敵〉に最後のラベルを貼ろう。

07

第7章

〈敵〉の正体を明らかにする

ネガディブなセルフトークはやめる

——自分を責めても何も解決しない

2009年当時、若きヴァレリア・クズネツォワはテニス界の期待の新人だった。彼女はウクライナのキエフからすこし離れたところにある、カルィーニウカという小さな地方都市で生まれ育った。その小さな町は、ウクライナのあちこちにある他の小さな町となんら変わりはなかったが、一つだけ違う点があった。男の子がやたらと多かったのだ。そしてこのことがヴァレリアに大きな影響を与えた。

おまけに少年たちは情け容赦がなかった。

兄のドミトリーは、少年たちのからかいからヴァレリアを守ろうとしたが、自分自身が巻き込まれることもあった。少年たちは、彼女が女だからとか、やせぎすだからとか、理由をつけては彼女をからかった。なかでも最悪だったのが、スポーツの試合に彼女を入れなかったことだ。小さいからサッカーはやらせない。弱いからバスケットボールはやらせない。ラグビーもだめだ——だって女だもん、というわけだ。

彼女はくじけることなく、無理やりにでも試合に入っていった。ところが、フィールドやコートで彼女がミスをすると、少年たちは彼女を追い払った。

ある日、試合中にまたしても退場させられたヴァレリアは、泣きながら家に帰ってくると、父に向かって叫んだ。「あいつらにまた意地悪された！」。父は椅子から立ち上がると、クローゼットを開けて、テニスラケットとボールをつかんで彼女に渡した。「外へ行って、車庫の壁にボールを１００回ぶつけてきなさい」

父親が少年たちを叱ってくれないことに腹を立てながら、ヴァレリアはラケットとボールをひったくると、ドスドスと足を踏みならしながら外へ出て行き、家の脇に向かってボールを激しく打ち始めた。ボールをスマッシュしながら、小声でヴラド、セルゲイ、アレキサンダー、サーシャ、特に一番意地悪なイゴールの名前を挙げてはののしった。

12年後、ヴァレリアは有望なテニス界の新生として世界中の注目を集める存在になっていた。彼女はあのときの怒りや屈辱や憤怒をバネに、世界ランキングをどんどん駆け上り、テニス界の精鋭の一人として名を連ねるようになった。だが、問題が一つあった。

ある日、私のもとにヴァレリアのコーチから電話がかかってきて、ニューヨーク州クイーンズのフラッシング・メドウズ・コロナ・パークに来てほしいと頼まれた。切羽つまった様子だった。彼は、ヴァレリアが傑出した才能の持ち主なのだが、判断ミスやエラーをし始めると、毎回くよくよして精彩を欠くようになるのだと語った。

私が到着したとき、ヴァレリアは格下の選手との試合に向けて準備しているところだった。試合が始まると、序盤はヴァレリアが相手を圧倒していたが、突然彼女の歯車が狂い始めた。ささいなミスをしたときですら、彼女は神経質に歩きまわり、小声でぶつぶつ言うのが見て取れた。そしてミスが重なるにつれて、彼女はますます動揺して興奮するのだった。

彼女がなんとかその試合に勝ったあと、私たちはホテルで再会して、ウマがあうか確認するために雑談を交わした。

私は彼女に、ベースラインを歩きまわりながら何をつぶやいているのかと訊ねた。

彼女は驚いた表情を浮かべたあと、恥ずかしそうにした。「気づいたんですか？　私が独り言を言っているのがわかったんですか？」

私はくすくす笑った。「もちろん。でも悪いことじゃない。誰でもセルフトークをするからね。重要なのは、そのセルフトークが建設的なもので、パフォーマンスの向上につながるかどうかだね」

複数の研究結果からも、セルフトークには効果があり、実際にパフォーマンスを向上させることが判明している。１９９４年に出版された『アドレッセンス』誌に掲載された「思春期の独白」と題する論文には、自分がやっているプロセスを言葉にすると、パフォーマンスが向上することが証明されている。だが、セルフトークには別の側面もある。

セルフトークがポジティブなものでなかったら？

ヴァレリアは、次のようなことをつぶやいていると話してくれた。

「試合に集中しなさい」

「頭を使って」

「強引に攻めてはだめ」

「バカなことはやめて」

「これは二度とやっちゃだめ」

だが、彼女はこう自問することもあったという。

「ちょっと、何やってるの？」

「相手に追いつかれるようなことをしてどうするのよ？」

「どうして冷静になれないの？」


どういうことか、予想がついただろうか。

ヴァレリアは、頭のなかで繰り返し自分をいじめる悪循環に陥っていたのだ。私はこれを「メリーゴーラウンド効果」と呼んでいる。なんの解決にもならない会話で自分を責めてどんどん自分を追いつめてしまう。

だが、私たちの心は話をつくったり、自分を英雄に仕立てたりするのが好きだ。

そのため、このようなネガティブなセルフトークが始まりそうだと感じたら、自らその会話を制止しよう。

心のなかでネガティブなセルフトークが延々と繰り返されても、それを建設的なやり取りに変えれば、〈敵〉をサイドラインに押しやることができる。

私がヴァレリアにセルフトークのニュアンスの違いを説明すると、彼女はすぐさまほっとして、頭をそらして歯を食いしばり、「イゴールめ」とつぶやいた。それからこれまでの生い立ちを話してくれた。彼女が生まれ育った地域、町の少年たち、彼らが彼女に向けて放ったとげのある言葉の数々。それから彼女が家の脇に立って、いじめっ子たちの名前をつぶやきながら、外壁に向かってテニスボールをぶつけていたこと。

彼女が「イゴール」と名づけた〈敵〉の罠は、彼女をいらつかせるか、怒らせるかして、彼女を〈平凡な世界〉へ引き込んでいたのだ。もともと激しやすい性格の彼女を、これ以上感情的にするわけにはいかない。そこで私たちはイゴールに注目し、彼女のセルフトークに現れるイゴールをただの8歳のいじめっ子のいやがらせにすぎないと切り捨てて、脇へ追いやることにした。

ヴァレリアの怒りと激情は、彼女をプロのテニスプレーヤーへと押し上げる一方で、世界選手権で勝とうとする彼女の邪魔をした。彼女は燃え尽きようとしていた。だから私たちは彼女のパフォーマンスを損なう〈隠れた罠〉（過去の出来事）を、ひっくり返して矮小化することにしたのだ。

〈敵〉に名前をつけると、私たちのなかに存在する二つの世界の違いがくっきりと浮かび上がる。〈平凡な世界〉と〈非凡な世界〉だ。これらを区別できれば、〈敵〉があなたを罠にかけようとしても、あなたの〈勇敢な自己〉が言い返せるようになるだろう。

目に見えないもの、名前のないものは恐ろしく感じられる
——姿が見えないと想像力がかき立てられる

今まで見た映画のなかで、一番怖かった映画を思い出してほしい。その映画の殺人者（ま

たは化け物）の正体はすぐにわかっただろうか？

おそらく答えはノーだろう。なぜなら目に見ることも、触れることも、捕まえることもできない、得体の知れないものが暗闇に潜んでいる方が、ずっと観客の恐怖心を煽るからだ。相手は未知の存在だ。未知のものを相手にするのは難しい。というのも、想像力が暴走して、本来の姿よりも拡大化されてしまうからだ。「ベッドの下の化け物」が怖いのと同じだ。

たとえば、映画『ジョーズ』。当初スティーブン・スピルバーグ監督は、この映画のなかで大きな機械じかけのサメにもっと重要な役割を担わせるつもりだった。ところがうまくいかなかったため、製作陣は緊張感を出すために他の策を講じることにした。

『ジョーズ』の音楽を覚えているだろうか？　重厚感のあるビートが徐々に盛り上がっていくあの曲だ。すると海面のはるか下方から、何かが、巨大な何かが近づいてくるのがわかる。だがその何者かがいつどこに現れるか、あるいは誰を襲うかはわからない。

サメを見た者はいない。女の子が海で遊んでいると、突然水のなかに引き込まれるのだ。なんという恐ろしさ！　スピルバーグは、〈敵〉の姿が見えない方が、視聴者の想像力がかき立てられることを知っていたのだ。

想像力は強力なツールだ。あなたのオルターエゴも想像力を駆使してつくることになるだろう。だが、すぐれたツールにありがちなように、想像力はポジティブな結果だけでなく、ネガティブな結果をも生み出す。あなたの想像力を適切に使ってうまくコントロールしないと、暴走して恐ろしい妄想をつくり出すかもしれない。「こいつの大きさは？　わからないが、絶対に大きいはずだ！」と考えがちだ。

何かが暗闇に潜んでいるが、その姿が目に見えず、触れることもできないとなれば、恐ろしさはどんどん増していく。

前のセクションでは、〈敵〉とその罠に焦点をあてた。次は、暗闇のなかから〈敵〉を引っ張りだして、名前をつける番だ。

そうとも、あなたの〈敵〉に名前をつけるのだ。

名前をつけた瞬間、そのあいまいな何かにアイデンティティを与えることができる。〈敵〉に姿、形、構造を与えるのだ。〈敵〉に形があれば、オルターエゴはそれを負かすことも、克服することも、戦うこともできる。

もうすこし詳しく説明しよう。たとえばジョーカー、ダース・ベイダー、サダム・フセインと聞いて、あなたは何を思うだろうか？　呼吸するのと同じぐらい反射的に、そのイメージや印象が思い浮かび、と同時にそれぞれに対する感情もわき上がるのではないだろうか。

名前をつけると、これほどの違いが生まれるのだ。〈敵〉に名前をつけて形を与えれば、〈敵〉に話しかけられるようになる。あなたの〈フィールド〉から追い出し、蹴りを入れてサイドラインに追いやってしまおう（その方法については後述する）。

名前はなんでも構わない。

あなたが理解できる名前であれば、好きな名前をつけて構わない。ばかばかしい名前でもいいし、怖い名前でもいい。あなたの怒りや激情を呼び覚ます名前でもいい。あるいはヴァレリアがイゴールに感じたように、かつては脅威だったが、もう怖くなったものでもいい。またはマイケル、サラ、ジェシー、トニー、ハンスなど、よくある名前をつけることもできる。

怒りや激情を引き起こす〈敵〉について、一つだけ注意しておこう。このような〈敵〉は、アスリートの集中力を高める効果がある。私が指導するオリンピック選手やプロのアスリートのなかには、激情にチャンネルをあわせながらも華麗にプレーする人がいる。

多くのセルフヘルプ本は、平穏と冷静さこそがパフォーマンス向上の近道だと説くが、私はそうは思わない。

怒りや激情は最高のパフォーマンスを引き出すことができるというのが私の持論だ。といっても、まずは激しい感情があなたの〈フィールド〉で役に立つかを確認してほしい。

一番重要なのは、あなたが立ち向かって征服したくなるような名前をつけることだ。

どういう意味かって？　侮辱したくなるような名前だ。〈敵〉はできるだけ矮小化しよう。かわいい名前でもいい。あなたが通りすがりに立ち止まって「あら、かわいい」と言って立ち去るものをイメージしよう。

〈敵〉に対する恐怖心を捨てること。今までに見たもののなかで、もっとも脅威を感じない何かにしよう。犬をイメージして「スクービー・ドゥー」と名づけてもいい。「もふもふ」とか「ピッピ」と呼んではどうか。頭のはげた俳優が動きにくいコスチュームを着ている姿が思い浮かぶなら、「ダース・ベイダー」と呼んでも構わない。

その反対に、あなたが競争のなかで奮起するタイプや、試練がなければ、根性も闘志もわかないタイプなら、その反対の名前をつけよう。凶暴な〈敵〉をイメージしよう。恐怖心を煽る何かだ。激しいものにしよう。強烈なものがいい。

子どもの頃のいじめっ子の名前や、あなたの嫌いな上司の名前でもいい。家族のなかに、あなたを止めようとした人や、あなたは大物にはなれないと説き伏せようとした人がいれば、その名前を選ぼう。私のクライアントには、〈敵〉に親の名前をつけた人がいる。

実際、名前はなんでも構わない。

〈敵〉をおもしろくしようが、くだらないものにしようが、無害なものにしようが、脅威にしようが、怖いものにしようが、挑戦的なものにしようが、なんでも構わないから名前をつけよう。〈敵〉に形と中身を与えると、イメージしやすくなるからだ。

あるいは本、テレビ番組、映画、マンガなどのキャラクターを選んでもいい。こうしたキャラクターは制作者によってディテールまでつくり込まれているため、その名前をつけると〈敵〉を視覚化しやすくなるだろう。〈敵〉のイメージが鮮明な方が、〈決定的な瞬間〉にオルターエゴが〈敵〉を攻撃しやすくなる。

　動物などから選ぶなら、ごくシンプルに「狼」と呼んでもいいし、その狼に「クリストバル」などの名前をつけてもいい。どちらを選ぶにせよ、たいした違いはない。「おい、狼。あっちへ行ってろ。私と戦いたくはないだろう？」と言うか、「おい、クリストバル。今は私の出番だ。もうおまえには支配されないぞ。あっちへ行け」と言うかの違いだ。

どうしても名前がつけられない場合は……

――オルターエゴ戦略に厳密な順番はない

　すぐに〈敵〉の名前が思いつかない人は、しばらく待とう。

　多くのクライアントは、まずオルターエゴをつくり、それからオルターエゴの〈敵〉を選ぶ。彼らはオルターエゴに簡単にやっつけられそうなもの〈敵〉を選んで、知りあいの名前をつけることもある。

　だから今、インスピレーションがわかない場合は、しばらく経ってからまた考えよう。あなたのオルターエゴの成長物語をつくり、それから〈敵〉に名前をつけよう。本書の後半で〈反撃の言葉〉を考えてから、ここに戻って名前をつけてもいい。

　このプロセスには完璧な順番はない。〈敵〉の正体が明らかになったら、名前をつけよう。

08

第8章

「ストーリー」は強力な武器になる

「思い込み」が行動したくない理由をつくる

――物語を感じたとき人は行動する

アメリカ陸軍特殊部隊とレンジャーたちが大勢集まる講堂でプレゼンを終えた私は、60センチの高さの壇上から降りて、私に質問してきた数人の観客にあいさつした。

何人かのレンジャーたちにスーパーヒーローやコミックスの悪役について話したあと、一人の大佐が私の肩をぽんと叩いて、二人だけで話ができないかと訊ねてきた。私は「もちろんですとも」と答えた。こうして私たちは連れだって、ノースカロライナ州にある世界最大の軍事施設、フォートブラッグの講堂を出た。

　フォートブラッグには、アメリカ陸軍特殊作戦コマンドの本部がある。アメリカ陸軍特殊作戦コマンドは、世界中でさまざまな任務を遂行する特殊部隊を訓練したり、装備を整えたり、配置したりする役割を担っている。目のまわりのしわから判断するに、私が向きあっているこの大佐は経験豊富なプロフェッショナルに違いない。長年、目を細めて双眼鏡や銃の照準器をのぞいてきたことがうかがえるし、何日もおもしろい話を聞かせてくれそうだ。

「まずは、我々のためにわざわざこちらまでおいでいただき、貴重な時間を割いてくださり、ありがとうございました」と彼が口を開いた。

　軍人と話すときに、私がいつも感銘することがある。エリート集団の海軍特殊部隊《ネイビーシールズ》であろうが、初々しい新兵であろうが、彼らはみな私のような一般市民に丁重に接してくれる。おまけに彼らはいつも「我々」と軍人を代表して話す。

「こちらに伺って話ができることはいつでも光栄ですし、私の話で何かを変えられるならうれしいことです」

「先ほどあなたが興味深いことをおっしゃっていたので、詳しくお聞きしたいのですが」

「どうぞ」

「あなたは、我々が身につける制服の意味について語りましたね。制服が変われば、その意味も変わるということ、それから気をつけていないと、制服が意味するものが我々の役に立つこともあれば、足を引っ張ることもあると。その瞬間に気づいたのです。この制服が私の役に立っていないことに」

「といいますと？」

「この制服を着ると、私の心が影響されるのです。私は袖に徽章をつけることも、国のために働くことも、兵士たちを訓練することも好きです。これはつまり私がタフで、意欲的で、強いことを意味します。軍隊ではいつも名誉、規範、指揮系統が重視されます。ですが、そのせいで私の子どもたちがつらい思いをしていることに気づいたんです。毎日私が帰宅すると、子どもたちは私と遊びたがるのに、私はすぐに宿題や手伝いはやったかと問いつめてしまいます。軍服を脱いだあとも、同じ性格のままです。この20分間、私は頭のなかであなたの話をどう応用しようかとずっと考えておりました」

「大佐、この国が誕生して以来、軍隊は歴史、ストーリー、軍服を着ることの基本理念を築いてきました。基地のあちこちに、アメリカ陸軍に所属することの意味について書かれたハンドブックがありますか？」

「ええ」

「あなただけではありません。程度の差こそあれ、まわりの人たちも制服について同じように自分に言い聞かせていますよ。何度も自分に言い聞かせるうちに心に刻まれ、環境もそれを助長するのでしょう。ですが、こと父親の話になると、基地であれ、どこであれ、どこへ行けば『父親』の制服が手に入るでしょうか？　父親の歴史、ストーリー、父親団体に加わることの意味について書かれたハンドブックはありますか？　家に帰って軍服を脱いで、ジーンズとゴルフシャツに着替えると、その服装はあなたにとって何かを意味しますか？　おそらく何の意味もないでしょう」

あなたもよく注意してみると、まるで機械のように次々とストーリーを語っていることに気づくだろう。毎日あなたは頭のなかでストーリーを語り、人生にまつわるカラフルな声で頭のなかを満たす。あなたは他の人の個人的なストーリーも聞き、さらにはＳＮＳやテレビや本や雑誌のストーリーまで次々と吸収している。

リサ・クロンは、その著書『脳が読みたくなるストーリーの書き方』（フィルムアート社）のなかで、最新の脳科学について説明しながら、読者を引き込み、ページを繰る手が止まらなくなるようなストーリーの書き方を伝授している。「人は物語で考える。物語は人の脳に組み込まれている。周囲の世界に制圧されてしまわないように編みだした、戦略的な感覚だ」とクロンは言う。[*1]

たとえ気づいていなくても、今現在もあなたは強力なストーリーを生きている。ときにはそれはあなたが長い間につくり上げたストーリーで、あなたができること／できないこと、すること／しないこと、人生の多くの〈フィールド〉でこう振る舞うべきだ／振る舞うべきではないなどと自分に語りかけているだろう。

あるいは先ほどの大佐と同じように、あなたの生きる世界でつくられた強力なストーリーがあるかもしれない。私たちの根源的な原動力の層には家族、宗教、国家、ジェンダー（性差）、民族、あなたが属する集団などの概念があり、私たちは無意識のうちにそうした概念をストーリーに反映させることもある。

また、気づかないうちに、ストーリーの奴隷になることもある。

次の単語を見て、あなたは何を思うだろうか？

シャイ　投資
女性店員　料理
殴りあい　飛行
土壇場に強い選手　長い行列
ゴシップ　勝者
科学者

「シャイ」という単語を見たとき、あなたは反射的にその語義、すなわちオンライン・オックスフォード辞典で定義されているような「他人と一緒にいると神経質になる、またはおどおどすること」という意味を思い浮かべただろうか？

あるいは、シャイな知りあいを思い出したか、あるいはシャイという言葉からまったく異なる意味やストーリーを思い浮かべただろうか？

その他の単語についてはどうか？

人はさまざまな言葉に対して、ポジティブか、ネガティブか、あるいは無関心かのいずれかの反応を示す。以前、ある起業家は「人脈を広げたいとは思っているのですが、シャイで内向的なので、人づきあいや社交の場が苦手なんです」と言った。

この女性は、自分に「人脈づくりが得意なのは社交的で外向的な人だけだ。シャイで内向的な人には無理だ」というストーリーを語っていたのだ。だが、ことはそう単純ではない。私は人脈づくりに秀でた「シャイ」で「内向的」な人を大勢知っている。

確かに彼女にはシャイで内向的な一面があるが、本人がそうした一面をネガティブにしなければ、ネガティブな要素にはならない。彼女の事業はうまくいっていなかったが、それは彼女が自信に満ちた態度で人に接しなかったからだ。彼女が成功するには、恥ずかしがらずに、自分の商品やサービスを売り込む必要がある。

彼女がすべきなのは、「私はシャイで内向的だから、人脈づくりができない」というストーリーを自分に言い聞かせるのをやめることだったのだ。

さて、ここでもオルターエゴ戦略が役に立つ。わざわざ時間をかけて自分を変えなくても、シャイでないオルターエゴに切り替えればいいのだ。こうすれば、目標達成を妨げる〈よくある罠〉を回避して、計画通りの性格を出して人と接することができる。

私たちが自分に語るストーリーが重要なのは、無意識の概念や感情は行動を誘発するからだ。人はみな、思考よりも直感によって駆り立てられる。

マーケターや広告主は、感情が行動を誘発することを理解しており、消費者の欲求をかき立てることで商品やサービスを買わせようとする。

感情を熟知している人は、人に何かを買ってもらうには、説得力のあるストーリーを語るのが一番手っ取り早いことを知っている。マーケティング界のカリスマの一人、セス・ゴーディンはこう語っている。「成功するマーケターは、皆、物語を語る。理由は、消費者が物語にこだわるからである。消費者は、自分自身に向かって、そしてお互いに対して物語を語るのに慣れている。だから、物語を語ってくれる人から何かを買うというのは、とても自然なことなのだ[*2]」

ゴーディンはその著書『マーケティングは「嘘」を語れ！――顧客の心をつかむストーリーテリングの極意』（ダイヤモンド社）のなかで、「誰もが嘘をつく」という議論を展開している[*3]。ゴーディンは「私たちは自分自身にとうてい真実ではありえない物語を語るが、そうした物語のおかげで自分がうまくやっていけるのだと信じている」と述べている。[*4]

強い感情を喚起するには、印象的なストーリーを語るか、聞くのが一番手っ取り早いだろう。人間はストーリーを感じる。そして実際にストーリーを感じたとき、私たちは恐怖、不安、喜び、幸せなどの感情を覚え、それが行動を促す。私たちが〈隠れた罠〉にくるまれたネガティブで強力なストーリーを自分に語ると、それが現実化してしまう。

想像してみてほしい。あなたが見込み客との大事なミーティングが始まる5分前に、心のなかでシナリオが展開し始めたとする。たとえばこんなセルフトークだ。「この見込み客からは絶対に契約を取れないだろう。私よりもはるかに大物だ。私には売りがない。私などこの人たちの足元にも及ばない。私はただの詐欺師だ。私が彼らと並ぶレベルでないことを、彼らは気づくだろう」

頭のなかで自分についてそんなことを語っていたのでは、リラックスして自信に満ちた態度でミーティングに臨むことも、あなたの向かいにいる相手を見て、「この人に商品を売り込む絶好の機会だ。私とパートナーを組めるなんて、この人はラッキーだ」と確信することもできないだろう。

あなたは自分の希望に反することを自分に語っている。自らの士気をくじくようなストーリーを語っておきながら、堂々とした態度で顧客と接するのは難しいだろう。

それを体験した人がいる。大手保険会社で営業マンとして働くジミーだ。四半期の営業目標が未達続きで悩んでいた彼は、あるカンファレンスで私に話しかけてきた。上司から奮起を促されていたうえに、ジミーは成績を上げなければ解雇されるかもしれないと不安に思っていた。三人の子どもと住宅ローンを抱えたこの若き青年は、当然ながらストレスを感じた。

二人で詳しく話しあったところ、彼が営業電話をかけるのを嫌っていることが判明した――営業電話をかけることがメインの仕事の場合、これはきわめてタフな状況だ。

「どうして営業電話が嫌いなんですか？」と私が訊ねた。

ジミーは肩をすくめた。「決まりが悪くて。何を言えばいいかもわかりませんし。相手はいつも忙しくて話す暇などないといった様子ですし。相手にしてもらえないんです」

「なるほど。じゃあ、営業マンをどう思いますか？　どんなイメージが思い浮かびますか？」

「うっとうしい人とか、他人をいらつかせる人です」と彼は即答した。

「それはおもしろい。営業マンの何がうっとうしくて、人をいらつかせるんですか？」

「お金めあてで電話をかけてくるからです」

「じゃあ、営業マンというと、自分の利益のために電話をかけてくる人をイメージするんですね？」

「ええ」

ジミーのなかには非常に強力なストーリーがあり、彼はそれを無意識のうちに行動に表していた。彼のストーリーは、営業マンに対する彼の思い込みに深く根ざしたものだった。「営業マンは嘘つきだ。彼らは他人のことなどお構いなしだ。彼らは売りつけるために、言葉を並べるだけなんだ」というのが彼のストーリーだ。彼が営業電話をかけるのを嫌い、四半期ごとの営業目標を達成できなかったのも無理はない。

彼が受話器を上げるたびに、営業マンを嫌う〈がんじがらめの自己〉が現れる。これは〈よくある罠〉の一つで、第6章で紹介した「悪い態度を取ってしまう」の一例でもある。

このような状況で、最適な資質を持つ〈勇敢な自己〉が輝くことはないだろう。

ジミーは振る舞いや行動を変えられただろうし、「営業マンはすばらしい」と自分に言い聞かせることもできたが（実際にその通りなのだが）、その効果は長続きしなかっただろう。〈フィールド〉に現れる彼の〈がんじがらめの自己〉が、営業マンは信頼できないと信じている限りは、無理だろう。

電話をかけるとき、ジミーは自信も誠実さも情熱も持ちあわせていなかった。受話器を上げるたびに、頭のなかでこんなささやきが聞こえたからだ。「おい、ジミー、相手がおまえとしゃべりたがっていると思うか？　おまえは相手から金をせびりたいだけだろう？　誰もだまされないぞ。相手はすぐにおまえを見抜く。いいかげんにしろ。みんな忙しいんだ。早く電話を終わらせろ！」

仮にジミーが受話器を上げたときに、頭のなかで次のような声がしたとしよう。――「早くボブと話をして、彼がもっと楽しくてより良い人生をスムーズに送れるよう手助けしてあげたい」。ジミーがこの声に従って行動していたら、電話営業がどれほど順調にいったか想像してみてほしい。

もしもジミーがそのようなストーリーを信じていたら、彼はもっと自信と信念を持って人に接し、もっと多くの契約を容易に取りつけていたはずだ。仕事ももっと楽しめたに違いない。

あなたが眉間にしわを寄せたり、不満そうに首を振ったり、頭のなかのストーリーについて考え込んだりするせいでパフォーマンスに影響するとしても、心配はいらない。〈敵〉、罠、私たちが体現するストーリーは、往々にして私たちを動けなくする、からみついたクモの糸の一部にすぎないからだ。

あなたが身動きが取れなくなっていらいらするか、圧倒されないよう、私はこの三つの糸を別々に分類した。こうして詳しく説明したことで、読者が自分の不可解な行動の理由をすこしでも突き止められれば幸いだ。あなたを陥れるもの、またはよけいな不和を引き起こすものはなんだろうか？

ポジティブなストーリーをつくろう
——誰にでも新しいストーリーをつくることができる

エイミーは、アメリカのある大企業で、長年プロジェクト・マネジメントや戦略立案に関わる仕事をしてきた。彼女は夢をかなえて自分の会社を興したが、多くの新米起業家と同様に経営はなかなか安定しなかった。

私がエイミーと知りあったとき、起業して1年半が経過していた彼女はよくある悩みに苦しんでいた。物事を中途半端に終わらせることが多かったのだ。彼女はたくさんのプロジェクトを始めたが、完遂させることができなかった。

「私は自分に『スタートだけの人。完走できない人だ』と言い聞かせていました。何も完成させたことがないから、結果が伴わないのは仕方がないんです」とエイミーは私に語った。「この39年間、私はずっと自分にそう言い聞かせてきましたし、そのせいでずいぶん苦しみました。チャンスを逃したり、深刻な自己不信に陥ったり、自分を批判したり、責めたりして」

私がオルターエゴの概念をエイミーに紹介したとき、彼女はすぐに理解した。「ちょうど自分に関する意見や自己評価を素直に受け入れられるときだったので、自分のなかのセルフトークやストーリーにも気づけました。私の最近のストーリーは、『私は何をやっても中途半端に終わる。健康管理も人間関係もビジネスも、どれも結果を出せていない』でした」

エイミーが長年生きてきたストーリーは、「私の人生はすべてが中途半端だ」というものだった。だが、彼女のオルターエゴは正反対のストーリーを持っている。「私は人生でいつも結果を出してきた」というストーリーだ。

「自分を変えられるなんて思いもよりませんでした」とエイミー。「変わろうと決断するだけで良かったんですね。そんな選択肢があったなんて、気づきませんでした。『私は中途半端だ』というストーリーは私の根本を成していて、絶対に変えられないと思っていました。何年もそう日記に書いてきたんですから。なのに突然、このストーリーが絶対的なものではなくなったのです。私は新しいストーリーをつくれるし、自分を変えることもできるんですね」

エイミーや、前述した人たちのストーリーから、自分の〈根源的自己〉から想像力を駆使して、計画的にどんな個性を出すかを決めれば、「いつもの」やり方も行動もすぐに変えられることが見てとれるだろう。第5章で説明したが、〈フィールド〉でも〈決定的な瞬間〉でもあなたのなかの役に立つ個性を発揮できるのだ。

だが、ほとんどの人はそのことに気づいていない。ほとんどの人は、さまざまな〈決定的な瞬間〉において、異なる性格を選んで強調できることに気づいていない。**ほとんどの人は、自分に語る致命的なストーリーを絶対的な真実だと思い込んでいるが、実際にはそのストー**

リーを黙らせることも、新しいストーリーをつくってそれを生きることも可能だということに気づいていない。

これまでの何章かで〈平凡な世界〉を検証し、〈敵〉〈よくある罠〉〈隠れた罠〉、個人的なストーリーが、あなたが〈勇敢な自己〉を発現させる際に影響することを説明した。

さて、ここでちょっとおもしろいことをやる気になっただろうか？　想像力を使って、人間がごく普通に経験することで遊ぶ気はあるだろうか？

いつものあなたやいつもの行動パターンを一時中断して、代わりに別バージョンの自分を出す気になっただろうか？

私がメンターであるハーベイ・ドルフマンのコーチングを受け始めたとき、ドルフマンが他人の意見にあまりにも無関心で驚いたことがある。世界でもずば抜けたメンタルコーチが他人の評価など気にしないのは、ごく当然ではあるのだが。

だがそれでも、他人の評価を気にして思うように行動できなかった当時の私は、あ然としたものだ。私が他人の承認を必要としなくなって何年も経つが、私がかつて他人の目が気になって仕方がなかったと言うと、今でも妻はびっくりする。

20代前半の頃の私は、今とは全然違っていた。私は周囲の意見を気にするあまり、みんなにへりくだっていた。自分よりも、他人の要求、欲求、願望を優先させた。私は他人が自分をどう思うか、みんなに好かれているか気にするあまり、自分の気持ちを抑えつけていたのだ。

そうしたことが一切気にならず、自分と自分の利益を優先できる場所はスポーツだけだった。私のオルターエゴであるリチャードのいくつかの特徴、行動パターン、決断力、自信は、スポーツで身につけたものだ。私のクライアントたちは、他人の目を気にして心配するのをやめたいと訴える。

「私もあなたのようにオルターエゴを自在に操れたら……」と彼らはよく言う。

彼らにも、そしてあなたにもできるはずだ。

一度につきほんの数分で構わないから、〈フィールド〉や〈決定的な瞬間〉で自分に語るストーリーを中断してみよう。あなたを制止する〈隠れた罠〉は克服できるし、これまで生きてきたストーリーを変えることもできる。

それにはただ、自己不信を棚上げするだけでいい。

前述した大佐に対して、私が「ジーンズとゴルフシャツという父親の制服は、あなたにとって何かを意味しますか?」と訊ねると、彼は「この服装に特別な意味を持たせるのは難しいです」と語った。だが大佐だけでなく、あなたにも請けあおう――あなたがごく自然にやっているプロセスのなかに、〈平凡な世界〉を〈非凡な世界〉に変えられるものがあるはずだ、と。

09

第9章

自分の人生は自分で決める

成功したいことを素直に認めよう
——きみのミッションはなんだ？

21年前、私は自分が夢に描いた仕事をしている男性と出会った。牧場で生まれ育った私は、ごく当然のように〈4－H〉に加入した。〈4－H〉はボーイスカウトの酪農版といったところだろうか。牛、馬、裁縫などのクラブのなかから好きなものを選び、1年かけてプロジェクトに従事する。

私は牛クラブに入った。そして10歳にして私は、父と一緒に牧草地へ行って子牛を選び、

8か月間世話をしたのだ。朝早起きしてエサをやり、学校から帰るとすぐに納屋に直行して、またエサをやる。週末には、牛に端綱《はづな》をつけて歩きまわる訓練をすることもあった。その努力が報われるのは、地元の牛クラブの決勝戦で自分が飼育している雄の子牛を披露するときだ。

余談だが、〈4－H〉のHとは「頭《ヘッド》、心《ハート》、手《ハンズ》、健康《ヘルス》」を表しており、人格、責任感、リーダーシップの育成を目的としている。私は若い子牛にはBで始まる名前がいいと思っていたので、子牛をブルータス、バーニー、バムと名づけた。子牛の世話をする以外にも、クラブの理事会の運営にも加わらなければならなかった。

選挙によって会長、副会長、会計、書記が選出された。ガバナンスを身につけ、プロ意識を持って組織を運営する方法を学ぶためだ。さらに私たちは興味のあるテーマを選んでスピーチ原稿を書き、年に一度のスピーチコンテストでスピーチを披露しなければならなかった。

ここであなたは尻込みするかもしれない。仲間、両親、審査員、さらには60～200人ほどの観客で埋まった会場で人前に立たなければならないとくれば、ほとんどの人はひるむだろう。実際にみんなは青ざめていたが、私は違った。私は楽しんでいたからだ。

スピーチ原稿を書いて、それを人前で披露するのが楽しかったのだ。10歳にして私はずっと年上の先輩たちを負かし、スピーチコンテストで優勝した。私はオリンピックに関するスピーチをしたが、のちの私のキャリアを考えるとなんとも皮肉に思える。

さて、私がすごい少年だったと言いたくてこの話をしたのではない。私は多くの点で有利な状況にあったからだ。私の両親はプレゼンやスピーチをする機会が多かったし、私自身も人々の注目を集めたがる性格だったため、ステージに立つなどなんでもなかったのだ。

ここで本章の始めに言った男性の話に戻そう。

ある日、私は叔父と一緒にカナダのロッキー山脈でのイベントに参加した。叔父はある賞を受けることになっていた。上座のテーブルに着いた私の隣には、異彩を放つ男性が座っていた。彼は21歳の私に耳慣れない質問をしてきたのだ。

「きみのミッションはなんだと思う?」

「30歳になったとき、きみは何を成し遂げて自分を誇りに思えるようになっていたい?」

「その目標に向かって前進するために、これから2週間できみが取れる一番大きな行動はなんだと思う?」

私はすっかり活気づいた。年上の紳士に深い関心を示され、今までとは違った物の見方をするよう促されるのは新鮮な経験だった。男性は頭が良くて、洗練されていて、心から興味を持っているように見えた。

私は幼い頃にスピーチをやったこと、スピーチを生業《なりわい》にする方法を模索していることを話した。それから会社を経営したいとか、あまり旅行をしたことがないので世界中を旅したいとも言った。

話は尽きなかったが、その夜の基調講演の演説者が紹介されたところで、会話は突然中断された。私が話していた男性は、ふと座席から立ち上がると演壇に向かった。

私は間抜けになった気分だった。つい先ほどまでスピーチを生業にしたいと打ち明けていた相手が、よりによってその晩の講演者だったなんて。それから53分間、私はうっとりと彼の話に聞き入った。彼はとにかくすばらしかった。

彼はたとえばこんな話をした。

「どんなことでもいいから善行を積めば、それがあなたを形成してくれます」

「気に入らない状況があれば変えましょう。あなたは木ではないのですから」

「人はみな次の二つのどちらかに苦しめられます。修養による苦しみか、後悔による苦しみです」

この男性、ジム・ローンは、私が知るなかでももっとも雄弁な言葉の達人だった。彼は『フォーブス』誌が選ぶ、20世紀のビジネス界における三大哲学者の一人にも選出されている。

スタンディングオベーションを受けたあと、彼は席に戻ってきた。呆然としていた私は我に返ると、彼が基調講演者だと気づかなかったことを謝った。彼はウィンクしながら「許してあげよう」と即答した。

その晩以降、私はジム・ローンと連絡を取り続け、本人の意思とは関係なく、彼は私の最初のメンターになった。

だが知りあってから18か月後のある午後、私が彼と電話で話していた際に、私はスポーツトレーニング事業がなかなか成長しなくて苦労していると打ち明けた。すると彼はこう言った。「トッド。リスクを冒して思いきったことをやらないと、平凡で終わってしまうよ」。彼からは前にも同じアドバイスをもらったが、言い方が違ったせいか、今回の私はまったく異なる意味で受け止めた。

〈平凡な世界〉を出てゾーンに入るには

――才能があふれ出てくる状態

前に〈非凡な世界〉と、あなたを〈平凡な世界〉へ引きずり込もうとする罠から逃れると、何が起きるかについて書いた。だが〈非凡な世界〉は、あまくて夢に満ちたおとぎ話のような世界ではない。克服しなければならない困難や障害やドラゴンで満ちあふれている。おまけに〈非凡な世界〉は、旅であり、報酬でもある。

俳優にしてコメディアンでもあるジム・キャリーは、２０１4年にマハリシ経営大学の卒業式でのスピーチでこう語っている。「実に多くの人が、現実的という仮面をかぶった恐怖におののき、進路を選んでしまいます。本当にやりたいことは手が届きそうになく、期待するだけ無駄だと感じて、宇宙にお願いすることすらしないのです」[*1]

宇宙にお願いする代わりに、オルターエゴを構築して、あなたの望みを実現する旅に出ようではないか。「父からは大事なことをたくさん教えてもらいました。なかでも、やりたくないことで失敗することがあるのだから、どうせならやりたいことに挑戦する方がいいじゃないかと言われました」とキャリーはつけ加えた。[*2]

〈平凡な世界〉に比べて、〈非凡な世界〉ではより多くの意義、計画性、責任感が必要となる。21年以上にわたってスポーツ、ビジネス、芸能界を〈フィールド〉とする一流の人たちと仕事をした結果、私は、誰もが〈平凡な世界〉へと引きずり込もうとする〈敵〉と戦っていることを知った。

自分で選んだ道で難題と直面したとき、彼らは言い訳や理由や個人的なストーリーを持ち出して、その難題を回避できたが、誰もそうはしなかった。彼らの多くはオルターエゴに変身して夢を現実化したのだ。

俳優のケーリー・グラントはかつてこう言った。「私は、自分がなりたい人のまねをした。その人になりきるまでまねをした。その人が私になったのかもしれないが」

好むと好まざるとにかかわらず、あなたが退治しなければならないドラゴン、困難、罠、障害は、大小関係なくすでに存在している。私はクライアントを奮起させたり、動機づけしたりする代わりに、オルターエゴを使う。

テニス界のスーパースター、ラファエル・ナダルを始めとして、ビヨンセ、デヴィッド・ボウイ、ボー・ジャクソンなどの偉業を成し遂げた大勢の人と同じように、あなたもオルターエゴを使えば、自分の〈根源的自己〉を守り、飛んでくる矢や嫌みを吸収できる。

つねづね自分はこういう人間だと言い聞かせているところに、そのストーリーとは異なる行動を取ったらどうなるか、という不安も取り除ける。

NFLのランニングバック、ジェイ・アジャイ選手はフィールドの外では穏やかで、冷静で口数の少ない人だといわれている。彼は「ジェイ・トレイン」という自分のオルターエゴについてこう説明する。「ゾーンに入るためにこの方法を使う選手もいると思う。ゾーンとは直感力が研ぎ澄まされ、試合だけに集中できる状態のことだ。ぼくにとってそれはジェイ・トレインなんだ[*3]」

アスリート、起業家、プロフェッショナルたちと仕事をするうえで、いつも重要な課題となるのが「フロー状態」や「ゾーンに入る」方法を見つけることだ。この状態になると、パフォーマンスが上がり、上達できるのだ[*4]。

この陶酔状態になると、時間が静止したように感じられるとともに、何も考えなくてもあ

なたから才能があふれ出し、あなた自身は自分の動きを観察しているような感覚に陥る。すごい感覚を覚えるのだ。

しかし、クライアントにゾーンに入る方法を見つけるよう指導することは、針の穴にロープを通そうとするほど難しい。なぜかって？　なぜならほとんどの人は――一流の人ですら――自分とそのプロセスを信頼できずに〈よくある罠〉か〈隠れた罠〉に影響されるか、「無理やり状況をコントロール」しようとするからだ。

オルターエゴは自分の意図をはっきりさせ、信念を貫き、自分を信じるのに役立つ。

著名な詩人ジョン・ミルトンはかつてこう書いている。「心は独特の場所だ。そのなかでは地獄から天国をつくることも、天国から地獄をつくることもできる」

変化を引き起こす力は、私たちのなかにある。

想像してみてほしい。あなたは私のクライアントで、近年に韓国で開催されたオリンピックのアルペンスキー競技に出場しているとする。あなたは山頂のスタート地点にいて、2メートルの長さのスキー板の金具を固定し、氷のつぎはぎで覆われた垂直な崖のようなコースを見下ろしながら、スタートの合図を待っているところだ。

あなたは幹線道路を走る車よりも速いスピードで滑走するが、あなたが松の木に激突しないよう遮ってくれるものは、オレンジ色のプラスチック製のフェンスだけだ。

危険じゃないかって？ もちろん。スキーで滑走しながら、あなたが滑落する場面、エッジが氷に引っかかる場面、滑って転ぶ場面、ポールに足を取られる場面をイメージし、危険性について考える方がいいだろうか？ まさか。

仮にあなたがスキー選手で、開始を待つ間に、風速だの、コースのコンディションだの、スロベニアのスヴェトラーナ選手が打ち立てた記録を破れるかなどといった疑問が芽生えたら、あなたは〈平凡な世界〉へ引き戻されてしまうだろう。自分を信じるどころではない。ゾーンやフロー状態どころでもない。最高のパフォーマンスも期待できないだろう。

前に紹介したイアンも、テニスの試合で相手にリードを許したときに、同じことが起きたという。「劣勢になると、ぼくはよくこんなことを考えました――どうすれば形勢を逆転できるか？ 負けたらどんな気持ちになるか？ 親になんて説明しよう？ 友だちには？ チームメイトにはなんて言えばいいんだ？――そんな状態になると、どうなると思いますか？ 負けるんです」とイアンは私に語った。

重要なのは想像力
――自己不信を起こしづらくするクリエイティブな作業

著名な研究者で、パフォーマンスに関する著書があるスティーブン・コトラーによると、想像力を使うと、心の創造的な部分が活性化し、〈敵〉がささやくネガティブなセルフトークや批判を回避できるという。

いくつかの研究でも、クリエイティブな仕事に集中している間は、ネガティブなセルフトークや自己不信や批判が起きにくいことが明らかになっている。[*5]

想像力の威力を知ってもらうために、野心的な起業家アロントの例を紹介しよう。誇り高きフィリピン系アメリカ人であるアロントには、何千人もの人々を率いるリーダーになるという夢があった。その彼が初めて壇上でスピーチする機会を得たのだが、聴衆は700人にも上った。

だが、壇上に立ったのはアロントではなかった。彼のオルターエゴである、南太平洋の島民「ビッグ・ウェーブ」だ。「ビッグ・ウェーブ」は、映画『モアナと伝説の海』で、ドウェイン・ジョンソンが声優を務めたマウイというキャラクターをもとにつくられたオルターエゴだ。「スピーチの直前、ぼくは恐ろしく緊張し、ビクビクして汗だくでした。でも、聴衆の前に立ってビッグ・ウェーブのペルソナをつけると、すべてがすんなりうまくいきました。言葉が勝手にすらすらと出てきたんです。ぼくにはリーダーの役割が担えると信じるだけで、言葉が次々とわいてくるみたいでした」

あなたがどんな〈フィールド〉なり〈決定的な瞬間〉なりでオルターエゴをつくる場合にも、このプロセスをやったアロントを始めとする何千人もの人たちと同じ経験をしてほしい。

あなたの〈フィールド〉で、あなたのオルターエゴがどう行動し、どう振る舞い、何を考え、何を話し、何を感じ、どんなパフォーマンスをするかをイメージしてみよう。

そうすれば、いざ「電話ボックスで変身する瞬間」が到来したとき、直感的にどうすべきかが察知できるだろう。そして、ゾーン（またはフロー状態、〈非凡な世界〉）に入る確率もぐんと上がるだろう。

あなたはどこへ向かいたいのか？

――成功する人は「終わりを描く」

「私は何がやりたいのか？」

ほとんどの人は、そう自問すると答えにつまる。

ここでうつろな表情を浮かべる人を、私は何度見たことか。

まるで、自分が何を望んでいるのかを認めるのが怖いかのようだ。成功を収めた人ですら、この問いに考え込むことがある。とはいえ、成功者は目標を達成するために、しばしば「終わりを描く」という手法を用いる。これは自分が目指す達成目標、どこへ向かうのか、あるいは何をつくるのかを明確にイメージするという手法だ。

幸運にも、目的地にたどり着く道は一つだけではない。

図9-1 フィールドモデル

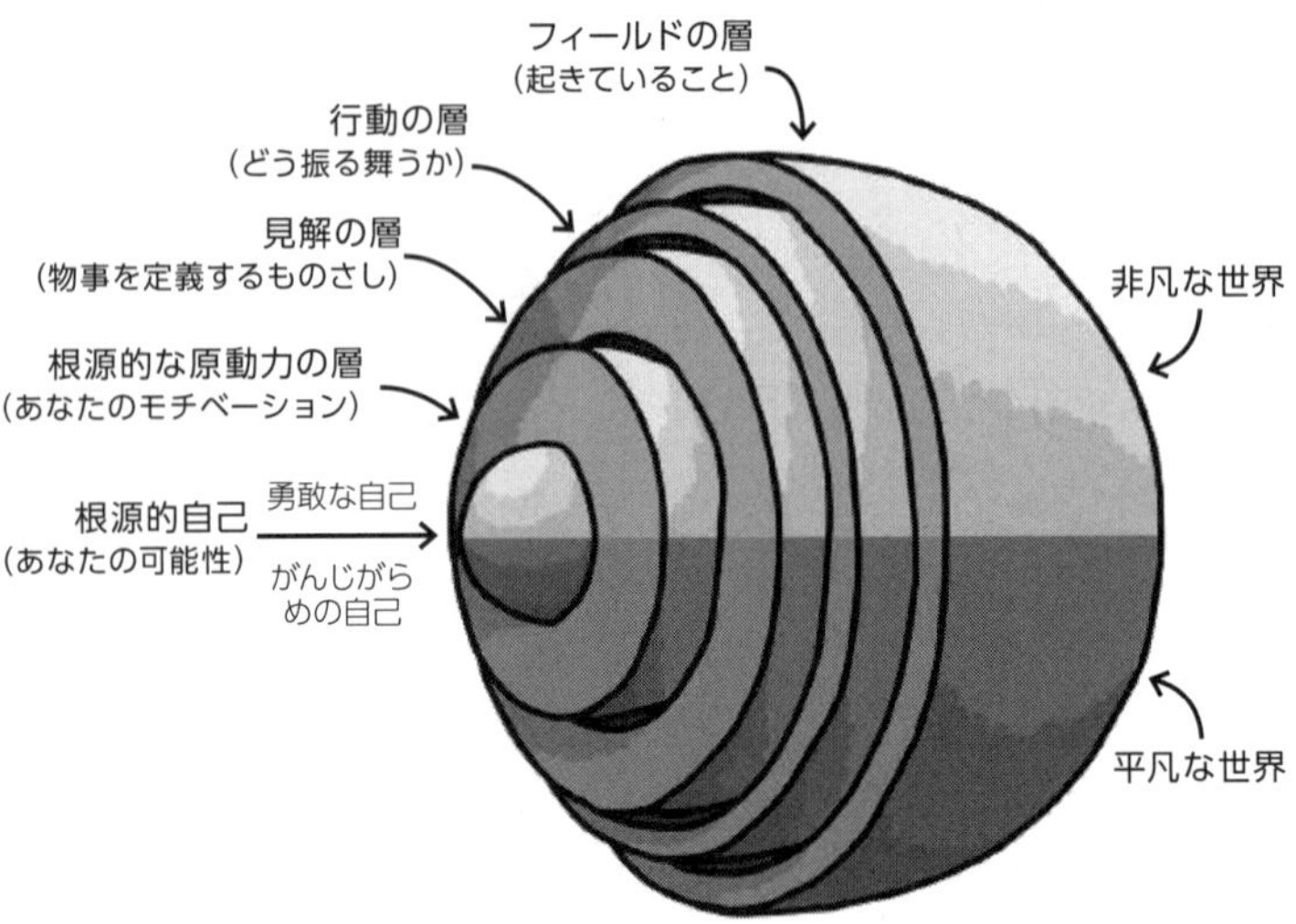

ある日のこと。私は「あなたは何がしたいのですか?」と問いかけたあと、椅子に背をもたせかけて、不動産会社の敏腕営業マン、マイケルの返事を待った。

マイケルはわからないのか、認めたくないのか、つらそうな表情を浮かべた。彼の心のなかで交通渋滞が起きているのを見て、私は割って入った。

「あなたが嫌だと思うことは?」

フラストレーションと感情を吐き出すかのように、彼はすぐに嫌なことを次々と挙げていった。

「断られるのではないかと心配するのはもう嫌です」

「営業目標を達成できなかったときに、

上司から何を言われるかと心配するのが嫌です」

「朝目が覚めて、今日一日のことを考えて不安になるのはもう嫌です」

「人生を浪費していると感じるのが嫌です」


彼はさらに12個嫌なことを挙げたあと、ようやく一息ついた。

マイケルと同様に、あなたも「嫌なことリスト」の方がずっと簡単につくれるだろう。フィールドモデルの各層をすべて分析したときに、あなたがやったことも、まさに「やりたくないことリスト」をつくることだった（図9-1）。さて、今度は「やりたいことリスト」をつくる番だ。心のなかを探索して「やりたいこと」が見えてきたら、次はあなたの〈非凡な世界〉を明らかにしよう。

ただし、「やりたいこと」を明確にしようとすると、こんな声の罠にかかりそうになるかもしれない――。

「そんなことを望むなんて、私は何様のつもりだ？」

「他の人よりも多くのことを望むべきではない」

「ひどく自己中心的じゃないか」

もし「自己中心的だ」と思ったら、「何かをほしいと思うことは自己中心的なことではない。正直なんだ」と認めてほしい。

さて、これまでに五つの架け橋を使ったワークを行なったが、今度はこのフレームワークをあなたの〈非凡な世界〉にあてはめてみよう。まずは、あなたが選んだ〈フィールド〉であなたが望む結果を明らかにし、それから各層を通して、あなたの根源的な原動力に働きかける方法を考えよう。

まずは復習から。五つの架け橋は「やめる」「減らす」「続ける」「増やす」「始める」の五つから成る。ただし今回のワークで使うのはこのうちの三つで、「続ける」、「増やす」、「始める」だけだ。フィールドモデル上の方向性を変え、今度はあなたの意図をポジティブなものに変えることで、「自己拡張モード」「高揚マインド」へと導く。あなたが取り除きたいものや避けたいものではなく、手に入れたいものにモチベーションを切り替えるのだ。[*6]

あなたの〈フィールド〉を見れば、あなたがもっと伸ばしたいポジティブな材料がすでにあるはずだ。〈フィールド〉での目標を明らかにするときは、具体的なものを選ぶことが重要だ。あなたの結果は〈フィールド〉にある。その結果を実現するために、ここで行動の層に移って、あなたのオルターエゴにやってほしい行動、振る舞い、スキルを考えよう。あなたがやりたいことはなんだろうか？　たとえば――

●始める：……をし始めたい／……に応じたい／こんな振る舞いができるようになりたい

／……を選ぶようにしたい／……だと言いたい／……だと考えるようにしたい
／……を試したい

●増やす：もっと……したい／もっと……を選びたい／もっと……のように振る舞いたい
／もっと……と言いたい／もっと……だと考えたい／もっと……にチャレンジ
したい

●続ける：……をし続けたい／……を選び続けたい／……だと考え続けたい／こんな振る
舞いを続けたい／……だと言い続けたい／……をチャレンジし続けたい

行動の層にはあなたの行動、反応、振る舞い、スキル、知識が含まれる。〈フィールド〉へは、これらの能力を駆使して臨むことになる。あなたはどんな性格を出すか？　どう行動するか？　どう振る舞うか？　何を選択するか？

これらの問いに「始めたいこと」「続けたいこと」「増やしたいこと」をあてはめれば、「新しい自分」のイメージがより明確になるだろう。私の場合は、起業前に分析麻痺に陥っていたため、起業したときに「もっと断固とした態度を取りたい」と思った。あなたはどうか？　たとえば――

●もっと契約を勧めたい

●もっと絵を描きたい
●もっと自信にあふれた態度で行動したい
●商談の予約を増やしたい
●背筋を伸ばしてもっと堂々と歩きたい
●もっとアイコンタクトを取りたい
●もっと人に連絡を取りたい
●料理を始めたい
●執筆を始めたい
●ギターを弾き始めたい
●これからはもっと効率的に支度したい
●これからはもっと効果的に一週間（または一か月）の計画を立てたい
●これからはシュート数を増やしたい
●もっと練習したい
●もっと水を飲みたい
●「愛している」ともっと口に出して言いたい
●もっと笑顔を浮かべたい
●提供する商品を増やしたい

●チームのメンバーともっと話したい
●もっとカンファレンスに出席したい
●もっと投資したい

あまり網羅的ではないものの、このリストを見れば、あなたにとっての理想的な結果を現実化するために何ができるか、ヒントをつかめるだろう。

これからは、〈決定的な瞬間〉にこれらの行動を取ろう。〈平凡な世界〉では、あなたはこうした行動、思考、振る舞いをせず、その結果あなたは望まない結果に甘んじることになる。行動の層を検証したあとは、このフレームワークを見解の層にあてはめて、新しく身につけたい感情、感覚、特性、期待を明らかにしよう。考え方が変われば、こうした行動を取りやすくなるだろう。これからは新しい心構えで〈フィールド〉にアプローチし、行動することになる。

あなたのオルターエゴがこれらの武器を使えば、より優美に、かつ忍耐強さと自信を持って〈よくある罠〉や〈隠れた罠〉と戦うことができるだろう。では、あなたがやりたいことは何だろうか？

●始める：これからは……を信じたい／これからは……を期待したい／これからは……だ

と感じたい／これからは……を重視したい

●増やす：もっと……を信じたい／もっと……を期待したい／もっと……を感じたい／もっと……を重んじたい

●続ける：……を信じ続けたい／……を期待し続けたい／……を感じ続けたい／……を重視し続けたい

基本的には、これらを信じることで、努力しなくても楽しく心地良く、こうした行動を取れるようになる。さらに、変化を実現するために、自分または〈フィールド〉での自分は何をする必要があると思うか？

あなたがもっと自信を持つ／きっぱりした態度を取る／やる気を出す／穏やかになる／楽観的になるためには、自分自身、世の中、知りあい、自分のスキル、知識に対する価値観をどうする必要があると思うか？

たとえば、次のようなことを始めるといいだろう。

●これからは完璧よりも行動を重視する
●これからは自分は適任だと感じるようにする
●これからは自分の能力を信じる

●前進するために、もっと熱心に取り組む
●自分には違いを生み出す能力があると、もっと楽観的に考える
●みんなはあなたのアイデアに賛成するだろうと期待する
●決心したからには、自分は困難を乗り越えていけるはずだと期待する
●自分の努力にもっと満足する
●与えられたチャンスにもっと感謝する
●これからはシュートが入ると期待する
●誰も自分を止められないと感じる
●みんながあなたの話を聞きたがっていると感じる
●あなたの作品は人々を感動させるだろうと期待する
●舞台はあなたを求めていると信じ、自分のパフォーマンスにわくわくする
●自分はみんなと同じぐらい重要な人間だと感じる
●失敗を好きになること。あなたは向上して、行動しているのだから！

よくあるミーム（訳注：模倣によって人から人へと伝達し、増殖していく文化情報）や成功者に関するエピソードとは反対に、リストの最後の項目は重要だ。

誰よりも失敗を経験した者が勝者となるからだ。だとしたら、失敗の経験を健康的に解決

しようではないか。失敗を自分のアイデンティティだと受け止める必要はない。ただ単に、失敗しても自分を敗者と決めつけず、何かを試みるたびに知恵を身につけていると認識しよう。

このプロセスをやると、最終的にこうした特徴を体現できるオルターエゴが見つかるだろう。そのオルターエゴのパワーを使って、あなたのために新しいリアリティを築こう。

あなたの〈非凡な世界〉は？

――自分のほしいものを認めて夢への第一歩を踏み出せ

本書の前半で登場したイアンの話を紹介しよう。イアンは一流コピーライターとして華々しく活躍する一方で、いくつかの会社の経営者でもあった。一般的な基準では、成功者に位置づけられる。だがイアンには、つい最近までずっと心に秘めてきた目標があった。

彼はオルターエゴに変身したときだけ、肝が据わって自分の夢を素直に認められるようになった。彼の夢とは、スタンドアップコメディアン（訳注：ステージに立って一人で漫談するコメディアン）になることだ。

これこそが彼が追い求めたい夢だ。それが彼の〈非凡な世界〉なのだ。彼は今、フルタイムで働かなくても支障が出ないよう会社の業務を調整し、コメディアンのキャリアを実現しようとしている。長年の目標を実現するために、今や彼は夢を認め、夢について詳しく語り、行動している。

もし彼が一番の望みは夢を実現することだと認めなかったら、夢への第一歩は踏み出せなかっただろう。

あなたはどうか？　聴衆を圧倒するようなスピーカーになりたい？　すばらしい。それを認めよう。イベント会場に入ったら、はきはきと魅力的に人々と握手してあいさつしたい？　すばらしい。それを認めよう。危機的な瞬間のさなかでも、冷静で堂々として、はっきりと主張するリーダーになりたい？　すばらしい。それを認めよう。

想像してみよう。〈非凡な世界〉でのあなたはどう振る舞い、どんな行動を取るか？　〈平凡な世界〉とは何が違うか？　もっと勇敢になる？　もっと思いやりがある？　もっと集中している？　自分が始めたプロジェクトを計画通りに遂行する？　表現力豊かで、はっきり主張して、行動的な性格になる？　リラックスして、穏やかで、静かな性格になる？　もっと反抗的な性格になる？　激しくて、勇敢で、冒険好きな性格になる？

〈非凡な世界〉でのあなたの特徴は何か？

あなたの考え方や感情はどうか？　自分には〈非凡な世界〉をつくる能力があると思うか？　自分自身、まわりの世界、あなたが関わる人々に対してどう感じているか？　あなたのなかにある強い感情は何か？

ボー・ジャクソンを覚えているだろうか？　アメフトのフィールドに入ると、ジャクソンは進路を阻むものはなんであれ、倒してやると強く確信しながらプレーした。相手が誰かなど重要ではなかったし、気にもとめなかった。

〈非凡な世界〉での結果は思い通りになるとは限らないが、どうなるか想像してみてほしい。心の目で描こう。

〈非凡な世界〉での居心地はどうか？　社内で強力なリーダーだと認知されたい？　チームミーティングで意見を言い、自信を持って自分のアイデアをみんなで共有できるようになりたい？　チームの人たちからアドバイスを求められたり、打ち明け話をされたりする一方で、危機的な状況でもきっぱりした態度で穏やかに指示するリーダーになりたい？　「今年度の最優秀販売員」に選ばれ、壇上でトロフィーを受け取りたい？　あなたの子どもたちが母親の自慢をするところを、小耳にはさんでみたい？

まだ〈非凡な世界〉が思い描けない人は……

――オルターエゴに希望を語らせてみよう

自分の望みを認める、または〈非凡な世界〉を思い描くのが困難な場合は、こう自問してみよう。「私のオルターエゴは何がほしいと言うだろうか？　オルターエゴはどんなことを期待しているだろうか？」

まだオルターエゴを構築していなくても、その〈秘密のアイデンティティ〉の望みをうすうす感じ取れるかもしれない。そんなはずはないと疑うのをちょっと中断して、オルターエゴは、苦もなく自分の望みを口に出せると想像してみよう。

あなたのオルターエゴは悩むことなく、素直にその願望を認めることができる。あなたのオルターエゴは何ができると思っている？　または何をつくれると思っている？

10

第10章

「自分の答え」を見つける方法

知性ではなく感情がモチベーションを促す

――自分の原動力を問い続けよう

マンハッタン島のハドソン川沿岸には、端から端まで小さな公園が点在している。コンクリートと歩道と高層ビルばかりのこの島においては、都会のざわめきや騒音から逃れるために必要な場所だ。

アスリートがこの地域にあるプロスポーツのチームと対戦するためにやって来たとき、あるいはビジネスマンのクライアントがミーティングでニューヨークを訪れたときに、一対一でやり取りするのに便利な場所だ。私はほぼ毎回、彼らとハドソン川沿岸を散歩する。散歩をするのは、私の経験では人間は動いているときの方が心を開きやすくなるからだ。おまけに新鮮な空気とウォーキングを不快に思う人はいない。

ＮＨＬ（ナショナルホッケーリーグ）に所属するあるクライアントがチームメイトを紹介してくれたため、今回はチームに入って2年目のマットと会った。

マットはここ一番で頼れる選手として何年も活躍したが、最近は苦戦していた。ＮＨＬのチームのなかで、彼は常に脚光を浴びるスターから凡庸な二流選手の座に沈んでいたのだ。私たちは彼の将来について話しあいながら、川沿いに20ブロックほど歩き、26丁目近くの埠頭でベンチに座って休むことにした。

ベンチに腰を下ろすと、私は身を乗り出して彼に訊ねた。「バットマンが正義のために戦っているのは知ってるだろう？　きみはなんのために戦っているのかな？」

「どういう意味ですか？」

「この20分ほど、きみがキャリアに何を望んでいるのか聞きだそうとしたけど、ライオンの牙を引っこ抜くみたいに困難だね。おまけにきみは考えてばかりいるうちに夢が遠のきそうだと言って済まそうとした。個人的に、そういうのにうんざりしていてね。私がこんなに一生懸命やってるのに、たわごとばかり聞かされるなんて。頭のなかの思考にはもううんざりだよ。で、なぜきみは変わりたいんだい？　何と戦っているんだい？　バットマンは、両親が犯罪者に殺されるのを見て、正義のために戦った。誰もが戦う目的を持っているんだよ――正義、名誉、公正、家族、コミュニティ、宗教、自分の名声、あるいは自分の創造的な才能のために。で、きみはどうなんだい？」

ベンチに座った彼は、ホッケーで鍛えた筋肉質の太ももに両肘を乗せて前かがみになり、目の前をすぎてゆくフェリーをじっと見つめた。しばらく黙ったあと、彼は口を開いた。

「自尊心のため」

「どうして自尊――」私が質問を言い終える前に、彼は続けた。「オハイオ州のいなか出身の人間でも活躍できるって見せたかったんです。それから優勝して、スタンレーカップを地元にあるぼろくて小さなホッケーリンクに持ち帰るためです」

「なんだ。よくある話じゃないか。同じような話を聞いたことがあるね」私はぴしゃりと返した。

「なんだと」彼はすぐに反応し、かなり苛立った様子だった。「なんでそんなひどいことを言うんですか？　あなたの仕事はぼくをサポートすることですよね？　けなすことではなく」

「マット、今きみが強く感じているその感情。それはなんだ？」

「腹立たしさ」

「いいだろう。それを忘れるな。私が気づいたことがある。きみは氷上で満足のいくプレーができないたびに、その思いを抱く。そして能力を発揮できないと、その『腹立たしさ』を自分に向けてしまう。私の仕事はきみの親友になることじゃない。きみのパフォーマンスをサポートすることであり、そのためにきみにけんかをふっかけることもある」

あなたは今、自分の望みを認めたところだ。すばらしい。

では、その望みに心が強く引っ張られるのがわかるだろうか？　それを手に入れたいと強く思うあまり、何があろうとあきらめないし、邪魔させないと思うだろうか？　あなたが手に入れたいものには意味があるだろうか？

答えがノーなら、問題がある。

ナチスによるユダヤ人大虐殺を生き延びた著名な精神科医、ヴィクトール・フランクルはこう書いている。「状況のせいで人生が耐えがたいものになることはない。耐えられなくなるのは、人生の意味や目的がわからなくなったときだけだ」

コミックスのスーパーヒーローや、映画や文学に登場する偉大なキャラクターはみな、自分よりも大きい何かと戦っている。そして、利己的な理由で正しい行動を取ることになったキャラクターも、最後にはその労苦のなかに深い意味を見いだすものだ。深い意味を見いだすと、彼らは努力し、もがき、より重要な目的に挑もうとする。

「幸せ」に執着すると、人は空虚になることを証明する研究結果が、次々と発表されている。[*1] 2013年に『ジャーナル・オブ・ポジティブ・サイコロジー』誌でロイ・バウマイスターと同僚たちが発表したある論文によると、自分の喜びのためだけに活動する人は、生きる意味が乏しかったという。

カリフォルニア大学ロサンゼルス校医学部のスティーブン・コール教授と、ノースカロライナ大学チャペルヒル校のバーバラ・フレデリクソン教授による別の研究では、自分の人生に深い意味を見いだした人は、自己中心的に生きる人よりも免疫系が強いことが判明した。[*2] つまり、目標に向かって頑張りつつ、努力することに深い意味を見いだせば、あなたは実際に強くなるということだ。

一方向にしか進まないベルトコンベアに乗ったみたいに、一つの方向に引っ張られる感覚を覚えてほしい。〈非凡な世界〉へと引っ張られる自分を止めることはできない。

強い共鳴がないのに、あるいは〈非凡な世界〉に興味がないのに、わざわざこの旅をする理由があるだろうか？　ちょっと経験してみたいと思う程度の世界を築くために、オルターエゴを構築する理由があるだろうか？

世界有数の認知心理学者にしてハーバード大学教授のスティーブン・ピンカーは、次のように語っている。「情動は脳の最高次の目標を設定するメカニズムである。いったん引き金がひかれると、その情動によって、私たちが思考、行動と呼ぶ下位目標やさらに下位の下位目標のカスケードが引き起こされる」[*3]

要するに、情動が行動を促すということだ。興味もないことのために行動を起こすのはほぼ不可能だろう。行動以外にも、ほしいものやオルターエゴをつくる理由に対する強い思いも、モチベーションとなる。モチベーションという言葉の由来はラテン語のmotivusで、「動く理由」を意味する。

メンタル強化コーチを務める私には、人に指導できないことがある。モチベーションだ。触れることもできない。これればかりは誰も指導することも、人のためにつくることもできない。未知の要因と言おうか。

私には、アスリートに4時に起きてランニング練習や短距離走をするよう仕向けることはできない。私には、起業家に会社を設立させて拡大させることも、困難な局面で踏ん張らせることもできない。どんなに困難であろうと、あるいはどんなに高い代償がつこうとも、あらゆる障害を克服して、目標に向かってがむしゃらに突き進ませることもできない。

ジョナ・レーラーは、ベストセラーとなった著書『一流のプロは「感情脳」で決断する』（アスペクト）のなかで、理性は感情によって決まると主張している。**知性ではなく、感情がモチベーションを促すというのだ。**レーラーの主張はこうだ。「感情（emotion）とモチベーション（motivation）にはラテン語の「movere」という共通のルーツ、これは「動くこと」を意味する単語だ。世の中にはたくさんのものが存在するが、そのなかから何かを選ぶときには気持ちが影響するのである」

あなたもモチベーションを見つける必要がある。モチベーションは、他のことなど構わなくなるほどあなたがほしいものと感情的に結びついていることが多い。その目的のために自分は存在していると言えるもの。それを追求しなければならない。どんな代償を払おうとも、どんなに可能性が低くても、どんな結果になろうとも、私たちは〈非凡な世界〉に入るのだ。

必要なのは強い感情
――モチベーションの源泉を見つけよう

コミックス、映画、小説のなかの偉大なヒーローやヒロインのモチベーションを分類すると、中核的なモチベーションは四つほどあり、そのうちの二つ以上が組みあわさっていることが多い。

トラウマ
運命
利他主義
自己表現

バットマンが使命を帯びるきっかけとなったのが「トラウマ」だ。両親が殺害される現場を目撃したバットマンは、犯罪との戦いに身を捧げる。悪を正すため、権力に刃向かうため、あなたを侮辱した人を見返すためなど、トラウマにはさまざまな形があるが、こうした体験が人の使命となることは多い。

いろいろな意味で、トラウマはオプラ・ウィンフリーのモチベーションにもなっている。オプラの「トップに立てば差別されないから」という有名な言葉から、彼女が差別とトラウマをバネに成長したことが見て取れる。

ドラマ『バフィー～恋する十字架～』では、ヒロインのバフィーは「運命」によって行動へとかき立てられる。バフィーは自分が「選ばれし者」で、悪の権化と戦う〈超能力〉を身につけていることに気づく。最初は気が進まなかった彼女だが、最終的にはこの難題を受け入れる。

長年の間に私が仕事やプライベートで関わった野心的な人たちのなかにも、「選ばれた」と感じていると答えた人は多い。彼らは、自分が選ばれたように感じたからこの道を進んでいるのであって、他に選択肢はなかったと語る。彼らは「実現する方法を見つけなければならなかった」と言う。選ばれたと感じるうちに強い責任感を持つようになる人は多い。

ワンダーウーマンの根源的な原動力の一つに「利他主義」がある。2017年に公開された映画『ワンダーウーマン』では、彼女は自らを顧みずに、悪の手から人間を救い出そうとする。利他主義は行動主義的な形で現れることがあり、たとえば他人を思いやるあまり、または深く愛するあまり、人を助けたり、人に尽くしたりしたくなる。

本章の始めに登場したホッケー選手のマットも、いろんな意味でその根源的な原動力には「利他主義」があった。アメリカの情勢の変化によって廃れていった地域に希望を届けることに、彼は深い意義を見いだしたのだ。一人親家庭で育った若手アスリートたちの多くも、「利他主義」を強いモチベーションとして持ち、自らを犠牲にして彼らの成功を支えてくれた親を大事にしようとする。

「私には何ができるか／何がつくれるか／何を発見できるか？」といった問いの答えを追求したい人は、「自己表現」が根源的な原動力となっている。「自分の能力」を開拓したいとか、創造的な過程／運動能力を伸ばす過程／科学的なプロセスが好きという動機に動かされる人もいる。

レオナルド・ダ・ヴィンチ、チャールズ・ダーウィン、元アイスホッケー選手のウェイン・グレツキーを始めとして、多くの人がここに該当する（もっとも、グレツキーはホッケーの試合と家族をこよなく尊敬していたため、彼の動機には『利他主義』もあったかもしれない）。

これら四つの動機づけ要因を分析すると、人がそれぞれの進路を進むきっかけとなる出来事や状況や経験があることがわかる。とはいえ彼らはやがて、自分の仕事に深い意味を見いだす。バットマンが使命を果たし続けるのは、人を助けたい、ロビンのために戦いたいと思うからだ。

オプラ・ウィンフリーは、人々と膝をつきあわせて誠実につきあうことに喜びを見いだしたが、その結果、人々の人生を変えることとなった。ドラマのなかでバフィーが戦い続けるのは、愛する人たちを救うために自分はいるのだと認識したからだ。ワンダーウーマンは、邪悪な者から人類を守りながら、公平と平等という理想を追求し続ける。

第3章のフィールドモデルのなかで根源的な原動力について解説したが、どの状況でも、彼らの真の目的は次のような根源的な原動力によって徐々に変容していく。

- 家族
- コミュニティ
- 国
- 宗教
- 民族
- ジェンダー（性差）
- 同族グループ（警察官、軍人、農家、部族）

●アイデア
●大義

自分よりも大きいもののために何かを成し遂げようとしていると意識すると、あなたの使命に深い目的が生まれる。こと感覚については、あなたが何を感じようと、正解も不正解もない。その感覚が強ければそれでいいのだ。その感覚をうまく表現できないかもしれない。感覚を言葉で説明するのは簡単ではないからだ。

仮にあなたがほしいものに対して強い感情を抱いているが、その感覚をうまく表現できないなら、その感覚であっている。あとでその感覚を表現する言葉が見つかるかもしれないし、見つからないかもしれない。ここでは言葉は重要ではない。その感覚があればいい。

セルフヘルプ業界の人が何を説こうとも、怒りや激情などのネガティブな感情は強い動機となる。特に最初の段階で、新しい行動を取って勢いをつけたいときは、激しい感情が役に立つ。突き動かされるような強い感情、これこそが最初にあなたに必要なものだ。

ほとんどの人は、フィールドで人生という試合が行なわれている間、サイドラインで座ったまま動けなくなる。なんだろうと構わない、あなたをフィールドに向かわせ、動かすものが重要だ。

自問してみよう。「なぜ私はこれを望むのか?」「私がそれを自分の〈非凡な世界〉にしたい理由は何か？」「なぜ私はオルターエゴをつくりたいのか？」
目的と感情は密接に絡みあっている。たとえば私はアスリート、ビジネスリーダー、起業家などを指導する会社を立ち上げて拡大させる道を選んだが、私の大きな原動力の一つは家族であり、それは今も変わらない。

子どもの頃から私は、自分の名字に深い責任感と共感を覚えてきた。善良な家族のために頑張ろうと思った。家族は私のモチベーションの一部となっている。私が自分の〈非凡な世界〉を実現したい理由の一つでもある。

ここで強調したいのは、私が目指すのは私の〈非凡な世界〉であって、あなたや、私の父親の〈非凡な世界〉ではないということだ。だからといって私は利己的というわけではない。なぜなら私の〈非凡な世界〉の大部分は、他人のために尽くすことだからだ。

だがその世界がどんな風景で、どんな感覚がして、どんな音がするかを決めるのは私であり、他の誰でもない。

私が出会った人や仕事で関わった人のなかには、過去の出来事や人から逃れることを原動力としている人が大勢いた。彼らは過去の経験や自分を虐待した人に対する怒りや憤怒を抱えていたのだ。

何年か前に、カンファレンスでメキシコ系アメリカ人のビジネスマンと出会った。気があったので、二人で会場を抜け出してランチを取ることにした。間もなく、彼が仕事でかなりの財産を築いたことがわかった。彼は穏やかに話す人で、どちらかというと控えめな性格だったが、過去の話を始めた途端に眼光が鋭くなった。

彼はかなり前に、ある見込み客の自宅を初めて訪れたときの話をしてくれた。彼と同僚が敷地内の道を歩いていると、誰かが家から出て行くところだった。二人が通りすぎるとき、その人は彼に向かって「おや、きみが新しい庭師か。その生け垣を刈ってくれ」と言ったのだ。

そのひと言が彼にとっての転機となったという。その人が、彼を生け垣を刈りに来た庭師と勘違いしたのは、彼の肌の色が原因だった。「その日私は、大金持ちになって立場を逆転させよう、白人を庭師に雇おうと誓ったんです」と彼は言った。この誓いが響いた彼は、それをバネにして〈非凡な世界〉へと向きを変えたのだ。

この出来事は最初に彼を突き動かす原動力となったが、やがて彼は自分がコミュニティに影響を与えていることや、他のメキシコ系アメリカ人の刺激となっていることに気づいた。こうしたことは彼の根源的な原動力となり、彼は今もリスクを厭わず成長し続けている。**あなたにもこの種の心が強く響く何かを見つけ、それを認識してほしい**。それこそが、あなたがこの本を手に取った目的であり、オルターエゴをつくる理由でもあるからだ。

もう一つ、ジョンの例を紹介しよう。ジョンはドラマチックな家系の出身だ。彼の祖母はヨーロッパの王族の生まれだったが、第2次世界大戦中に国から逃亡せざるを得なくなり、メキシコに移住して将官と結婚した。ジョンは権力のある高貴な血筋を引いているのだ。その家系のなかで最初にアメリカに移住した彼は、ビジネスで名をはせようとしていた。ジョンには、家族、伝統、家系に対する深い尊敬の念があり、この新天地で紋章入りの旗《バナー》を揚々と掲げ、家族の伝統を継承したいのだという。

彼がこれまでにさまざまな障害を克服して前進できたのは、家族、大義、アイデアが組みあわさった彼の根源的な原動力のおかげなのだ。

ときには家族、コミュニティ、国への強い思いが、感情的共鳴を生むことがある。

２０１２年のロンドンオリンピックに出場した私のクライアントのエピソードを紹介しよう。

彼女には、祖国で最初のメダリストになり、表彰台に立って祖国の国旗が掲げられる様子を見たいという強い動機があった。優勝も国歌が流れることもどうでも良かった。彼女がこだわったのは国旗だけだったからだ。国民としての誇りが根源的な原動力となって、彼女は〈非凡な世界〉を思い描き、その世界に対する感情的な結びつきが生まれたのだ。

彼女はその夢を実現できなかったが、自身の競技において世界ランク28位でオリンピック出場を果たした。祖国ではトップクラスのアスリートではなかったが、オリンピックで4位に入賞し、パーソナルベストを更新した。

ほしいものに対する感情的な共鳴は、実に個人的なものだったりする。お金持ちになりたい。安定したい。もっと権力がほしい。もっと個人的な理由でも構わない。人類を救うといった壮大な計画でなくてもいいし、愛のある社会や平和の実現といったピュアで善良な動機でなくてもいい。

だが、先に紹介した研究結果が示した通り、あなたにとって深い意味のあるものでなければならない。最初にあなたを駆り立てる原動力を突きつめていくと、そのルーツは根源的な原動力のなかに見つかることが多い。あなたは自分に何ができるか、その限界を探っていくのだ。

たとえ最初の動機が「もっとお金がほしい」でも、その動機がやがて家族、コミュニティ、国に影響を与えたいという思いと結びつくこともある。あるいは、その動機がアイデアに結びついて、自分はどこまで創造できるのかを試したくなることもある。

私が仕事で関わった一流のアスリート、エグゼクティブ、起業家のほとんどは、利己的な理由でそれぞれの〈非凡な世界〉へと駆り立てられていた。ちなみに私は、利己的という言葉を悪い意味で使っているわけではない。利己的な理由に共鳴して駆り立てられるのなら、その理由で構わない。

たとえば、不動産会社の建物に自分の名前入りの看板を掲げて明々と灯したいとか、ミシュランガイドで格づけされるレストランの総料理長になりたいでもいい。会社を何百万ドルかで売却し、キッチンテーブルに書類を叩きつけて父親に向かって「ぼくがひとかどの人間になれるはずがないって言ったよね？　これを見てみろよ」と言ってやりたい、でも構わない。

多くのクライアント、特に起業家は人の役に立ちたいとか、世の中を変えたいと語る。仮にあなたも同じ動機か、同じ目的のためにオルターエゴをつくりたいのであれば、私があなたに他の動機を探せと勧めることはない。

あなたがどんな感情や目的を抱こうが構わない。私が口出しすることではないからだ。私が重要視することはただ、あなたが自分に正直になって、ほしいものやその動機に対して強く共鳴しているかを感じ取ることだ。その感情こそがあなたを立ち上がらせ、動かし続けるからだ。

この仕事を始めたとき、私の欲求はきわめて個人的なものだった。やがて私は、できるだけ多くの人に大きな影響を与えたいと思うようになり、その目的に心の底から共鳴するようになった。この思いが私のエネルギー源だ。私が今この仕事に従事しているのは、この目的を果たすためなのだ。

なぜなぜ分析
──ときには立ち止まって自問しよう

強くて確かな感情的共鳴がある人や、オルターエゴをつくる理由が明確な人は、このセクションを飛ばしても差し支えないだろう。次の章へ進んでほしい。

だが、感情の核心部分までなかなかたどり着けない人や、あなたがなぜそれを望むのか理由を特定できない人は、なぜなぜ分析を試してみよう。なぜなぜ分析は問題を解決するためのツールだ。１９３０年代にトヨタ自動車の創業者、豊田佐吉によって考案され、１９５０年代にトヨタ生産方式の開発者である大野耐一によって公式に開発された。なぜなぜ分析は、「なぜ」を5回繰り返すことで、問題の原因を突き止めて理解しやすくしてくれる。[*4]

これは比較的シンプルなプロセスだが、何があなたをやる気にさせるのかを突き止めるのにとても役立つ。やり方はこうだ。あなたが核心部分にたどり着くまで、すなわち心が震えるほど共鳴するまで「なぜ？」と自問し続けるのだ。

たとえば私は毎週月、水、金曜日には4時半に起きて、5時から6時半までトレーナーの指導の下で体を鍛える。

なぜか？　もっと健康になりたいからだ。

なぜもっと健康になりたいのか？　子どもたちと遊ぶときに、相手よりもエネルギッシュな状態でいたいからだ。数か月前に子どもたちと遊んでいたとき、私は背中が痛くなって息切れしたことがある。たった10分でくたくたに疲れてしまい、休憩しなければならなかったのだ。

子どもたちに「休ませてくれ、私はもうヘトヘトだ」と訴えた。子どもたちはがっかりした表情を浮かべ、私は申し訳ない気持ちになった。私は子どもたちと対等に遊べない父親、ベストコンディションでないせいで、子どもたちと遊ぶ機会を逸する父親になりたくなかったのだ。

さて、私の原動力を突き止めるのに、「なぜ」を5回繰り返す必要はなく、2回で済んだ。子どもたちと対等に遊ぶことですら高い目標なのに、私は子どもたちを消耗させるという挑戦に挑むつもりでいた。そんなわけで、体調を整えたいという私のなかには、家族にまつわる根源的な原動力があった。

必要であれば、何度でも「なぜ？」と自問しよう。このプロセスを繰り返すと、大抵の場合は根源的な原動力の一つが見つかるだろう――すなわち家族、コミュニティ、国、宗教、民族、ジェンダー（性差）、同族グループ、アイデア、大義のうちのいずれかだ。これは原油の採掘作業に似ている。「感情の噴油井《ふんゆせい》」が見つかるまで、自問し続けてほしい。

強い感情なので、見つかればすぐにそれとわかるだろう。疲れてつらくなったとき、やめたくなったときや、あきらめそうなときも、自分の根源的な原動力を認識していれば、情熱を燃やし続けることができる。

どんなに実績のある成功者でも、その道を進むべきかとか、自分はこの道を進みたいのかと疑問に思う瞬間がある。誰もがみな、自らの犠牲や選択に意味があるのかと自問するのだ。続けられる人とは、第一に自分が目標に向かって戦っている理由を知っている人だ。そのような人は〈非凡な世界〉を目指す理由も、そこにたどり着くためにオルターエゴをつくる理由も把握している。

簡潔に質問しよう。

「なぜあなたは自分の〈フィールド〉で〈勇敢な自己〉のスイッチを入れたいのか？」

その理由は、次のいずれかと深く関わっているか？

- ●家族
- ●コミュニティ
- ●国
- ●宗教
- ●民族
- ●ジェンダー（性差）
- ●同族グループ

●アイデア
●大義

あるいは、あなたの最初の動機は、心の傷、誤解されたこと、創造性を表現すること、または利己的な欲求に端を発しているかもしれない。だとしても、前進するうちに、あなたを長きにわたって支えてくれる新しい根源的な原動力が見つかるだろう。

自分を客観的に見つめる方法
——「セルフディスタンシング」で答えを見つける

多くの人にとって、自分の人生を振り返ることは簡単なことではない。「何がほしいか?」とか「なぜそれがほしいのか?」といった答えにくい疑問や、難しい疑問の答えを考えるうちに、心理的に混乱を来すようになる。科学者はこの現象を「内省のパラドックス」と呼ぶ。

そんなときは、「セルフディスタンシング」という手法を使うといいだろう。ミネソタ大学とカリフォルニア大学バークレー校の二人の心理学者、イーサン・クロスとオズレム・アイダックは、この手法とその効果について何時間にも及ぶ研究を行なった。[*5]

「過去の経験について考えるときに、一歩下がって客観視し、距離を置いた傍観者の視点でその出来事を判断しよう。壁にとどまった蝿のような視点で考えるのだ」と彼らは言う。

そんなわけで、自分のためにこの心理テクニックを使おう。もっとも効果的なのは、自分にこう問いかけることだ。「なぜ××（あなたの名前）はベストセラー小説を書きたいのか？」とか「××（あなたの名前）の人生の目的は何か？」。自分のことを三人称を使って質問することで、観察者になった気持ちになり、答えにくい質問や、難しい質問を大局的な視点で考えられるようになる。

セルフディスタンシングの手法は、オルターエゴ戦略の効果を証明するエビデンスも提供してくれる。オルターエゴを使うと傍観者の視点で物事を見られるようになるため、延々とセルフトークを繰り返すことも、感情的なスパイラルに陥ることもなくなる。「ワンダーウーマンならどうするか？」「マザー・テレサならこの状況にどう反応するか？」「バットマンはなぜ、このハードなプロジェクトを遂行しようとするのか？」などと自問することができるようになる。

そんなわけで、あなたかあなたのオルターエゴの根源的な原動力は何かと考えるときに、セルフディスタンシングの手法を使うと、答えを見つけやすくなるだろう。

「なぜ?」の答えはそのうちに見つかることもある
——自分の「行動」が答えをくれる

〈フィールド〉で何度も自分の強力なバージョンに切り替えるうちに、あなたの原動力が見つかりやすくなるだろう。多くのアスリート、作家、起業家、その他のクリエイティブな人たちは、「なぜ?」の答えを知らないまま、それぞれの道を歩み始めたと語る。

たとえば何かに興味があったとか、何がしかのスキルがあったとか、何かの開発に夢中になったとか。自己表現的な動機が強かったと言えるが、腕が上がって成果が出るに従って、自分の仕事に対する情熱も高まった。情熱が高まるにつれて、「なぜ?」の答えも明確になっていったという。

答えは思考や感覚ではなく、行動によってもたらされることもあるのだ。

第11章

自分に必要な能力が手に入るのがオルターエゴ戦略の強さ

オルターエゴを強化する方法
――〈非凡な世界〉づくりに欠かせないプロセス

私がやったスポーツのなかで一番難しかったのは馬術だ。おまけに私がコーチングした騎手のリサもかなり手強い相手だった。

一流アスリートに最高のパフォーマンスをさせるために、私は実に難しい要素をまとめなければならない。メンタルと感情と体のコンディションをすべて整えることは、3匹の猫を同時に誘導するようなものだ。馬術の世界では、これら三つの要素にもう一つ、馬という要素が加わってさらにやっかいになる。

馬術は、さまざまな訓練方法から成る魅力的な競技だ。たとえば障害飛越競技、競馬、ポロ、馬場馬術《ドレサージュ》などがある。そして私のクライアントのリサが競技として取り組むのが、馬場馬術だ。これは実に魅力的な競技だ。サッカー、アメフト、バスケットボール、ゴルフなどの他のスポーツと違って、体の下には体重何百キロの馬がいて、その馬はあなたのどんなかすかな動きも感覚も思考も察知してしまう。

馬になじみのない人のために説明すると、馬は地球上でもっとも感情的に成熟した動物だ。そのため馬はPTSD、自閉症、依存症、その他の精神疾患に悩む人たちのセラピーや治療にも役立てられる。だが馬の感受性が鋭すぎるため、馬場馬術は難しい競技だ。『メリアム＝ウェブスター辞典』で「調馬《ドレサージュ》」を引くと、「訓練された馬が、騎手から送られてくるかすかな合図に反応して指示通りに正確に動くこと」と定義されている。

ちょっと考えてみてほしい。感情を正確に読み取れる体重何百キロの動物が、騎手、すなわち人間から送られてくる「かすかな合図」に従って、「正確に動く」というのだ。おまけにご存じの通り、人間は完璧からはほど遠い。繰り返すが馬場馬術とは、人間が何かを感じると、それが馬の動きを変えてしまう唯一のスポーツだ。つまりリサの心の状態がなんであれ、馬はそれに気づき、それがしばしばパフォーマンスに反映されるのである。

リサの悩みは、競技前に恐ろしく緊張して不安になり、それがそのまま姿勢に出てしまうことだった。背中を丸め、やや前屈みの姿勢になってしまう。さらにその感情は手綱を握る握力にも表れた。手綱を強く握りしめるあまり、「今の私はまったく自信がない。おまけにすごく緊張してるから、あなたも緊張するのでは？」と電話で話すぐらいストレートに馬に伝わってしまうのだ。

リッキー・ボビーという名の彼女の馬は、なんでもはっきりと察知するあまり、跳ね回ったり、姿勢が乱れたりして、審判の採点に影響することがあった。結局のところ馬場馬術とは、騎手からの合図によって、どれだけ所定の手順通りに動けるかを競う競技なのだ。

コーチングを始めて間もない頃、私はリサにこう訊ねた。「完璧な統制力と自信と冷静さを備えたもの、または人をイメージすると何になる？」

しばらく考えたあと、彼女はぽつりと答えた。「ワンダーウーマン」

それから彼女は、ワンダーウーマンが成長する過程が好きで、お気に入りは古いテレビドラマシリーズでリンダ・カーターが演じたワンダーウーマンだと熱く語った。さらに、ワンダーウーマンの武器の一つである「真実の投げ縄」について説明し、馬に乗って戦うアマゾン一族の出身であるワンダーウーマンが、人間の世界に降り立った過程も話してくれた。

リサは、ワンダーウーマンに並大抵でないほどの感情的な結びつきがあったし、馬との連帯感もあったため、鞍にまたがるたびにワンダーウーマンに切り替えるのはごく自然なことに思えた。

どんなスーパーヒーローも超能力があり、それを使って、おのおのの世界で起きている紛争を解決する。ワンダーウーマンには怪力とスピードと飛行能力があり、スパイダーマンには知能、壁や天井にくっつく能力、手首からクモの糸を発射する能力がある。アクアマンには海を支配する力、怪力、水のなかで呼吸する能力がある。

たとえ腕輪で弾丸を弾いたり、真実の投げ縄を使って真実を告白させたり、手首からクモの糸を放ったりといった超人的な能力を駆使できなくても、あなたがオルターエゴに変身すれば、心のすごい力を使って、あなたのなかにある資質を解放することができる。

ワンダーウーマンが銃弾を弾くように、あなたのオルターエゴも別の銃弾（評価、批判されることへの恐怖、先送りなど）を弾いて、前に進み続けることができる。スーパーヒーローが驚異的な力を使うだけで済むのと同じで、私たちも特定の能力を使うだけでいいのである。

私のオルターエゴがビジネスで使う〈超能力〉は、自信、決断力、はっきり主張する能力だ。なぜか？　なぜならどれも私が起業したときに足りなかった資質であり、私の〈フィールド〉で勝つために必要な資質でもあったからだ。

では、カナダで牧牛場を営む私の父もこれらの〈超能力〉が必要だろうか？　そうかもしれないが、必ずしもそうとは限らない。良き父親になるために私が必要とする〈超能力〉は、遊び好き、冒険好き、おもしろい性格だ。あなたが親として必要な〈超能力〉も、これらと同じだろうか。そうかもしれないが、必ずしもそうとは限らない。

それがこのプロセスのいいところだ。自分で特徴を決められるのだ。

オルターエゴのために選ぶ〈超能力〉は、あなたが〈フィールド〉や〈決定的な瞬間〉に〈勇敢な自己〉を出すために必要な能力なければならない。自分の〈平凡な世界〉を振り返ると、現在の自分の性格や行動が見える。あなたの振る舞い、思考、感情、行動、信念、価値観などの特徴を見ることができる。

では、もっと意図的になって〈決定的な瞬間〉にあなたが呼び出すオルターエゴに必要な資質――つまり〈超能力〉――を探そう。

「オルターエゴか〈超能力〉か、どちらを先に決めるのですか？」と私はよく人から訊かれる。どちらでもいい。重要なことではないからだ。なかには、すぐに自分のオルターエゴにぴったりのモデルを思いつく人がいる。

その場合は、その人がそのオルターエゴを選んだ理由を振り返り、その特徴を読み解いてオルターエゴのアイデンティティを分解しよう――その行動パターンや癖、スキルや能力、考え方や感情、オルターエゴや世の中に対する信念や価値観など。

ときには、クライアントが〈決定的な瞬間〉に使いたい〈超能力〉を探すことから始める場合もある。たとえば落ち着き、自信、はっきり自己主張することなどのあなたに必要な特徴が見つかったら、次にこうした特徴を備えた人や何かを探して、それをオルターエゴにするのだ。

やり方に正しいもまちがいもない。本書では順番に解説していくが、実のところオルターエゴを構築することは、さまざまなドアを通って〈非凡な世界〉へ入って行くようなものだ。この本のいろんな章をめくってインスピレーションがわいたら、他の要素もおのずと決まってくるだろう。

私のクライアントだったザックの話を紹介しよう。大学時代にアイスホッケー選手として名をはせたザックは、今はプロ選手としてプレーしている。多くの人と同じように、彼もできるだけ早くオルターエゴをつくって、使いたがっていた。

私たちは最初の数ステップをさっと終わらせた。彼の現在のパフォーマンスを分析することも、彼の〈敵〉がどんな罠をしかけてくるかも、〈敵〉に名前をつけることも、オルターエゴをつくりたいという彼の深い目的を考察することもなかった。

コーチングを始めたばかりの頃、彼はコーナーで敵の選手とパックの奪いあいになっても、なかなかパックを確保できずに苦戦していた。彼はもっと激しくぶつかりたかったが、以前に敵の選手に背後から妨害されてたちの悪いけがを負ったことがあり、恐怖心と不安でおびえながら敵との接戦に臨んでいた。

「コーナーではどうやって敵からパックを奪いたいか?」と私が訊ねると、彼は即座にタスマニアデビルを思い浮かべたため、彼のオルターエゴにタスマニアデビルを選ぶことにした。氷上で彼がタスマニアデビルになったつもりでプレーし始めたところ、成果が現れるようになった。といっても、パフォーマンスにはむらがあった。そこで私たちが、もとに戻って一からオルターエゴをつくり直したところ、彼は心の底から共鳴できる深い目的にたどり着くことができた。最終的にザックは、アメフトをするときの私のオルターエゴに似た、複合的なオルターエゴをつくり出した。

本書はゲームブックの『きみならどうする?』によく似ていて、あなたは物語の進め方を選ぶことができる。すべてのドア(章)を通る限り、あなたはオルターエゴを配備して、持てる力を最大限に発揮する、すさまじいグラウンドパンチを繰り出せるようになるだろう。結局のところ、それができればいいのである。

あなたのオルターエゴの〈超能力〉をつくる
――オルターエゴを強化する三つのシナリオ

〈平凡な世界〉を見つめると、〈フィールド〉での自分の姿を確認することができる。

それではオルターエゴを一からつくり上げて、あなたの〈勇敢な自己〉を解き放とう。自分のオルターエゴとその〈超能力〉をどうしたいかが決まっている人は、次の数ページはそのオルターエゴを磨き、改良し、強化するための参考にしてほしい。

シナリオ①——〈超能力〉探しから始める

形容詞を探そう。〈決定的な瞬間〉に、あなたはオルターエゴにどんな性格で、どう振る舞ってほしいだろうか？　決断力がある、順応性が高い、柔軟性がある、野心的、親切、外向的、穏やか、聡明、押しが強い、タフ、勇敢、活発、おおらか、魅力的、陽気な性格はどうか？　何も浮かばない人は、「自分が……だったらいいのに」という文の空欄を形容詞で埋めてほしい。

あなたが選んだ形容詞を体現するもの、または人は？　たとえば、「自信」と聞いてあなたが連想する人はいるだろうか？　あなたと同じ〈フィールド〉で活躍する人でもいいし、異なる分野、事業、業界にいるが、その自信に満ちた態度に、あなたが敬意を抱く人でも構わない。境界線はない。答えには正解も不正解もない。あなたが何を（または誰を）選ぼうと、批判する人はいない。

重要なのは、あなたが心の底から共鳴できるもの（または人）を選ぶことだ。私のクライアントのハイジは、二人の人格を組みあわせたオルターエゴを使っている。一人はテレビドラマ『マクガイバー』に出てくる、あらゆる問題を解決してしまう主人公のマクガイバー。もう一人は、ニューヨークを拠点とする起業家で、「マリーTV」と題する人気動画を配信する、活発で創造力豊かなマリー・フォレオだ。

前に紹介したジュリアは、クライアントに確固とした態度で交渉できないことに悩んでいた。八方美人を自認する彼女は、自分にとってメリットがなくても、なんにでも、そして誰にでもイエスと言ってしまう。彼女は自分の立場を固持して、自分を守りたかった。

親切で穏やかな人と思われるのにうんざりした彼女は、内側からにじみ出るような野心と強い決意がほしかったのだ。

初めてオルターエゴについて学んだとき、ジュリアは性格を180度転換しなければならないと思った。やさしくて穏やかに話す彼女は、ライオンのように吠える必要があった。だが問題があった。ライオンにまったく感情的な共鳴を覚えなかったのだ。

実際、彼女はライオンのオルターエゴを試してみたが、効果はなかった。ライオンになった気持ちにならず、親近感もめばえず、無理やりやっている感じだったという。

その後、彼女は夫からバースデーカードを受け取った。カードの表には角が生えた一頭の牡鹿の絵が描かれていた。彼女はマニアを自認するほどの鹿好きだ。ピンタレストのボードに猫の画像を収集する人が多いなか、ジュリアの画像は鹿ばかりだ。彼女の夫は、枝角のついたネックレスもくれたそうだ。「夫が『きみは親切でやさしいのに、芯が強い』って言ってくれたとき、この三つの特徴にぴんと来たんです」

ジュリアは自分のオルターエゴを見つけた。牡鹿だ。「牡鹿は一歩も引かないけれど、ものの静かでやさしいんです。でも、牡鹿に干渉しない方がいいでしょうね。意志が強くて頑固ですから」

彼女は、たとえ気まずい状況でも自分の主張を通すためにオルターエゴを使っている。なんでも構わないので、オルターエゴには強い親近感を覚えるものを探そう。

巨大な世界を構築する必要はないし、18種類もの〈超能力〉を持つ必要もない。私がオルターエゴの「リチャード」をつくったとき、〈超能力〉は三つにとどめた――自信、決断力、雄弁さだ。起業家のキスマのオルターエゴにも三つの〈超能力〉がある。感受性が強い、平静、正直さだ。

あなたの〈フィールド〉で出したい人格の特徴がなかなか決まらない人は、第4章の「あなたの〈平凡な世界〉を知る」でメモしたことを見直し、あなたの足かせとなる特徴を正反対にしてみよう。私が特徴の一つに「決断力」を選んだのは、私が優柔不断で成功するためにやるべきことを先送りしがちだったからだ。あなたも私と同じように探してみよう。

シナリオ②――あなたが尊敬する人か、ものを選ぼう

2番目の入り口は、すでにあなたがあこがれている人（またはものか動物）からスタート

して、「なぜ？」と自問することだ。その人（またはものか動物）の何にあこがれるのか？どんな特徴（または〈超能力〉）を持っているか？

スーパーマン、ワンダーウーマン、バットマン、ブラックパンサー、ストーム、バットウーマン、ハルク、ウルヴァリン、スパイダーマンなどのコミックスに登場するスーパーヒーローに引きつけられる人は、その理由はなんだろうか？　彼らのどの特徴をすばらしいと思い、あこがれるのか？

エイブラハム・リンカーン、ジャンヌ・ダルク、クレオパトラ、ウィンストン・チャーチル、マリー・キュリー、コペルニクス、マララ・ユスフザイ、キング牧師、レオナルド・ダ・ヴィンチなどの歴史に名を残すような人物に引きつけられる人もいるだろう。それはなぜだろう？　彼らのどの特徴をすばらしいと思い、あこがれるのか？

または、ジェーン・エア、ハリー・ポッター、エイハブ船長（訳注：『白鯨』の主人公）、少女探偵ナンシー、スカーレット・オハラ（訳注：『風と共に去りぬ』のヒロイン）、カサノヴァ（訳注：18世紀のイタリアの文人で、希代のプレイボーイとして知られる）、モンテクリスト伯、あるいはくまのプーさん（そうとも、なんでも構わないのだ）などといった文学の登場人物か、映画やテレビ番組に出てくる架空のキャラクターだろうか？　それはなぜか？　彼らのどの特徴をすばらしいと思い、あこがれるのか？

あるいはセレブ、アスリート、記者、作家、監督、または政治家かもしれない。その理由は？　あるいは家族の誰か、たとえば祖父母か両親、あるいはメンターや先生かもしれない。なぜ惹かれるのか？　動物を選ぶ人もいるだろう。それはなぜか？　繰り返すが、あなたがすばらしいと思い、あこがれる特徴は何か？

レーシングカー、トラック、列車、ナイフ、小道具、便利な装置、ロボットのようなものに惹かれる人もいるだろう。あなたが「私のオルターエゴは絶対に止まらないエンジンだ」と主張しても、私は反論しない。それはあなたの世界のことで、オルターエゴをつくるのはあなただからだ。〈秘密のアイデンティティ〉と同様に、その対象に強い感情的な結びつきを覚えることが重要だ。

スポーツ界には、機械をオルターエゴに使うアスリートが大勢いる。たとえばＮＦＬのランニングバックのジェローム・ベティスの愛称は「ザ・バス」、ジェイ・アジャイは「ザ・トレイン」だ。二人とも、チームを背負って勝利へと運ぶイメージを気に入ったようだ。あるいは、ディフェンダーをなぎ倒すイメージが気に入ったのかもしれないが。

ある日、ある営業マンが「オルターエゴの一部にマグネットを選んだ」と私に連絡をくれた。マグネットのように、最高のクライアントとの契約を引き寄せたいのだという。「私の〈がんじがらめの自己〉が、困った態度を取るものですから。私は誰よりも苦労している気がします。だからオルターエゴを使って、仕事における心理的な抵抗や苦労を減らしたかったのです。こうしてマグネット男のマイク・マーフィーが誕生しました」

オルターエゴは、次の例などをベースにつくることができる。

●テレビ番組や映画のキャラクター
●小説の登場人物
●マンガのキャラクター
●スーパーヒーロー
●芸能人
●歴史上の人物
●動物
●機械
●空想上の何か
●アスリート
●家族、先生、友だち、メンターなどの身近な人

第3章で紹介したジョアンは、イギリスで生まれたが、19歳から数年間オーストラリアに住んでいた。彼女に転機が訪れたのは、トレーシー・エドワーズに関するドキュメンタリー番組を見たときだった。エドワーズは、1989年にウィットブレッド世界一周ヨットレー

ス（訳注：現在の「ボルボ・オーシャンレース」）に史上初の女性のみのチームで参加し、そのキャプテンを務めた人物だ。ジョアンは、内陸の地で貧しい家庭に生まれ育ったトレーシーに深いつながりを感じた。

「私はマンチェスターを離れてサウサンプトン大学に入学しました。ヨットが盛んなサウサンプトンでは、一流のヨットマンが集まり、ボートが建造され、男性はみな同じような服装とマナーを身につけていました。この地で私が最初にしたことは、ヨットクラブに出向いて加入することでした。最終的にヨーロッパのボート選手権で2回優勝しましたが、クラブに加入した頃は、ボートの漕ぎ方も知らず、トレーシーと同じようにヨットを学ぼうという決意しかありませんでした。トレーシー・エドワーズは目標に向かって突き進む強い女性で、自立した強い女性たちと行動をともにしていました。それで私はこの女性を体現することにしたんです。あんな光景は見たことがなかったから。あのドキュメンタリーを見るまで、女性でありながら男性をまねずに成功できるなんて、思いもよりませんでした」

夫とともに自動車整備店を経営するマリアンは、アニマル柄に引き寄せられることに気づいた。オルターエゴを試し始めたばかりの頃、彼女は「なぜ？」と自問した。なぜ自分はアニマル柄に惹きつけられるのか、と。「動物は本能のおもむくままに行動します。インポスター症候群にもなりません。動物はただ強くて、やるべきことをやるだけなのです」と彼女は言う。「そのことに気づかないまま、私はその種のエネルギーに引き寄せられました。すると、自分に自信がついて強くなった気がしました」

シナリオ③――身近な人から探す

過去に出会った人のなかで、特別なつながりや、気があうと感じた人はいるだろうか？

ジュリアの二つのオルターエゴは、冒険と旅行を重要視する。彼女はドイツで育ったが、オーストリアアルプスに心を奪われた。彼女の祖先のなかにアルプス山脈の探検家がおり、その探検家の故郷の村には彼を記念して建てられた博物館がある。ロマンチックな風景画家だった彼は、その地形の記録を残そうとオーストリアアルプスに登り、360度の全景を描いた。

やがてジュリアは、その博物館を訪れる機会に恵まれた。館内を見てまわったとき、彼女は「ときには自分のやり方をやめて、すでにあるものを受け入れなければならない」と悟ったのだという。

今も生きている家族の誰かをオルターエゴにしてもいい。両親、祖父母、兄弟姉妹、従兄弟、叔父や叔母でもいい。家族の歴史を調べると、びっくりするような人がいたり、この人のおかげで自分はいるのだと気づかされたり、自分の生い立ちを確認できたりすることがある。

あるカンファレンスで出会ったCEOが、大学を卒業したての頃の体験を話してくれた。

社会人になった途端、彼は仕事上の困難を乗り越える準備ができていないことに気づいた。特に難しかったのは、社内での政治的な駆け引き、同僚たちとの出世競争、宣伝など聞きたくない顧客に商品を説明しなければならない不安。「エネルギッシュでアグレッシブな性格ではなかったので、何かを変えなければ今後40年間苦しむことになるだろうと感じました。それですっかり悩んでしまって」

それから彼は、活発で遊び好きで仕事に情熱的に取り組む教授の話をしてくれた。「マルティネス教授は怖いもの知らずの自由人で、私は教授の授業で取れるものはすべて取りました。私にとって、教授は手の届くメンターでした。ご本人は気づいていませんでしたが、私は教授を尊敬し、教授がすることをすべて観察していました。それで教授の人となりを体現して、教授になったつもりで仕事をしようと決めました」

このプロセスを通して彼が一番驚いたのは、オルターエゴを試せば試すほど、この人格を自分のもののように感じられたことだった。「私は自分を見くびっていたことに気づきました。私はいつも脇で傍観しながら他の人についていくのが自分で、リーダーになるのはそういうタイプの人だと思っていました。意志が強くて、声が大きくて、外向的な人のことです。でも私は活発に活動することも、遊んだり、情熱を注いだりすることも好きだと気づいたんです。私のなかにもう一つ、別の世界があるような気がしました。解放された気分です」

このCEOと同様に、あなたにも尊敬して見習いたいと思う先生、コーチ、メンターがいるかもしれない。こうした関係から最適なモデルが見つかるかもしれない。

一番しっくりくるアイデンティティを選ぶ

――身近なオルターエゴは受け入れやすい

人はよく「一番いいオルターエゴは誰ですか？」と訊ねる。スーパーヒーローか？　映画やテレビに出ている人気芸能人か？　架空のキャラクターか？　答えはいつも同じだ。

一番いいオルターエゴは、あなたが心の底から絆を感じられるものだ。感情的なつながりはあらゆるものを凌駕するからだ。

15歳の頃から好きなキャラクターがいれば、そのキャラクターを調べてみる価値がありそうだ。ずっとあこがれてきた俳優がいれば、その人から始めてみよう。メンターでもいいし、家族、祖父母、叔父、叔母などの家族の誰かでもいいから、やってみよう。

これまでにいくつか例を挙げたが、これらには利点がある。これらの人たちは、あなたが読むなり、見るなり、会話するなりした身近な存在であるため、受け入れやすいし、その人の特徴や能力をオルターエゴ（または〈秘密のアイデンティティ〉）に取り込みやすいからだ。作家、映画監督、家族の歴史、日々の会話などを通して、あなたの心のなかに力強いストーリーができあがっているため、「パッケージ入りのオルターエゴ」のようなものだ。

オルターエゴをイチからつくる
——自分にあったオルターエゴを選ぼう

最後にもう一つ、あなたにとって意味があるものを選び、創造力を発揮して自分でつくる方法もある。高校と大学時代にアメフトをやっていた頃、私は二人のお気に入りの選手を組みあわせてオルターエゴをつくったが、この方法はそのやり方に似ている。自分でオルターエゴをつくることは心の体操になるし、想像力も必要だが、はるかに豊かで深い心の絆をつくることができる。

私はウォルター・ペイトンとロニー・ロットとネイティブ・アメリカンの英雄たちを組みあわせて、「ジェロニモ」というオルターエゴをつくった。私はただ、それぞれの特徴や才能を慎重に選んで〈秘密のアイデンティティ〉をつくり、そのアイデンティティでフィールドに足を踏み入れた。フィールド上では、細身の私が、体が2倍ぐらい大きい野獣のような少年を相手にしたとき、このアイデンティティは役に立った。

もう一つ、テッドの例を紹介しよう。事業で数回失敗したことで自信を失ったテッドは、同じようなやり方でオルターエゴをつくった。テッドが経営する会社は、ソフトウェア関係のクライアントに、カスタマイズされたテクノロジーソリューションを提供して、マーケティングにかかる時間と、製品の製造コストを減らすサポートをしている。

ホンジュラス生まれの彼は、外で遊んだり、実家の農家の手伝いをしたりしながら成長した。奨学金でバーモント大学に進学したのを機にアメリカへ渡り、電子工学とコンピュータ工学の学位を取得した。

何度か挫折して自分への自信と信頼を失ったあと、彼はこの「悩める自分」を脇へ追いやって、オルターエゴを使うことを決意する。新たなビジネスチャンスが訪れて、営業の電話をかけるとき、彼は「カトラッチョ・スペアロ」を呼び出す。「カトラッチョ」はホンジュラス人を表すニックネームで、「スペアロ」はホンジュラスでスピアフィッシングのガイドを意味する言葉だ。

テッドはかつて頻繁にスピアフィッシングをやり、今も時々やっているという。新しいビジネスチャンスを探すとき、彼は水深18メートルに潜った自分をイメージする。いつものように4メートル大のホオジロザメが、彼のまわりをぐるぐると泳ぎまわっている。毎朝、「カトラッチョ・スペアロ」はボートに乗って出かけ、海を泳ぐ。勇敢で、自信にあふれ、怖いもの知らずの「カトラッチョ・スペアロ」は、その日の獲物を探すみたいに、新しいビジネスチャンスを探し求める。「『カトラッチョ・スペアロ』は集中力が高くて強力でタフなんです」とテッドは言う。

テッドの話によると、魚を捕らえるために海に潜るときは、最小限の装備を身につけ、一度深呼吸してから素潜りし、獲物を見つけたらすぐに水中銃で撃つそうだ[8]。彼はクロマグロか、オヒョウか、大きなロブスターを撃つ機会をうかがっているが、海中で獲物を探してい るのは彼だけではない。彼のすぐ側では大きなホオジロザメが獲物を探して泳ぎまわり、彼の獲物だけでなく、彼の事業もまるごと奪おうとねらっている。

毎日、彼の目標は、チャンスをものにして獲物をボートまで安全に運ぶことだ。

「不安と弱点を克服するのに苦労しました」とテッド。「ですがプレゼンをするとき、会合に参加するとき、新しいプロジェクトや業務に不安を覚えたとき、私は『カトラッチョ・スペアロ』になります。『カトラッチョ・スペアロ』は『もっとひどい状況になったこともある。私はただ水中銃を装塡して海に潜り、チャンスがあればそれをものにするだけだ。私が〈フィールド〉に出て行く限り、必ず何かを捕らえるし、捕らえるなら大物だろう』って言ってくれるのです」

「カトラッチョ・スペアロ」が強力なオルターエゴであるのには理由がある。まず、彼がもともと自然とスピアフィッシングが好きだったこともあり、このオルターエゴは彼にぴったりだった。彼はすぐに自身の状況で成功するのに必要な特徴や能力を持つオルターエゴとつながり、深い絆で結ばれた。

それから、「カトラッチョ」という愛称を加えることで祖国ホンジュラスとのつながりができ、深い意味のある感情的な絆ができた。なんといっても彼はホンジュラス人であることを誇りに思っているし、ホンジュラスは彼の出身地にして今も家族が住んでいる場所でもあるからだ。ビンゴ！　**彼の家族と民族に対する尊敬の念と誇りに思う気持ちが、さらに強い心の結びつきを生んだのだ。**

本章の前半で書いたように、オルターエゴを見つける方法はたくさんある。あなたが〈フィールド〉で体現したい特徴や能力を見つけて、ぜひとも自分のオルターエゴをつくって、〈非凡な世界〉を構築してほしい。

あなたのオルターエゴの特徴を見つけ出すために、次の問いの答えを考えよう。

あなたの〈フィールド〉にいる人たちを見て、あなたがうらやましいと思う特徴は何か？
あなたの〈フィィールド〉で突出した人は、どんな才能を持っているか？
仮にあなたがバリバリ働く人だと仮定して、次の問いに答えよう。

自分自身をどう思うだろうか？
仕事に対してどんな態度で臨むだろうか？　仕事でのスキルはどうか？
あなたはどんな信念を持つだろうか？
どう振る舞うだろうか？

今から1年後、オルターエゴのおかげであなたの印象はがらりと変わったと仮定しよう。

あなたが頼りにしている親友は、あなたの特徴が三つ変わったと言って驚くが、その三つの特徴はなんだろうか？　彼らはあなたの変貌ぶりとパフォーマンスについて、他の人になんと言ってまわるだろうか？

〈平凡な世界〉のセクションであなたが書いたことを振り返ってみよう。あなたがリストに入れた弱点やネガティブな要素の反対はなんだろうか？

あなたを引き止めようとする〈敵〉を打ち負かすのに役立つ、あなたの特徴、能力、姿勢、信念、価値観、振る舞いはなんだろうか？

次のリストは性格的な特徴を挙げたものだ。**このリストに目を通して、あなたに該当する性格に○をつけるか、メモしよう。**それからもう一度リストを読んで、あなたのオルターエゴか新しいアイデンティティにほしい特徴を5～10ほど選んで、下線を引くか、メモしよう。

順応性がある	意志が強い	冒険好き	勇敢な
気さくな	聡明な	愛情深い	心が広い
愛想の良い	抜け目のない	野心的な	穏やかな
親しみの持てる	注意深い	友好的な	チャーミングな
愉快な	冷静沈着な	話し好きな	怒りっぽい
情け深い	華やかな	負けん気が強い	柔軟な

非の打ちどころのない
良心的な
堅実な
冷静な
礼儀正しい
退屈な
意志のかたい
如才のない
分別のある
のんびりした
エネルギッシュな
外向的な
公正な
怖いもの知らずな
上品な
こぎれいな
楽天的な

優雅なしぐさ
率直な
おもしろい
温厚な
才能豊かな
社交的な
協力的な
ユーモラスな
公平な
博識な
直感力のある
親切な
好かれる
忠実な
実際的な
誠実な
人づきあいの良い

自信に満ちた
思いやりのある
動じない
勇ましい
クリエイティブな
決断力のある
努力家
規律正しい
活動的な
感情的な
熱狂的な
生き生きとした
忠実な
激しい
神秘的な
すてきな
きちょうめんな

押しが強い
フレンドリーな
気前の良い
非凡な
良い
勤勉な
正直な
独創的な
独立心の強い
知的な
発明の才のある
快活な
愛情深い
強力な
謎めいた
信頼できない
威勢のいい

情熱的な	ひたむきな	我慢強い	強い
粘り強い	速い	うるさい	同情的な
先駆的な	計画性のある	達観した	思慮深い
おとなしい	努力家	度胸のある	きれい好きな
洗練された	厳格な	丁寧な	タフな
パワフルな	こうかつな	現実的な	控えめな
積極的な	理解力のある	機転の利く	やわらかい
もの静かな	多才な	合理的な	意地悪な
信頼できる	心のあたたかい	内気な	自発的な
臨機応変な	機知のある		

あなたのオルターエゴか新しいアイデンティティにほしい性格を、リストから5～10ほど選んだら、次にあなたはそれらの性格をどう出せばいいだろうか？

たとえば、「パワフルな」を選んだ人は、ビジネスの現場でどう「パワフルな」面を出したいか？

他の人の目には、その一面はどう見えるか？

あなたはその一面をどう感じるか？

あなたが話す姿に、他の人はどんな印象を受けるか？
自分をパワフルだと感じるには、またはビジネスの場であなたをパワフルに見せるには、どんな態度を取ればいいか？
パワフルのお手本となる人が身近にいるか？　その人はどう行動する／しゃべる／考えるか？

これらの問いに答えて、あなたのオルターエゴの中核的な特徴を突きつめよう。別のやり方もある。オルターエゴになったつもりでこれらの問いに答え、ワークを通して意識改革を行なうのだ。

あなたが選んだオルターエゴが、スーパーマン、ワンダーウーマン、インディ・ジョーンズ、オプラ・ウィンフリー、祖母、モハメド・アリ、くまのプーさん、フレッド・ロジャース（訳注：アメリカのテレビ番組の司会者）、ドーラ、エイブラハム・リンカーン、エレン・デジェネレスか誰かだとしよう。そのオルターエゴになったつもりでこれらの問いに答えていくと、あなたの創造力、意識、想像力が新たな境地を切り開いて、可能性が広がるだろう。

何度も繰り返すが、この戦略にはたくさんのルールがあるわけではない。〈秘密のアイデンティティ〉を探すプロセスは個人的なものだからだ。自分にあったものを選ぼう。

本書の始めに紹介した史上最強のアスリート、ボー・ジャクソンのエピソードを覚えているだろうか？　彼は『13日の金曜日』というホラー映画シリーズの主人公、ジェイソンをオルターエゴに選んだ。普通の人にとっては正気の沙汰とは思えない話だが、彼は他人の尺度でオルターエゴを選んだわけではない。ジャクソンは制御不能な怒りという内なる〈敵〉と戦うために、無感情と無慈悲という性格が必要だった。ジェイソンというキャラクターはこの二つの性格を備えていたため、意味があったのだ。

これらの問いをしっかりと考えて自分なりの答えを出せば、あなたの〈非凡な世界〉に与える影響力も強まるだろう。ぜひとも実現しよう！

オルターエゴに名前をつける
――名前は途中で変えても大丈夫

オルターエゴの名前がすでに決まっている人もいるだろう。架空のキャラクターか身近な人をオルターエゴに選んだ人は、その名前をそのまま使う場合が多い。

動物を選んだ人や、何人かの〈超能力〉を組みあわせて自分のオルターエゴをつくり上げた人は、名前をつける必要があるだろう。

なぜ名前が必要なのかって？　〈敵〉に名前をつけるのと同じ理由だ。名前をつけるとオルターエゴに姿形を与えることができる。私たちも頻繁に名前を使っていることにお気づきだろうか？ 「ちょっとそこの男性、こっちに来て」とか「やあ、頭がはげていて右の前腕にタトゥーがある男の人！」などと呼ぶことはない。名前は〈超能力〉と特徴をすべて包み込むとともに、オルターエゴにリアルなアイデンティティを与えてくれるのだ。

オルターエゴに「カトラッチョ・スペアロ」と名づけたテッドと同じやり方でもいいし、アロントのやり方を見習ってもいい。

アロントと彼のオルターエゴ「ビッグ・ウェーブ」については本書の194ページで紹介した。アロントは妻とともにマーケティング会社を経営している。フィリピン生まれのアロントは、12歳のときにアメリカに移住して、軍隊の幹部候補生学校に入学し、アメリカ海軍で8年間勤務したあと、航空宇宙工学のエンジニアになった。

起業する前、アロントはスピーチもプレゼンも一度もやったことがなく、自分を雄弁だと思ったことはなかった。その彼が、700人ほどの聴衆の前でスピーチをしてくれと頼まれたのだ。

ステージ脇では、アロントのオルターエゴである「ビッグ・ウェーブ」が呼び出されるのを待っていた。

「ビッグ・ウェーブ」という名前は私のお気に入りの一つだが、それにはいくつか理由がある。まず、アロントはフィリピンという太平洋の島の出身であること、そして彼自身の言葉によると、いつも「島の探検家のライフスタイルに魅力を感じていた」からだ。心を震わせるような深い共鳴があるかって？　もちろんだ。

「ビッグ・ウェーブ」は、ディズニー映画『モアナと伝説の海』に出てくるマウイというキャラクターからインスピレーションを得てつくられた。ヒロインのモアナをサポートする半神半人で、ドウェイン・ジョンソンが声優を務めた。「オルターエゴというか、マウイは私のペルソナです」とアロントは言う。「マウイが受け継いだもの、島育ちというバックグラウンドはもちろんのこと、あのキャラクターには共感できる何かがあるんです。モアナのことを考えると、活気があふれてくるのです」。繰り返すが、ここに深い共鳴はあるだろうか？　もちろんだ。

「ビッグ・ウェーブ」はすばらしい名前だが、それにはいくつかの理由がある。一つめは、アロントが海と島のライフスタイルに強い感情的な共鳴を覚えること。

二つめは、アロントにとってこの名前は文化的な意味があり、家族や彼の生まれ育った土地と結びついていること。

三つめは、オルターエゴは前述した集中力が研ぎ澄まされた状態、すなわち「フロー状態」に達するのに役立つことだ。「ビッグ・ウェーブ」という名前とフロー状態はきわめて相性がいい。フローには「流れる」という意味がある。「ウェーブ」という言葉を聞くと流れるイメージを連想するため、「フロー状態に入ろう」とアロントの心を刺激してくれるのだ。

世界的スターのビヨンセ・ノウルズは、ステージ上で変身するオルターエゴに「サーシャ・フィアース」という名前をつけた。敬虔な家庭で育ち、毎週日曜日に教会の聖歌隊でゴスペルを歌っていた彼女は、保守的で控えめな環境で歌い始めた。

私が最近チェックした限りでは、教会でミニスカートをはく人や、セクシーな動作をする人は多くはない。そのため、ポップシンガーとしてのキャリアをスタートさせたビヨンセが、振りつけ通りに踊ってセクシーな歌詞を歌うよう依頼されたとき、仕事と自身のアイデンティティとの間で葛藤があったに違いない。

彼女が、クリエイティブな衝動を自由に表現するためにオルターエゴをつくることは、自然なりゆきだったのだ。個人的には、「フィアース」という言葉の使用が気に入っている（訳注：「フィアース」には激しいとか攻撃的といった意味がある）。

私が思うに、ビヨンセは自分の新しいアイデンティティを表現するためと、自身の〈フィールド〉で計画通りに大胆な性格になるために、フィアースな態度が必要だったのだろう。結果的に彼女が大成功を収めたことは、誰の目にも明らかだ。

バスケットボール界のスーパースター、コービー・ブライアントは、コート上でのオルターエゴに猛毒蛇の一種、「ブラック・マンバ」を選んだ。なぜか？『ニューヨーカー』誌のインタビューで、コービーはクエンティン・タランティーノの映画『キル・ビル』から、この愛称を思いついたと語っている。敏捷で攻撃的で知られるブラック・マンバは、この映画のなかで、執念深い暗殺者のコードネームに使われている。

「この蛇について調べたら、『へえ、こいつはすごい』と思ったんだ」とブライアントは当時を振り返る。「ぼくが、試合中にこうなりたいと思うイメージそのままだった」

オルターエゴの名前のインスピレーションはいろんな形で得られるが、私が知る例をいくつか紹介しよう。ほとんどの名前は時間とともに進化する。なので完璧な名前をつけようと気負わないこと。ペットに初めて名前をつけたときと同じように、その名前はニックネームへと進化していくだろう。

オルターエゴの名前を選ぶときは、やがてその名前に感情的な共鳴を覚えることを心にとどめておいてほしい（アロント、コービー・ブライアント、ジョアンナ、ビヨンセ、私自身もそうだった）。

さらに、〈フィールド〉であなたが必要とする〈超能力〉に関係する名前で、〈決定的な瞬間〉にあなたがどうしたいのかを、思い出させてくれる名前がいいだろう。

あなたの想像力をかき立てるのに役立つアイデアをいくつか紹介しよう。

（1）ぴんとくるものか人が二つ以上あって、それらを結びつけたい場合は、その名前を組みあわせよう。たとえば、ブラックパンサーとワンダーウーマンの場合は「ブラック・ワンダー」と名づける。

①ブッダマン（ブッダとスーパーマンの組みあわせ）
②ナポレオン・パットン（ナポレオン・ボナパルトとジョージ・S・パットン将軍の組みあわせ）
③メス＝アルド（リオネル・メッシとクリスティアーノ・ロナウドの組みあわせ）
④クマおばあちゃん（クマとあなたの祖母の組みあわせ）
⑤ソニック・ボンド（ゲームキャラクターのソニック・ザ・ヘッジホッグとジェームズ・ボンドの組みあわせ）

（2）キング、支配者、クイーン、将軍、司令官、プリンセス、先生、王者、専門家などの肩書きをオルターエゴにつける。それからあなたの名前か、〈フィールド〉の名前か、あなたが体現したい性格か、あなたがマスターしたい活動（またはアイテム）の名前をつけ加える。

①コートの司令官（〈フィールド〉＋肩書き）
②会議室の女王ジョアンナ（〈フィールド〉での肩書き＋名前）
③弦楽器の王マシュー（マスターしたいアイテム＋肩書き＋名前）
④幕引きクイーンのスーザン（マスターしたい活動＋肩書き＋名前）
⑤止められない男、テイラー（特徴＋名前）

（3）あなたが選んだ動物か何かの名前に、あなたの名前をつけたす。
①ブラック・マンバ、または〝ブラック・マンバ〟コービー・ブライアント
②ライオン、または〝ライオン〟ケリー・ハーマン
③グレイト・ホワイト（訳注：アメリカのハードロックバンドの名前）、または〝グレイト・ホワイト〟キース・クランス
④ザ・ロック、またはドウェイン・〝ザ・ロック〟・ジョンソン

（4）〈秘密のアイデンティティ〉として架空の名前をつくり、それにあなたが〈フィールド〉で発揮したいことを形容詞にしてつけ加える。ビヨンセの「サーシャ・フィアース」がいい例だ。
①不屈のトレーシー
②穏やかジャッキー
③カミソリ・マイケル
④勇者ケニー
⑤機転のウィノナ

（5）これだと思ったスーパーヒーローかキャラクターの名前を、あなたの名前か仕事名の

前後につける。たとえば「タスマニア・ザック」など。
①エディター・ボンド（仕事名＋ジェームズ・ボンド）
②マイケル・レノン（自分の名前＋ジョン・レノン）
③超人ベイラー（超人ハルク＋自分と同じポジションの人（バスケットボール選手））
④サリー・ウィンフリー（自分の名前＋オプラ・ウィンフリー）
⑤ウィンストン・マーシャル（ウィンストン・チャーチル＋自分の名前）

名前のつけ方に特にルールはないので、とりあえず名前を選んで始めてみよう。

オルターエゴ戦略のこのプロセスは、私のお気に入りでもある。このプロセスを通して、あなたの想像力はふくらみ、〈非凡な世界〉をつくろうと、やる気になるだろう。

さらにこれは、あなたを〈平凡な世界〉へと引きずり込もうとする〈敵〉と闘うために、研究室で〈秘密のアイデンティティ〉をつくるプロセスのようなものだ。では次に、あなたの〈秘密のアイデンティティ〉に深み、強さ、潜在能力をつけ加えるために、成長物語をつくろう。さあ、始めよう。

12

第12章 オルターエゴに生命を吹き込む

「もう一人の自分」を鮮明にイメージする
――オルターエゴに深みを与える

思春期はつらいものだ。

ホルモンの働きが活発になり、突進してくるサイを止めるぐらい感情を抑えることが難しいうえに、友だちが自分よりも速く成長するのを見ると、心が折れそうになる。あなたがスタメン争いをするアスリートなら、なおさらだろう。

コネチカット州は熱狂的な野球ファンが多い。コネチカット州はニューヨーク市を取り囲む三つの州の一つで、何百万人もの人々が住み、ニューヨーク市まで通勤する。この地域はヤンキースのファンが大多数、メッツ・ファンが一握り、まれにレッドソックス・ファンがいるといった感じだ（おっと、確かにメッツ・ファンもたくさんいる。本人が認めていないだけで）。ティムもそんな市民の一人で、ヤンキース・ファンだ。

ティムは類いまれな少年だ。まだ11歳だが、大人びたところがあり、将来大物になりそうなリーダーシップを発揮する。私はティムが好きだが、それは彼が小柄だが意志が強くて絶対にあきらめないからだ。

この10年間、私は数人の子どもアスリートを引き受け、無料でコーチングを行なってきた。私の指導を受けるには、子どもたちは願書を出し、エッセイを書き、難しい診断テストを受けて、努力を惜しまないほど真剣だと私にアピールしなければならない。ティムはそのうちの一人で、私たちは何年も一緒に奮闘してきた。

最初の数年間は、ティムをコーチングするのは簡単だった。ティムはやるべきことをやり、ルーティンを決め、メンタルゲームに強い精神力を身につけていった。だが、徐々に無理が生じ始めた。

ある日のこと。定期的に行なうスカイプ相談で話していたとき、ティムにはいつもの快活さ、ポジティブな性格が見受けられなかった。彼は最初、なかなかヒットを打てないからだと言った。「うまくボールにあてられないだけです」とティムは繰り返した。

私たちはビジュアライゼーションやイメージトレーニングをやったが、どれもうまくいかなかった。

ある日、ティムはジョージア州でのトーナメント戦に出場したが、思うような成績を残せずに帰ってきた。そしてふと本音をもらした。「だって、先生にみんなの体格を見てほしかった。みんな、大人みたいなんです。ヒットを打つなんて無理です」

さて、ほとんどの人は、彼が観察したことを言っただけで、成長の速度は個人差があるから思春期の少年が気にするのも無理はないと思うかもしれない。だが問題は、「ヒットを打つなんて無理です」と言い放ったときのティムの言い方だ。

「どういう意味だい？」

「みんな、どんどん体格が大きくなってるんです。バッターボックスに立ったときに、ぼくの身長が彼らの腰ぐらいまでしかないときもある。半数ぐらいの選手はあごひげをはやしてるんですよ！」

「ティム、きみはバッターボックスに向かうときに、そんなことを考えているのかい？」

「大抵の場合は。ぼくよりも背が低い子が投げるときは別だけど。その場合は気にならないんです。でも、父さんはぼくが身長を気にしていることに気づいたのか、観客席から何度も『スイングに集中しなさい！』と大声で呼びかけてくるんです。前はそんなこと言わなかったのに。ぼくがスランプなせいか、父さんがやたらとアドバイスしてくるから、ぼくはなんでも考えすぎるようになってしまって」

「きみは自分のことをそう見てるのかい、ティム？　他の選手たちが背が高くて体重が重いというだけで、自分は彼らよりも小さくて弱いって思ってるのかい？」

それを認めたくないのか、ティムはつかえて口ごもったが、ようやく口を開いた。「だって、そう思わずにはいられなくて」

かつて自信満々の野球選手だったティムは、試合は体格の大きさで決まるものではないことを忘れてしまっていた。スキル、技術、戦略も必要なのだが、一度自信を失ったティムはスキルも失ってしまった。

ティムに自分を信じ、他の選手の身長を気にしないよう指導することもできたが、私はこれを絶好の機会として彼の新バージョンをつくることにした。巨人になれるオルターエゴをつくるのだ。

「ティム、ポール・バニヤンって名前を聞いたことがあるかい？」

「いえ、ないと思います」

「わかった。ポール・バニヤンのことを調べて、明日学校から帰ったら私に電話をくれないか」

いつもは一緒に問題を解決するのに、今回はそうならなかったため、ティムはちょっととまどった。

「はぁ。これで今日は終わりですか?」

「ああ、また明日話そう」

翌日、ティムは4時ちょうどに電話をかけてきて、「巨人のポール・バニヤン」のことを話してくれた。

ティムの話を要約しよう。バニヤンは北米の民話に出てくる身長約28メートルの木こりで、植民地時代のアメリカで開拓民を手助けしたといわれている。「バニヤンは怪力で、足も速く、斧を使うのも上手でした」とティムは言った。

ティムはさらに、ある資料から、バニヤンという名前がカナダ・フランス語で驚きや驚愕を意味する「ボン・イエンヌ」を語源とすることがわかったと説明した。「簡単に言うと、バニヤンはすごくやさしくて、何かを実現するにはどうすべきかを知っている巨人なんです」

「すごいじゃないか」と私。「前にオルターエゴの話をしたのを覚えているかい?」

「はい」

「じゃあ、きみがポール・バニヤンになったつもりで、バッターボックスに向かったらどうなると思う? バニヤンは、マウンド上のピッチャーをどう思うかな? バニヤンはきみと同じことに悩むだろうか？　バニヤンは、一度振りまわすだけで大木を切り倒せるような大きな斧を持っている。バニヤンなら、ボールを球場の外まで飛ばせると思うかい？」

ごっこ遊びをした頃から長い年月が経っていない若者は、オルターエゴを指導しやすい。彼らは想像力を駆使してアイデアをふくらませる。パソコンの画面ごしに、ティムのボディランゲージが変わったのがわかった。かつての自分を取り戻し始めたようだ。

私たちは時々話題を変えながらも、「小柄なティム」をグラウンドの外に追いやって、どうやってポール・バニヤンを使うかを話しあった。「じゃあ、バニヤンに引き継いでもらうだけでいいんですか？」とティム。

「問題があるかい？　きみはすでに別人になったつもりでバットを振ったことがある。他の人も試してみようじゃないか」と私は提案した。

ティムはやる気になった。

〈平凡な世界〉で自分がどんな姿——振る舞い、考え方、感情、特徴など——をしているかを振り返るのと同じように、〈非凡な世界〉で自分のオルターエゴにどんな姿になってほしいかを決めよう。それを実現する方法はたくさんある。

オルターエゴか〈秘密のアイデンティティ〉をどうしたいか決まっている人は、本章で紹介する各層に関するワークをやって、そのアイデンティティに磨きをかけて完成させよう。

まだオルターエゴが決まっていなくても問題はない。オルターエゴは一からつくり上げることができるし、次章以降にあなたがほしい特徴を備えたモデルが見つかる可能性もある。たとえ見つからなくても、オルターエゴのつくり方にルールはない。本書でリストに挙げた例からインスピレーションが得られなくても、まったく新しい独自のオルターエゴをつくり出そう。

私が以前に知りあった女性の話をしよう。彼女は心底シェフになりたがっていたが、自分は「シェフ向き」ではないと感じていた。「料理を工夫するのは好きだけど、結局はセンスがあるかないかだと思うの」。この女性とはセラピーセッションはやらなかった。というのも、料理をけなされたことがあるのか、彼女はためらっているようだったし、私自身がセラピストとして不適格だったからだ。そこで私は、かの有名な料理家ジュリア・チャイルドになったつもりでキッチンに立ってみてはどうかと提案した。彼女は以前、ジュリア・チャイルドが好きだと話していたからだ。「試してみませんか？」と私は勧めた。

彼女はすこし考えたあと、おもしろそうだが「私はシェフ向きではないから」と思い直して、私の提案を断った。この話はここで終わりではないが、この続きはまた後ほど話そう。

前章で、あなたのオルターエゴの表面的な部分を決めて、その〈超能力〉を定義した。本章ではさらに掘り下げて、オルターエゴに深みを与える。生き生きとしたオルターエゴをつくれば、それだけあなたが〈フィールド〉で計画通りに振る舞って、成功する確率も高くなる。

起業したばかりの頃、仕事が思うようにいかずにオルターエゴの「リチャード」を使い始めたとき、私は立ち止まってどう振る舞いたいかを考える必要はなかった。リチャードはどう考え、何を感じ、何を信じ、何に価値を置くかを考えなかったのだ。いつもの自分のように、不安で怖くなるのではないかと心配する必要はなかった。私は自分のオルターエゴのモデルをよく知っていたので、リチャードがどう振る舞うか予測がついたからだ。

オルターエゴとして具現化したい人（または何か）がある場合は、次の二つのワークのうちのいずれかをやってみよう。

一つめのワークは、〈フィールド〉に現れるオルターエゴをイメージしながら質問に答えることだ。これは「観察者テクニック」と呼ばれる手法だ。オルターエゴが何をし、何を言い、何を考え、何を感じるかをイメージするだけでいい。

もう一つのオプションは、オルターエゴになったつもりで質問に答える方法だ。これは「没入テクニック」と呼ばれる手法だ。オルターエゴになったつもりで、質問の答えを考えるのだ。オルターエゴを実践するための絶好の訓練になる。

このプロセスをやりやすくする方法は、他にもある。ティムがやったのと同じように、あなたのオルターエゴのインタビューを読み、動画を見てそのオルターエゴの振る舞いやしぐさを観察するのである。本に出てくる架空のキャラクターの場合は、その本を読もう。動物の場合は、その動物の詳細とヒーロー的な特徴を調べよう。

たとえば、オプラ・ウィンフリーを選んだ人は、彼女の世界に浸ろう。生き生きと想像できれば、細かいことも見えてくるだろう。

では、このプロセスを始めるために、オルターエゴ戦略の各層をつくっていこう。

外層――表面をどうするか（スキル、知識、振る舞い、行動、反応）

あなたのオルターエゴにどんなスキル、知識、振る舞い、行動、反応を期待したいか？たとえば、あなたがいるだけで室内の人々を掌握できるとか、カリスマ的な態度で簡潔にはっきりと要点を主張できるようになるとか。

私のクライアントのなかに、ファイナンスを学びたがらない人がいた。百万ドル規模の売り上げを誇る会社の経営者の場合、これはかなり不利となる。結局のところビジネスとは、お金の計算の上に成り立つゲームだからだ。彼はお金のスキルを磨くどころか、会社の収入と支出、すなわちキャッシュフローを見るのも嫌がった。

確かに、他の人に会社の会計を管理・処理してもらうことはできるが、経営者やエグゼクティブが財務状況を知ろうとしなければ、大成功を収める可能性は低くなる。交渉を有利に運ぶことも、大きな利益を上げることも、計画通りに会社を成長させて大きく発展させることもだ。
いつかあなたは足元を見られるだろう。不利な契約を結んだり、悪い条件で交渉したり。私のクライアントは、自身の業界で強い存在感があったが、彼の会社は予断を許さない状態だった。

私は、なぜ彼は数字が嫌いなのかを追及しなかった。お金に対する彼の思い込みが原因だとわかっていたからだ。彼は貧しい家庭の出身だった。そのため私たちは「ファイナンシャル・フライデー」を設定し、この日には財務会議を含めた、ファイナンス全般を処理することにした。会議に出席するのは彼ではない。ファイナンスが好きでディテールと数字にコツコツと取り組む、彼のオルターエゴだ。

あなたの〈平凡な世界〉を分析したときに、あなたの現在の行動や振る舞い、そして〈フィールド〉でのパフォーマンスを確認した。次に、自分のオルターエゴに〈フィールド〉での〈決定的な瞬間〉にどんなパフォーマンスをしてほしいかを考えよう。

あなたはどう行動し、どう振る舞うか？　たとえば交渉の場では、前のめりになると積極的、上体を後ろにそらすと消極的だと受け取られる。穏やかな口調ではっきり話すと、自信があって自制心が強い人だと思われるだろう。では、振る舞いや性格的な特徴に優劣はつけられるだろうか？　必ずしもそうとは限らない。あなたの目的にかなっているかによる。

重要なのは、あなたがオルターエゴにどう振る舞ってほしいかだ。威厳をたもちながら穏やかで控えめな口調で話したいなら、それがあなたがオルターエゴに期待することだ。もしも物事に熱心に取り組む、刺激的で生き生きしたオルターエゴがほしいなら、それがあなたが期待することだ。もちろんあなたのオルターエゴは、そのモデルかインスピレーションによって大きく影響される。たとえば会社の面接においては、テスラのCEOイーロン・マスクの受け答えは、エイブラハム・リンカーンとも、エレン・デジェネレスとも、音楽プロデューサーのサイモン・コーウェルとも、オバマ前大統領とも、オプラ・ウィンフリーとも違ったものになるはずだ。

あなたのオルターエゴはどのモデルの振る舞いをするのか？　どう行動するだろうか？　姿勢は変わるだろうか？　背筋と頭の位置は？　表情は変わるだろうか？　私が指導するNBAの選手は、試合前に敵チームの選手と目があうと、目をすこし細める。くだらない話をしないよう口を閉じ、相手が目をそらすまで、じっと相手の目を見つめる。相手に居心地の悪い思いをさせるためだ。

あなたのオルターエゴの身体的な癖についても考えよう（これは必須ではないが、オルターエゴをなじませるために癖を身につける人がいる）。身体的な癖を使って、ポジティブな態度を表現することができる。たとえば俳優のケーリー・グラントは、洗練された大人の気分が味わえるからという理由で、独特な持ち方でウィスキーグラスを持った。グラントが洗練さを身につけたかったのであれば、それが彼の「洗練」の表現方法だったのだ。

ミーティングの場で誰かがあなたに何かを言ったときに、あなたがよく考えずに激しい言葉で言い返すものの、やがてそれを後悔することが多い場合は、いざというときオルターエゴを登場させれば、そこで一呼吸おいて「ちょっと考えさせてください」とか、「なるほど」とか、「スケジュールを見てから連絡します」と穏やかに反応できるようになる。

あるいはミーティングのときに、誰かに「質問は？」と聞かれても手を上げたことがない人は、オルターエゴに前のめりの姿勢で大声で話してもらってはどうだろう？

何も思いつかない場合は、〈平凡な世界〉で〈決定的な瞬間〉が訪れたときに、あなたがどんな行動を取ったかを思い出して、それからオルターエゴに取ってほしい行動を考えよう。すでにオルターエゴのモデルが決まっている場合は、その人の話し方やしぐさの癖は何だろうか？

他の身体的な特徴を考えてもいいだろう。たとえばあなたのオルターエゴの外見は？　以前、ある起業家に「成功している起業家はどんな外見をしていますか？」と訊いたところ、その男性は「オーダーメードのスーツをおしゃれに着こなしています」と答えた。

私は彼とは違うイメージを思い浮かべたし、ジーンズにTシャツを着た大物起業家もたくさん知っている。だが、私の意見など気にする必要はない。クライアントには自分の世界があり、その世界のなかでは起業家はスタイリッシュな格好をしているのだ。

あなたの世界では、オルターエゴはどんな格好をしているだろうか？　帽子やスカーフなど、特定の衣料品を身につけている？　あなたがすぐにオルターエゴを連想できるような服装はあるだろうか？　何年も前のことだが、私が空港のターミナルで雑誌をパラパラとめくっていると、タキシード姿の4人の男性の写真があった。

そのうちの一人が目にとまった。その男性のジャケットの袖が折り返されていて、他の男性たちよりも5センチほど短く、それが彼を際立たせていたのだ。私はそのスタイルを気に入り、早速自分も袖を折り返すようにした。その写真の男は誰かって？　フランク・シナトラだ。タキシード姿のシナトラを見たとき、私はそこに自信と品格を感じたのだ。

あなたのオルターエゴの存在感についても考えてみよう。室内で彼らはどう振る舞うか？率直な物言いをする起業家のマーク・キューバンは、ＮＢＡのチームの一つダラス・マーベリックスのオーナーで、テレビ番組『シャーク・タンク』にも出演している。この番組のなかで、マーベリックはよく椅子の背にもたれ、くつろいだ様子で座っている。だが、誰かのアイデアに興味を覚えると、前のめりになる。俳優のダニエル・クレイグは、ジェームズ・ボンドを演じるときは、普段よりも肩をいからせて闊歩するという。

オルターエゴのヒントを得られそうな特徴をいくつか挙げておこう。

順応できる
野心的な
鑑識眼のある
穏やかな
精神的に安定した
自信に満ちた
勇気のある
クリエイティブな
決断力のある
規律正しい
おおらかな
親身な
外向的な
セクシーな
フレンドリーな
気前の良い
幸せな

好意的な
立派な
謙遜した
想像力に富んだ
勤勉な
刺激的な
内向的な
親切な
分別のある
慎重な
目的意識を持った
従順な
観察力の鋭い
きちんとした
忍耐強い
哀愁をおびた
粘り強い

冒険好きな
論理的思考の
大胆な
注意深い
チャーミングな
協調的な
礼儀正しい
好奇心の強い
如才のない
口の堅い
手際の良い
熱意のある
華麗な
集中力のある
おもしろい
もの静かな
正直な

用心深い
あたたかくもてなす
理想主義的な
独立心の強い
無邪気な
頭がいい
（道徳的に）正しい
忠実な
慈悲深い
気取らない
成長を促す
客観的な
楽観的な
情熱的な
愛国心の強い
洞察力のある
説得力のある

達観した　スピリチュアルな　陽気な　自発的な
非社交的な　元気な　積極的な　勉強好きな
プロフェッショナルな　協力的な　端正な　有能な
いたわりのある　倹約的な　風変わりな　寛大な
機転の利く　伝統的な　しっかりした　信頼できる
実際的な　自由な　感覚的な　利他的な
情にもろい　奇抜な　シンプルな　健康的な
社会意識の強い　賢い　洗練された　ウィットに富んだ

内層——内面をどうするか（心構え、信念、価値観、考え方、期待）

次の段階として、心構え、信念、価値観、考え方、期待に関する領域を掘り下げていこう。

「私のオルターエゴは……だと信じている」という文の空欄を埋めてほしい。

「私のオルターエゴは、自分が魅力的な作家であり、ストーリーで読者を引き込み、自分の作品ならなんであれ、読者がわくわくすると信じている」

「私のオルターエゴは、ステージ上の自分は強力なスピーカーであり、自分が立っているだけで、聴衆は魅了されて感動すると信じている」

次に、「信じる」を「知っている」に変えたらどうなるか？　前述の文章を、この言葉だけを置き換えて読み直してみよう。

「私のオルターエゴは、ステージ上の自分は強力なスピーカーであり、自分が立っているだけで、聴衆は魅了されて感動すると知っている」

「知っている」ことと「信じる」ことはまったく違う。あなたにも自分はすばらしいということを知ってほしい。

大手の生命保険会社に勤務するブライアンの話を紹介しよう。彼はすごいアイデアを思いついても、それを口に出すことはなかった。自分を内向的な性格に分類し、かつて兄にいじめられた経験のせいか、取締役会の席では野心的な人々に怖じ気づくこともよくあった。

彼のオルターエゴは「ミスター・ファンタスティック」といって、『ファンタスティック・フォー』からヒントを得たものだ。モデルとなったのは、このコミックスに登場する天才的な科学者リード・リチャーズ。自分のアイデアを黙っていられないキャラクターだ。彼がそのオルターエゴに変身すると、振る舞いだけでなく、考え方も変わる。「私にはみんなに聞かせたいすごいアイデアがあり、みんなも聞きたがっている」と考えるのだ。

あなたのオルターエゴは、自分について何を信じているだろうか？　または自分について何を知っているだろうか？　自分の〈フィールド〉について何を信じているだろうか？

自分のオルターエゴについて考えたあとは、そのオルターエゴが自身について何を信じるか、それから他人を含めた世界について何を信じているかを考えよう。

見込み客と話しているときや、取り引きを成立させようとしているとき、相手はあなたのオルターエゴのことをどう思っているだろうか？　あなたのオルターエゴは「この人は私と一緒に仕事をしたくてうずうずしている」と信じているだろう。ステージに上がる前、あなたのオルターエゴは「観客は私の話を聞きたがっているはずだ」と信じているだろう。

あなたがオプラ・ウィンフリーと一緒にいるときに、彼女について抱く印象は、あなたがライオンやリンカーンやマララと一緒にいるときに、それぞれについて抱く印象とは違うはずだ。

また、あなたのオルターエゴの価値観についても考えよう。世の中には価値あるものが何百種類もあり、あなたの〈フィールド〉で有益なものもあれば、無益なものもある。公平さ、正義、富、楽しさ、家族、友情、忠誠心、権力などが例として挙げられるが、これらは〈決定的な瞬間〉によっては、あなたのオルターエゴを助けることもあれば、足を引っ張ることもある。

ここでは判断は無用だ。価値には善も悪もなく、あるのはあなたをもり立ててくれる価値と、あなたの足かせになる価値だけだ。たとえば権力は一つの価値だ。権力に価値を見いだすことは健全な場合もあるが、権力を重視するあまりに、孤立してひとりぼっちになることもある。

また、あなたのオルターエゴがどう考えるかについてもイメージしてみよう。ぴんとこない場合は、「あなたのオルターエゴが絶対に考えないことは何か？」と考えてみよう。〈平凡な世界〉に関する章を読んだとき、あなたは今の自分の考え方を認識したと思う。

仮にあなたが「投資家に売り込んで契約を結ぶなんて、私には無理だ」と考えているなら、あなたのオルターエゴには「私が投資家に売り込めば、いつでもこちらに有利な契約を取れる」という信念を持たせるといいだろう。

繰り返すが、これらの問い、内層・外層、紹介事例のように条件が整っていなくても、オルターエゴ戦略を使ったり、その恩恵を受けることはできる。

おそらくあなたも、これまでにオルターエゴに似たことをやったことがあると思う。私はただ、もっとしっかりしたシステムをつくるための手がかりを提供するだけだ。街の中心部へと通じる道がたくさんあるのと同じで、このコンセプトを理解して使えば、あなたの〈勇敢な自己〉を〈フィールド〉に導く方法もたくさんあるのだ。

小包が届いた
――ジュリアからの送りもの

前にジュリア・チャイルドが好きで、シェフになりたがっていた女性の話をしたが、その続きを話そう。あのやり取りから6週間ほど経った頃、私が家に帰ると、小包が届いていた。差出人の名前に心あたりはなかったが、封を開けてなかを見ることにした。段ボール箱を開けると、なかにはきれいにラッピングされたギフト用の箱があり、箱にはメッセージカードがついていた。

リボンにはさんであったカードを引き抜くと、そこには「あなたの言う通りでした。ジュリア」と書いてある。

箱のなかには、私が今までに食べたなかでも最高においしいブラウニーがたくさん入っていた。こんなことなら、もっと早くみんなに「心のなかのジュリア・チャイルドを呼び覚ませ」とアドバイスしておけば良かった。

オルターエゴの構築に役立つその他のワーク
――ワークでオルターエゴ像を明確に

私がこれまで、クライアントに自身のオルターエゴのイメージを明確にしてもらうために行なったワークをいくつか紹介しよう。一つでもいいし、全部でもいいし、とにかくやってみれば、何かアイデアが思いつくかもしれない。

ワーク1

リラックスして、あなたのキャラクターの誕生から今まで成長する過程を見ているものとイメージしよう。そのキャラクターはどうやって成長したか？　彼らの行動は、あなたの行動とどう違うか？　どんな外見か？　話し方は？　どんな言葉やフレーズを使うか？　何を感じているか？　どんなスキルや能力を持っているか？

ワーク2

あなたは今、実験室でオルターエゴをつくっているところだと想像しよう。何を加え、何を取り除いているか？　私のクライアントの一人は、自分には生き別れた双子の弟がいるとイメージしながら、このワークをやった。彼の弟は知恵の泉のブラックホールに吸い込まれ、スポーツにまつわる高度な技術をすべて習得したという設定だ。そのクライアントは、競技場で無限の知恵を持つ選手になりたいときに、そのオルターエゴに切り替えてプレーした。

ワーク3

あなたとオルターエゴとの会話を書き出してみよう。あるクライアントには、エレベーターにオルターエゴと二人で閉じ込められて、他に話す人がいない状況をイメージしてもらった。それからオルターエゴに質問してもらった。「試合前にどんな気持ちになりますか?」「競争相手をどう思いますか? それとも自信満々だから、競争相手のことなど気にしないか、考えもしないですか?」「何かに不安を感じたことがありますか?」「なんのために努力していますか?」。次に彼女にオルターエゴを観察してもらった。「どんな外見でしたか?」、「どんな身のこなしでしたか?」、「どんな動きをしましたか?」、「どんな表情を浮かべましたか?」。次に私は、彼女に「エレベーターから出たあと、友だちにオルターエゴがどんな人だったと話すと思いますか?」と訊ねた。

2014年に、オプラ・ウィンフリーがスタンフォード大学ビジネススクールの卒業式でスピーチを行なったとき、彼女は卒業生たちに目的と仕事の意味を見いだしてほしいと励ました。それから、つらいときにゲイル・キングやステッドマン・グラハムらの親友に助けられたと打ち明け、みんなにもそんな仲間を見つけてほしいと訴えた。さらにオプラは、自身のパワーの源について語った際に、実に深遠な話をした。詩人のマヤ・アンジェロウには「祖母たち」という詩があるが、ウィンフリーはその詩を言い換えて、「私は一人でいるように見えるけど、私の背後には1万人もの人たちがついている。部屋に入って……椅子に座ると、私は文字通りその1万人を呼び出すの」と言った。彼女はそのパワーの源について語っているが、それについては次章で説明しよう。

13

第13章

オルターエゴの成長物語

ストーリーがオルターエゴを強くする
――あなたの原動力は成長物語のなかにある

想像してみてほしい。あなたはカフェの外のテーブルに着いて、カプチーノか紅茶か何か、あなたの好きな飲み物を飲んでいる。するとそこへ、一人の老人が取り乱した様子で紫色の風船を走って追いかけて行くのが見えた。さあ、あなたは何を思うだろうか?

「おかしな老人だな」

次に、こんな状況を想像してほしい。

同じカフェで、あなたが椅子に座って好きな飲み物を飲んでいると、一人の老人が隣のテーブルに着いた。紫色の風船を持っている。あなたは老人と会話を始め、彼の手首に結びつけてある風船について訊ねると、彼は自分の人生について語り始めた。

彼が最初に語ったのは、まだ幼かった頃に出会った、活発で冒険好きな少女のことだ。二人とも想像力が豊かだったこともあり、たちまち意気投合。少女には遊び場にしていた廃屋があり、二人はそこで計画を立てたり、ごっこ遊びをしたりしながら、何時間も何日も一緒に過ごした。

成長すると、二人は結婚して、古くなった廃屋を修理して自分たちの住み処にした。二人に子どもはなく、世界旅行するためにお金を貯めたかったが、思うようにはいかなかった。どんな状況におかれたときも、二人にはある不思議な土地を訪れたいという夢があった。

毎週二人は旅行費用にと節約しては小銭をびんに入れたが、いつも何か——生活、税金、経費、日用品など——で入り用になった。お金が必要になるたびに、「旅行用貯金箱」のびんを空にし、再び小銭を貯め始めるのだった。二人は親友のように寄り添いながら年を取り、やがて何年もの月日が経過した。そしてついに彼は、妻を驚かせようと不思議な土地への旅行計画を立てた。今度こそ「すばらしい冒険」をしようと思ったのだ。

この頃には、あなたはすっかり身を乗り出して老人の話に聞き入っている。間もなく老人の妻がお茶を飲みにやって来るに違いないと思い、今か今かと待っている。

ところが以外にも、老人は妻が亡くなり、大きな古い家に一人で暮らしているのだと語った（あなたは感傷的な気持ちになり、胸に熱いものがこみ上げる）。

老人は家にできるだけたくさんの風船をくくりつけて空に浮かべ、はるか遠くの不思議な土地を目指すのだと言う。そこにたどり着ければ、二人の長年の夢をかなえられるし、ついにやったと亡き妻に報告できるからだ。そして彼が持っている紫色の風船は、その夢を実現すべく冒険の旅に出るのに必要な最後の風船なのだ。

さて、この紫色の風船が彼の手首から外れて風に飛ばされ、彼が立ち上がってそのあとを追いかけたら、あなたはどう反応するだろうか。こう思うのではないだろうか？

「あの風船が、彼の手から離れて飛んでいくなんて絶対に嫌だ」

それはなぜだろう？

なぜなら、老人と風船には感情的なつながりがあるからだ。この二つはストーリーでつながっている。そして今や、あなたもそのストーリーにつながったのだ。

気づいていない人がいるかもしれないが、これはピクサーの映画『カールじいさんの空飛ぶ家』の冒頭シーンだ。そしてこの二人のおしどり夫婦、カールとエリーには「パラダイス・フォール」という夢の地に行くという目標があった。これは私のお気に入り映画の一つでもある。

どんな英雄にも成長物語がある。どんな経過をたどって現在にいたったか、いかにして〈超能力〉を授かったのか、彼らが敵（外界の敵と内なる敵）を倒そうとする動機は何か。それから彼らが〈非凡な世界〉を実現するために、しなければならない任務は何か。

『カールじいさんの空飛ぶ家』の冒頭は、胸が張り裂けそうになるものの、カールの過去を知ることで、映画のお膳立ては整う。今や私たちは、カールが家に何千個ものヘリウムガス入りの風船をくくりつけたのは、パラダイス・フォールを探して、妻と約束した冒険を完結させるためだと知っている。カールの話を知ったことで、私たちはこの怒りっぽい主人公の動機を理解し、彼の話に感情的に惹きつけられる。

私たちは心を奪われる。カールに同情する。なぜか？　程度の差こそあれ、カールと自分を重ねあわせてしまうからだ。

私たちは、生きるための責務に追われるうちに夢が遠のいてしまったとき、どんな気持ちがするかを知っている。明日のために計画を立ててお金を貯めたものの、その夢みた明日が消えてしまったときの気持ちを知っている。子どもに恵まれず、待ち望んだ旅にも出られなかったカールとエリーのように、夢が打ち砕かれたときの気持ちを知っている。悲嘆に暮れたときの気持ちを知っている。絶望して心がチクチクする痛みに耐えながらも、状況を変えられるかもしれないと、小さな光明を見いだしたときの気持ちを知っている。

カールが勇気を出して行動を起こし、エリーと建てた家を空に浮かべてパラダイス・フォールを目指そうとするのを見て、私たちはカールを応援する。

率直に言おう。私たちがこの主人公を応援するのは、彼のストーリーが私たちの琴線に触れるからだ。

私たちは日々くだらないことに追われている。不満といらいらを抱え、予想外の状況にさらされる。そこに〈敵〉がつけ込むのは、そんなときこそあなたを〈平凡な世界〉に引き込んだり、混乱させたり、自信を失わせたり、本当の望みをわからなくさせる絶好の機会だからだ。〈敵〉はあらゆる手段を使って、〈フィールド〉でのあなたの栄光を盗もうとする。

しかし、そこにあなたのオルターエゴが登場すれば、あなたを〈平凡な世界〉から引き戻して、〈敵〉に対して強力な防御を提供してくれるだろう。オルターエゴの成長物語はツールとして役に立つのだ。

では、ここであなたに質問がある。あなたのオルターエゴの原動力は何か？〈敵〉に立ち向かって倒そうとする、あなたのオルターエゴの推進力は何か？

オルターエゴの原動力は、大抵の場合、その成長物語のなかに見つかる。あなたがストーリーを生きるのと同様に、オルターエゴもストーリーを生きている。あなたのオルターエゴの主なストーリーを新たにつくり、そのストーリーにつながろう。

ストーリーからオルターエゴを見つける
――大切なのは「振りをすること」ではなく「体現すること」

ある日のこと。タクシーに乗って30秒と経たないうちに、メッセージが届いた。

「やあ、トッド。ミッチだ。今夜はお会いできてうれしかったよ。この過渡期を乗り越えるために、きみと会って相談したいのだけど」

「了解。水曜日にランチはどうだい？」

「完璧だ。うちのオフィスに来てくれれば、こちらで食事を注文しておくよ」

「いいね」

ミッチと初めて会ったのは２０１１年のこと。ニューヨークで、他に４人をまじえてディナーを囲んだときだ。友人と私は交代でちょっとした会合を開いては、興味深い人たちを招待していた。

金融系、テクノロジー系、芸術家、芸能界、慈善関係、ビジネスマン、スポーツ関係者などを招いて人脈を築き、有益な会話を交わすことが目的だ。このディナーは、私の友人ジェイソン・ゲイナードが客をもてなす番だった。彼はおもてなしの天才で、このテーマについてすばらしい本まで書いている。

そのディナーで私の隣に座っていたのが、ウォール街で華々しいキャリアを築いたミッチだった。私たちはスポーツ好きということで意気投合し、彼は高いパフォーマンスやメンタルゲームについて私に次々と質問してきた。

質問してくるのは、彼が不確かで不安定な新しい状況を乗り越えたいからだろう。彼はつい最近、長年携わってきた仕事を辞めて、大手の金融機関に引き抜かれ、新規部署の責任者に抜擢された。次の仕事ではまったく新しいスキルとリーダーシップが求められた。

最後に私たちは名刺を交換して、近いうちにまた会おうと約束した。ディナーは深夜に終わり、新しい友人たちに別れを告げたあと、私は四つ角に歩いて行ってタクシーを呼び止めた。ミッチからメッセージが届いたのはそのときだ。

ランチで会ったとき、私が新しいクライアントにやるのと同じように丁寧に彼を診断したところ、彼をサポートするにはオルターエゴを使うのがいいことが判明した。オルターエゴのコンセプトを彼に説明してから、私はこう訊ねた。「あなたが心底あこがれる人で、リーダーシップの手腕が秀でていて、尊敬できる人がいますか?」

「ああ、それなら簡単です。私のブッバです」

その言葉を聞いたのは初めてだったので、私は「ブッバ?」と訊ねた。

「イディッシュ語で祖母という意味です。私の祖母はすばらしい人でした。私が知るなかでもっとも刺激的な人でした」

ミッチは祖母がポーランドで生まれ育ったことや、結婚して4人の子どもに恵まれたことを話してくれた。第2次世界大戦が始まると家族はバラバラになり、夫と長男と次男は連れ去られた。夫は生き延びることができなかったが、終戦後、祖母は生き別れになっていた二人の息子と奇跡的に再会することができた。

祖母は子どもたちを連れてカナダに移住し、やがてニューヨークに移り住んで、アメリカに移住していた親戚と再会した。戦争のせいで彼女は所持品がほとんどなく、あるのは84ドルの現金とまっすぐな背筋だけだったという。

祖母はマンハッタンのロウアー・イースト・サイドの小さなワンルームに住み、そこで家族を養いながら、死に物狂いで働き、子どもたちを厳しくしつけながらも、たっぷり愛情を注いだ。

「父から、祖国のひしゃくにまつわる話をいくつか聞いたんだ。ひしゃくはヨーロッパから持ってきたわずかな所持品の一つだった。祖母は部屋にある二つの小窓の間にひしゃくをぶら下げていて、子どもたちが勝手な行動を取ると、それをつかんで脅したそうだ。『みんな、母さんが壁からひしゃくをつかむのを怖がってたんだ』と父はよく言ってたな」

ミッチは続けた。「祖母は4人の子どもたちを立派な人間に育てたんだよ。二人は医師、一人は不動産の開発業者、私の父は大学教授になった」

祖母について語るうちに、彼の生理機能にも変化が起きた気がした。顔を輝かせた彼は、はたから見ても、自分の家系をとても誇りに思っていることがわかった。私は彼を見て、こう言った。「ミッチ、きみのオルターエゴが見つかったよ」

私は本書で説明したプロセスを彼に丁寧に教えて、彼のオルターエゴをつくり、そして最後に彼のオルターエゴを表す〈記念アイテム〉を選んだ（〈記念アイテム〉については、第14章で説明する）。

とはいえ、彼はオルターエゴの名前を教えてくれなかった。名前は決めているようだったが、秘密にしておきたがったのだ。ちなみにそのオルターエゴの主な〈超能力〉は、強さ、勇気、ゆるぎない信念だ。そして彼は祖母の成長物語と自分の試練をバネにして、新しいキャリアを積む決意をかためた。

これまでの章を通して、あなたはすでに自分のオルターエゴの動機を見つけ、それを原動力としているかもしれない。なぜそのオルターエゴを選んだのか、または誰（または何）をオルターエゴに選んだかにまつわる、あなたの心に深く根ざしたストーリーがあると、〈勇敢な自己〉のスイッチを入れやすくなる。

人によっては、一度オルターエゴを決めたものの、もっと共感できて有意義なストーリーがある別のオルターエゴを見つけた途端に、そのオルターエゴに変える人がいる。繰り返すが、この戦略には正しいもまちがいもない。自分にあったものを選ぼう。

オルターエゴのアイデンティティが決まらない人は、実在する人の話か、テレビ、映画、本、コミックスなどに登場する架空のキャラクターを検討してみよう。惹きつけられる話はないか？　なぜ惹きつけられるのか？　その話の何があなたの心をわしづかみにするのか？　何があなたを夢中にさせるのか？

ぴんとくる話がない場合、あなたが選んだ分野で活躍した人に関する本を読んでみよう。人の生涯を知るには、伝記や自伝がもっともすぐれた情報源となる。あなたの人生と重なる話が見つかればしめたものだ。あなたのオルターエゴが見つかるかもしれない。

大抵の場合、もっとも強力なのはいたってシンプルな成長物語だ。

成長物語は、あなたのオルターエゴの生い立ちの謎を明らかにし、説明してくれる。オルターエゴがどうやって〈超能力〉を身につけたのか、なぜその〈超能力〉が必要だったのか、何を相手に戦っているのかを明らかにしてくれる。

物語がないと、あなたのオルターエゴと感情的なつながりが持てないかもしれない。オルターエゴをつくって使うことは、たんなる頭のエクササイズではない。〈決定的な瞬間〉におけるあなたのパフォーマンスを変え、あなたの印象を変えることだからだ。あなたの〈非凡な世界〉に入るにはこの方法しかない。成長物語があると、オルターエゴのアイデンティティを理解してその世界にひたり、オルターエゴになりきって行動するのが容易になるだろう。

この戦略は「振りをする」ことではない。大抵の場合、「成功者の振りをすれば、そのうち

に成功者になる」という理論は効果的ではない。この戦略で重要なのは体現することだ。前に自分をバットマンかドーラと思い込んだ子どもの方が、振りをしただけの子どもよりも、難しい問題を粘り強く解決しようとしたという話をしたが、まさにあの研究結果が示す通りだ。[*1]

根源的な原動力
――プレッシャーを感じないようにする

フィールドモデルには、根源的な原動力が集まる層がある。あなたがその層を自分のアイデンティティだと認識すると、やる気が起きて、考え方、感情、行動も変わるだろう。根源的な原動力には、ストーリーの層が重なっていることもある。というのも、根源的な原動力にはストーリーがつきものであり、この原動力に従うことの意味も定義されているからだ。

第3章で、あなたの世界に影響を与える最初の層である、根源的な原動力について説明した。もっとも一般的な原動力はというと――

- 家族
- コミュニティ
- 国

- 宗教
- 民族
- ジェンダー（性差）
- 同族グループ（警察官、軍人、農家、部族）
- アイデア
- 大義

なんであれ、それはあなたよりも大きくて、あなたがつながりを感じるものだ。

数多くの成長物語のなかでも、あなたの心をぐいと惹きつける成長物語がいくつかあるだろう。そのような物語の背後には、あなたの使命とよく似た原動力があるだろう。

たとえば私がコーチングするオリンピック選手の多くは、彼らの文化や国籍に関係した成長物語を心の支えにしている。アスリートのなかには、自分は選ばれし者だ、国を代表して選ばれた者だと自覚すると、パフォーマンスが変わる人がいる。祖国を誇れる国にしようという原動力に駆り立てられるからだ。オリンピックに出場したあと、アスリートのストーリーや考え方が変わることもある。

オリンピック選手のコーチングをするとき、私はいつも、その選手の国民としてのプライドを刺激すべきか、あるいは忘れさせるべきかを考える。国を代表しているというストーリーのせいで、つぶれてしまう選手がいるからだ。プレッシャーが大きすぎるのだ。他方で、祖国を気にかけない選手や、祖国に愛情を感じない選手もいる。また、故郷の誇りになりたい人もいれば、家族の誇りになりたい人もいる。

数年前に、北欧出身のバイアスロン選手にコーチングをしたときのこと。私たちは数回の失敗を経て、ようやく彼が共感できる原動力を見つけた。

バイアスロンという過酷な競技を知らない人のために、簡単に解説しておこう。バイアスロン選手は幅7センチ以下のスキーを履いて、ライフル銃を背負い、平面、上り坂、下り坂をスキーで走行する。それから射撃場に駆け込むと、すぐにライフル銃をつかんで、50メートル先にある直径4・6～11・4センチほどの標的を撃つ。過酷なスポーツを試したい人はやってみてほしい。バイアスロン選手のすごさに圧倒されるだろう。

バイアスロン選手の話に戻ろう。私は祖国を原動力にすれば、彼をフロー状態に導けると考えた。だが、それはまちがっていた。彼の祖国について語り、それを原動力にしようと試みるも、うまくいかなかったのだ。

祖国を使っても、彼のエンジンの回転速度は上がらなかった。私たちは方向転換を余儀なくされたが、その結果、彼の家族のストーリーが見つかった。彼の家系は長年にわたってバイアスロン選手を輩出しており、第2次世界大戦中には、彼の祖先の多くは、偵察兵やスパイとして徴集されて北欧を縦走した。戦闘で命を落とした者もいれば、勇敢な行為を讃えられて勲章を授与された者もいたそうだ。

彼は家族の歴史のなかに、自分のオルターエゴの原動力を見つけた。家族の歴史は、彼にとてつもない誇りと、家族を代表することの意味をもたらしたのだ。彼は祖先たちを戦士の一団とイメージし、競技で苦しい局面になると、この集団をオルターエゴとして呼び出した。

これが彼のオルターエゴの成長物語の中心となった。

オルターエゴの成長物語のつくり方
――感情移入できるストーリーを選ぶ

もっとも簡単なのは、既存のストーリーと連携させる方法であり、私はいつもクライアントにこの方法から始めることを勧めている。自分のオルターエゴを選んで、その成長物語を見つけよう。

言うまでもないことだが、誤解のないよう言っておこう。成長物語は何を選んでも構わないが、あなたが感情移入できるものを選ぶこと。

オルターエゴにバットマンを選び、その成長物語を利用する人は、バットマンの背景に共感できる方がいい。バットマンと同じように、あなたもかつて衝撃的な経験をしたせいで、バットマンの強い正義感に共鳴するとか。または、バットマンの自尊心や、彼が変装して善行をなす姿に共感する人もいるだろう。あるいはバットマンが、コウモリを恐れながらも、あえてコウモリのスーツを着ることに共感する人もいるかもしれない。

私が以前にコーチングしたクライアントは、バットマンのオルターエゴのおかげで、マーケティングの仕事を辞めて芝居の道を歩み始めることができた。彼女はずっと芝居をやりたいと思っていたが、失敗するのが恐くて思いきってチャレンジできずにいた。彼女はバットマンと同じようにその恐怖心と向きあい、バットマンのストーリーと自分を重ねあわせて〈非凡な世界〉へと踏み出した。

「最初は大変でした。14年間も一生懸命働いて築いたキャリアを捨てるなんて、どうかしていると思いました。でも、『やってみたらどうなるか?』という問いの答えを追求しない方がおかしいと思ったんです。友人たちと高級な食事や酒席を楽しんでいた私は、自宅でラーメンを食べる状況に陥りました。でもこう思ったんです。映画『バットマン ビギンズ』のクリスチャン・ベールが演じる主人公みたいに、私も準備段階にあるだけだと。正直に言って、今ほど幸せだと感じたことはありません。ブルースとバットマンという〈秘密のアイデンティティ〉のおかげで自信に満ちた態度でオーディションを受けたからこそ、この夢を実現できたのでしょうね」

シングルマザーの心に火をつけたものとは
――心を燃やす燃料を見つけよう

ロンドンに住むマギーは、起業家にして、二人の子どもを育てるために一生懸命働くシングルマザーだ。彼女は、才能豊かな作家にしてセレブな女性の成功物語のなかに、苦闘に満ちた自分の人生を重ねあわせて、自分のオルターエゴを見つけ出した。

私がマギーのコーチングを始めたとき、彼女は自分のアイデアを世間に広めるのを恐れていた。彼女は滞りなく会社を経営していたが、大成功を収めたことも、彼女が望むようなインパクトを与えたこともなかった。

行動はするものの、無難に収めていたのだ。あなたの目標がほどほどにやることで、それで満足なら無難でも構わないが、マギーはそれでは満足しなかった。彼女には大きな夢があり、会社を大きく成長させたいと強く願ってもいた。彼女は自身の存在感と影響力を大きくできそうなすごいアイデアを持っていたが、自分で始めたプロジェクトを計画通りに実行していなかった。

マギーがその人生を語っている間、私には彼女の話が作家のJ・K・ローリングの人生に似ているように思えてならなかった。ローリングもかつては貧困にあえぐシングルマザーだった。生活保護を受けて娘を養いながら、カフェで『ハリー・ポッター』シリーズの1巻目を書き上げたという。[*2]

その原稿は、最初に持ち込んだ出版社に買ってもらえたのかって？　まさか。出版社からチャンスをもらうまでに、彼女は12社から断られた。[*3]それから『ハリー・ポッター』シリーズで大成功を収めたあと、彼女は別名義で次のシリーズを書いて出版社に持ち込んだが、またもや断られたそうだ。[*4]

「あなたが第二のJ・K・ローリングにならないとも限らないじゃありませんか」と私はマギーに力説した。「大作家になる前、彼女は出版社から断られているんです。あなたも自分のコンテンツをつくって売ればいいんです。何度断られようが気にする必要はありません。だって最後にはあなたが勝つんですから。あなたはやり抜きますよ。だってそれがあなたという人ですから。あなたは闘士なんです。絶対にあきらめない人です。子どもたちにいい生活をさせてやるために戦っていますし、おまけにあなたには、世の中に広めたい特別なものがあるではありませんか」

私の言葉を聞いて、彼女は静かに鼻をすすった。私は彼女の心の琴線に触れたのだ。『カールじいさんの空飛ぶ家』のときと同じで、心が反響すると、人はそれを感じ取ることができる。マギーは真実の光を感じ取り、そしてローリングの人生のなかに自分と自分のストーリーを見た。

マギーはJ・K・ローリングを自分のオルターエゴに選び、この著名な作家の話と自分の成長物語を組みあわせて非常に強い原動力をつくり出し、仕事でオルターエゴを呼び出した。彼女のオルターエゴはよくこう語りかけてくるそうだ。「私は何度も断られるかもしれないけれど、それはみんなも同じ。でも私はやり続ける。私のなかにみんなに伝えたいというずきがあり、私はその声に耳を傾ける。だから私はあきらめないだろう」

J・K・ローリングの話に共感したマギーが、ローリングをオルターエゴに選ぶのはごく自然な流れだった。では、ローリングでなければならなかったのか？ いいや。彼女は別の人を選ぶこともできた。たとえば祖母をオルターエゴに選び、祖母にローリングの話をくっつけて、成長物語に必要な心に響くパワーを生み出すこともできた。

誰かまたは何かの成長物語を活用する場合は、その物語に感情的な共鳴を覚えることが肝心だ。テレビ、映画、本を探せば、興味深くて有意義で深い成長物語が見つかる。あなたはただ、共感できて、あなたの心の中心部が震えるような成長物語を選べばいいのである。あなたのオルターエゴのために迫力ある成長物語をつくるには、そしてオルターエゴを奮起させるには、どんな燃料がいいかを知る必要がある。

前にマリアンという、夫と自動車整備店を経営する女性の話をした。マリアンのオルターエゴのストーリーは、女性でも男性優位な環境や業界で活躍できることを見せたいという、彼女の願望を大いに反映したものだ。きっかけは、彼女と夫が起業して業界団体に入り、イベントに参加し始めたことだった。「私はよくイベントに行きましたが、会場にいる250人ほどの参加者のなかで、女性の参加者は私を含めて二〜三人しかいませんでした。最初に『いやだわ、なんだか怖い』と思ったのを覚えています」

壁の花では満足しない性格のマリアンは、離れた場所から〈フィールド〉を観察したあと、勇気をふりしぼって男性たちに自己紹介して、会話を始めた。「私が積極的に話しかけたのは、男性たちから、私が夫の仕事を手伝うか、サポートするために来ていると思われていたからです。私たちは対等なパートナーとは見られていませんでした」

最近、マリアンは自動車整備店の多角化をはかった。コンサルティング業も行なって、小さな店を営む経営者が、店を大きくしてより良いサービスを提供できるよう支援することにしたのだ。

「女性たちの模範になりたいんです」とマリアンは私に語った。「この業界にはサポートを必要とする女性や、認めてもらいたがっている女性がいます。女性たちにリーダーシップを発揮する私の姿を見てもらい、自分も同じようになれるんだ、自分も業界やコミュニティで役に立てるのだと気づいてほしいのです」

あらゆるオルターエゴには原動力がある。心のなかをのぞいて、あなたの原動力を見つけよう。あなたのオルターエゴはどんな重要な任務を担っていると思う？　その任務は大きなコミュニティではなく、家族のような小さな集団に尽くすことかもしれない。

または個人的な任務かもしれない。前に紹介したジョアンは、自分の話に父親と祖父といった身近な人の話を組みあわせて、独自のストーリーをつくった。

ジョアンはイングランドはマンチェスターの労働者階級の出身だ。父親は裕福な家の出だが、母親は労働者階級の家で生まれ育った。父親が母親と結婚したとき、父親は家族から勘当された。家から追い出された父親は、独力で生き抜かねばならなかった。そのせいでジョアンと二人の弟がひもじい思いをしたこともある。

「私は絶対に貧乏にはなりません」とジョアンは言う。「絶対に貧乏にはならない」という思いは、彼女のオルターエゴの成長物語にある原動力だ。……というか、正確にはこのテーマについて私と深く議論するまで、彼女はこれを原動力だと思っていた。

ジョアンのオルターエゴは、彼女が一族への思いを断ち、新しい家族をつくるための勇気と自信をくれるのだと言う。「男性ばかりの従兄弟たちのなかで、私は唯一の女性なんです。いい学校に行けなかったのも私だけ。女の子は家を掃除して、料理して、お茶を注いでいればいいと言われ、良い教育を受けられませんでした。だから私は家を出て、自分で教育を受けたんです」

この話を聞いて、あなたは彼女の原動力は本当に「貧乏にならないこと」だと思うだろうか？　私はそうは思わない。だから私は彼女に異議を唱えた。

私はこう言った。「ジョアン、さっきの話を聞いて、きみの家族を捨てた人たちを見返してやりたいという野望以上のものを感じたよ。確かに、きみは貧乏を嫌っている。でも、それよりも、名誉のためじゃないのかい。両親の名誉のため、そして父方の家族に対して、きみたちの夢を踏みにじるべきではないと示すためじゃないだろうか」

彼女のほほを数滴の涙がつたい、喉をつまらせたあと、彼女は「その通りですね」と言った。

あなたにもこの種の感情を抱いてほしい。

あなたのオルターエゴの目的は、「何かのため」か、「何かと戦うため」か、「その両方」かもしれない。ジョアンの目的は家族のためであり、両親が受けた仕打ちに刃向かうためでもあった。ジョアンが成功したのは言うまでもない。彼女は勇ましい闘士なのだ。

動物からインスピレーションがわいたら

――ドキュメンタリーや児童書の力も借りよう

ジュリアのように動物をオルターエゴに選んだ場合は、どうやって成長物語をつくろうかとまどうかもしれない。その動物の特徴のなかで、あなたが惹きつけられるものに着目しよう。たとえば、カメといえば何を思い出す？　ワシ、ヒョウ、ニシキヘビは、あなたにとってどんな意味があるだろうか？

先住民の話のなかでは、しばしば動物や自然は象徴的に描かれているため、動物にまつわる文化的な話が見つかるかもしれない。ケイマン諸島出身のクライアントがいるが、彼のオルターエゴはウミガメだ。ウミガメは凶暴ではないし、冒険を求めて海の底深くまで潜るし、おまけに長生きする。種類によっては、150年以上も生きる。

彼にとってウミガメは、賢くて、勇敢で、尊敬に値する生き物なのだという。彼は〈フィールド〉（法人営業）で発揮したいウミガメの特徴と故郷を組みあわせて、成長物語をつくった。

彼はそのオルターエゴを「トルトゥーガ」と名づけた。最初はウミガメのすばらしい特徴を利用するだけだったが、そのうちにトルトゥーガのために成長物語をつくった。「この賢くて穏やかで、怖いもの知らずな生き物とつながるためであり、仕事中に活躍してくれるトルトゥーガに敬意を表するためでもあります」

動物をオルターエゴに選んだ人は、動物に関する物語を探すか、ドキュメンタリー番組を見てみよう。その動物に関する知識が増えるほど、そのすぐれた能力を使えるようになる。

専門家が書いた記事や本を調べ、彼らのインタビューやスピーチも見よう。情熱は感染しやすい。オーストラリアのアーウィン一家が動物について語る様子を見たことがない人は、ぜひ見てほしい。どんな動物も驚異に満ちあふれていると実感するだろう。**児童書もキャラクターや動物の宝庫だ。刺激的で元気の出る、有意義な成長物語が見つかるかもしれない。**

オルターエゴの成長物語は、小説や叙事詩のようなものでなくてもいい。数行の文章でもいいし、文章が苦手なら、文でなくても構わない。あなたのオルターエゴに感情移入できるものであれば、それで十分だ。

前述したことと同様に、オルターエゴ戦略を実践する方法はいくらでもある。よってあなたがオルターエゴをつくる目的が、新しいアイデアを試すためであれ、新たな創造性を発揮するためであれ、いつものやり方から脱却して、過去にあなたの行く手を阻んだ〈隠れた罠〉を克服するためでも構わない。成長物語があると、あなたのオルターエゴは生き生きするだろう。

さて、オルターエゴをつくり、名前をつけ、オルターエゴに任務と成長物語を関連づけた。次はいよいよオルターエゴのスイッチを入れる番だ。

14

第14章 〈変身アイテム〉か〈記念アイテム〉でオルターエゴを起動する

自分を変えるための最終段階
――チャーチルやキング牧師もやっていたこと

1940年のある日、世界中が2度目の世界大戦に巻き込まれていくなか、ブルドッグ顔のイギリス人ウィンストン・チャーチルは大英帝国の首相に任命されようとしていた。カナダの牧場で過ごしていた幼い頃から、私はチャーチルに魅了された。

あの危機的な状況のなかで、チャーチルが大英帝国とヨーロッパの国々の先頭に立ったことは伝説となり、何十年と経ったあとも神話となって語り継がれていた。

チャーチルの伝記を読んだとき、その本のなかで、彼が帽子を使って異なる人格を呼び出していたのを覚えている。新しい首相に任命されるとの電報を受け取ったとき、チャーチルはこれほど困難な時期に国を率いるなど無理だと危惧したという。だが、ロンドンで国王に謁見するために出かける支度をしていたとき、彼は壁に掛かったたくさんの帽子の前に立って、「今日はどの自分になろうか?」と言ったそうだ。[*1]

2017年に公開された映画『ウィンストン・チャーチル/ヒトラーから世界を救った男』でも、この場面は描かれている。チャーチルがシルクハットをつかみ、このセリフを言って、ドアを開けて出て行く場面だ。

このように計画的に行動するために使う道具を、私は〈変身アイテム〉と名づけたが、こうした道具を利用する人はチャーチルだけではない。

キング牧師は視力が良かったが、めがねをかけていた。公民権運動で名をはせたこの偉大なリーダーをよく知る人は、そう聞いて驚くかもしれない。キング牧師の有名な写真のなかには、めがねをかけたものがある。だがそれは視力を補うためではなかった。

彼の言葉を借りると、「めがねをかけると風格が加わる気がする」からだという。ハーツフィールド・ジャクソン・アトランタ国際空港に行けば、キング牧師のめがねが展示されている。

ウィンストン・チャーチルもキング牧師も歴史に残る偉大な人物だが、二人とも困難に直面したときにオルターエゴ戦略の原理を応用していたのだ。彼らは人間に備わった想像力を使い、そのスイッチを入れるために〈変身アイテム〉の力を使った。この戦略の最終段階では、確実にオルターエゴに変身できるよう、スイッチを入れる方法を学ぼう。

「象徴的な意味」には力が宿っている

――「着るもの」でパフォーマンスを変える方法

イメージしてみてほしい。あなたは医師で、伝統的な白衣を着て、首から聴診器をぶら下げている。医師と聞いて、どんな特徴を想像するだろうか？　落ち着き？　尊敬？　気づかい？　同情？　知性？　献身？

次に、試験を受ける学生が大勢集まっている大講義室に入っていく自分をイメージしてみよう。自分の席に座って、試験を受ける。医師であるあなたは、試験を受けることをどう感じるだろうか？　心のなかで自分になんと言う？　体中をどんな感情が駆けめぐるだろうか？　白衣を着て試験を受ける準備をするあなたを見て、人々はどんな様子だろうか？　彼らは、あなたの試験結果がどうなると考えているだろうか？

実を言うと、あなたは試験で良い結果を出す可能性が高い。

ノースウェスタン大学のケロッグ経営大学院が行なった実験によって、[*2]人が服装の重要性と、その服装が「象徴的に意味するもの」を理解していると、心理的に大きな影響を受けることがわかった。この実験で、白衣が学生たちの集中力と正確性にどう影響するかを調べた結果、次のことが判明したという。

- ●白衣を着ない場合、または画家を連想させる格好をした場合は、学生たちの集中力はアップしなかった。
- ●（1）白衣を着て、（2）なおかつ医者を連想した場合にのみ、学生たちの集中力はアップした。
- ●服装の影響力の大きさは、その服を着ていて、なおかつその象徴的な意味を理解しているかどうかで変わる。

簡潔に言うと、あなたが着ているのが画家の上着だと思ったら、何も変わらない。だが、医師の白衣を着ていると思った瞬間、あなたの集中力と正確性は向上する、というわけだ。

この現象は「着衣認知理論」と呼ばれている。着衣認知理論が起きるのは、あなたがアイテムの「象徴的な意味」を理解し、なおかつ「そのアイテムを着用すると、そのアイテムが表すものを頻繁に思い出すという心理的な現象が起きる」場合に限る。[*3]

そのためこの実験では、白衣が持つ象徴的な力は、あなたが白衣をどう解釈するかで変わる。画家や芸術家が着るようなスモックを着ると、芸術に敏感になるだろう。医師の白衣を着ると、集中力が高まる。実験用の白衣を着ると、注意深くなる（実験室で何かを爆発させたくないからだろう）。

あなたのなかのどこかに、医師はどう行動するか、何を考えるか、何を感じるかといった、医師に象徴されるストーリーがある。仮に私が「医師らしさ――たとえば落ち着き、思いやり、知性――を体現してみてください」と言ったら、あなたはちょっと考えるだろう。まずは医師の特徴が何かを考えなければならないからだ。

しかし私が、聴診器や実験用の白衣など、医師を象徴するアイテムをあなたに手渡したら、あなたはそのアイテムから連想する特徴を「身にまとう」ようになる。ここで私が「医師のように振る舞ってください」と言ったら、あなたはずっと容易に医師らしく振る舞えるし、医師からイメージすることもうまくこなせるだろう。

あなたにはぜひこの効果を知り、その楽しさを味わってほしい。これまでにオルターエゴを特定してそれをつくるためのワークをやったが、今度はあなたのオルターエゴのスイッチを入れるための象徴となる〈変身アイテム〉を見つけよう。

ウィンストン・チャーチル、ボー・ジャクソン、デヴィッド・ボウイ、キング牧師、それから私を含めた大勢の人もこれを利用している。

シンボル、物体、環境の影響力

――〈変身アイテム〉はとても強力なツール

私たちはシンボルであふれた世界で生きているし、人間はほぼ何にでも意味を見いだすごい能力がある。文化的であれ、きわめて個人的であれ、どんな物体にもなんらかの意味を持たせることができるのだ。あなたの想像力は、乱雑に見えるアイテムに生き生きとしたストーリーをつくり出すことができる。さらにあなたは、そのアイテムに感情、アイデア、ストーリー、行動といった意味を関連づけることもできる。

私と読者ではこれまでの背景が異なるため、同じアイテムでも、異なる意味を持たせるだろう――トラクター。野球。ハクトウワシ。警察官のバッジ。エプロン。祖国の国旗。本。めがね。岬。

例はいくらでも挙げられる。簡単な一例として、めがねについて考えよう。

キング牧師はめがねをかけると風格が出ると考えた。他方で私は、「自信、決断力、雄弁」だと見せるためにめがねをかける。私のクライアントに有名なＮＢＡの選手がいるが、彼がめがねをかけるのは「コートの外ではクラーク・ケントのように温厚だ」と見せるためであり、「世間の目からプライベートを守るため」だと言う。一つのものにはたくさんの目的と、たくさんの意味があるのだ。

ものをなくして取り乱す人を見たことがあるだろうか？　なくしたものは、あなたにはなんの意味もなくても、その人にとっては違う。それは何かを「象徴」するものだからだ。あなたがごく平均的な現代人なら、スマホをなくしたときに、世の中から切り離されたように感じるだろう。誰もが、ケータイをなくして取り乱す人を見たことがあるはずだ。

というのもケータイは、人間関係、電話番号、仕事、画像や録画された会話などの象徴だからだ。誰かにケータイを拾われてログインされたらと思うと、安全性にも関係している。今日私たちが持ち歩くもののなかで、スマホほどたくさん意味があるものは多くはないかもしれない。

私が「最高のパフォーマンス」や「メンタルゲームで勝つには」といったテーマでスピーチするときは、シンボルのパワーについて話す。私がよく観衆から絶賛されるトークを紹介しよう。壇上に覆いをかけた4体のマネキンを並べておき、私がその覆いを取り外して、マネキンを観客に見せるのだ。1番目のマネキンは警察官の制服を着ている。私は振り返って観客を見て、「警察官の制服は、あなたにとってどんな意味がありますか？」と訊く。

そうやって、マネキンの覆いを次々と取っていく。軍服を着たマネキン、医師の白衣を着たマネキン、最後はスーパーマンかワンダーウーマンのコスチュームを着たマネキンだ。

覆いを取るたびに、私は振り返って聴衆にその制服が何を意味するかを訊ねる。「あなたの答えを1語か2語で、大声で教えてください」と観客に指示すると、いろんな答えが返ってくる。制服が象徴するものは人によって異なるものの、大抵の場合は共通のテーマが見つかる。前述したように、答えに正解も不正解もない。一人ひとりが声に出して言った答えがその人にとっての正解だからだ。

それから何人かを壇上に上げて、どれか一着を着てもらい、その制服が意味するものを表現してもらう。それから「何を感じましたか?」とか、「現在あなたが抱えている問題にどう対処しようと思いますか?」などと訊ねる。

するとみんなからポジティブな回答が返ってくる。たとえば売り込みの電話、交渉、夫、子どもなど、なんであれ前よりも自信を持って対処できそうだと答える。

笑いを取るために、彼らにはその制服にあわせて歩いてもらったり、それらしい姿勢を取ってもらったり、それらしく立ってもらったり、それらしい表情を浮かべてもらったりする。要するに、その職業の人はどう振る舞うかを体現してもらうのだ。

聴衆は大笑いするが、私がこれをやるのは、私たちが生活のなかで一つの役割から別の役割にすぐに切り替わることを聴衆に見てもらいたいからだ。

壇上ですごい変化が起きることがある。たとえば、何年もいじめられている少女がいた。少女にワンダーウーマンのコスチュームを着てもらったあと、ステージ右側に女子の一団がいると想定して、その子たちに向かって大声で叫んでもらったのだ。

そのあと、少女はこう言った。「学校であんなことをやったら、みんなにたたかれたと思う。でも、ワンダーウーマンならあの子たちをやっつけられると思ったら、気にせずに言えたの」

他にも、こんなことがあった。ある日私が、大手生命保険会社で営業職の人たちに話をしたときのこと。ある男性に軍服を着てもらい、受話器を持ったつもりで営業マニュアル通りに話してもらったところ、彼は完璧に言えたのだ。

その体験について話しあったとき、その男性は「断られるのではないかという不安をなくせました。だって海軍特殊部隊は、拒絶されようが気にしませんからね」と答えた。さらに彼はこうつけ加えた。「マニュアルを完璧に暗唱できたのは今回が初めてです。いつもは感情的になって、一部を忘れてしまうもので。でも今は、ぼくにもできることがわかりました」

これまでに本書で紹介した実験結果、例、研究を見ると、新しいアイデンティティに切り替えた途端に、自分ができることについての思い込みが一変するのがわかる。

さらに〈変身アイテム〉のようなシンボルがあれば、オルターエゴへの切り替えがずっと容易になる。

強力な〈変身アイテム〉のつくり方

――「思い込み」を使ってもいい

〈変身アイテム〉はオルターエゴの〈超能力〉、成長物語、任務を具現化する役割を担う。〈変身アイテム〉を使うと、オルターエゴを呼び出せる。学生が白衣を着た途端に変わるのと同じように。

思春期の頃の私にとって、学校はいつもやっかいな場所だった。学校が嫌いだったからではなく、文章を読んでも理解できなかったからだ。その原因はよくわからなかったが、本が読めないほど馬鹿だと思われるのは絶対に嫌だった。授業中に先生が国語の課題を配ると、私は手立てを考えなければならなかった。

私は念入りに課題を読み、そして黙読時間が終了する前に、まわりの友だちに「この文どう思う?」などと訊いた。そのせいで私は「クラスのお調子者」とか「邪魔者」とか「おしゃべり」などと呼ばれたが、私は先生に質問されたときに備えて、準備していたのだ。

当時、教室の仲間たちを見まわすと、頭の良い同級生はめがねをかけていた。さらに妹のクラスでも、頭の良い生徒たちはめがねをかけていた。私はどうかって? 視力に問題はなかった。

そんなわけで私は、賢い人はめがねをかけると考えるようになった。この考え方は正しいだろうか？ まさか。だが私はそんな体験を経て、めがねに頭の良さという意味づけをしたのだ。あなたも若い頃に身につけた考え方が、あなたの世界を形成しているのではないだろうか。

私の頭のなかの方程式はシンプルだ。「めがね＋人＝賢い」

その後、20代の頃に交通事故に遭って心理テストを受けたところ、私は難読症であることが判明した。だが、頭のいい人はめがねをかけているという考え方は、私のなかにしっかりと根づいていた。

起業しようとしていた頃、私は契約が取れなかった。私の提供するサービスが人の役に立つという自信はあった。しかしこの童顔では、12歳の子どもと思われそうで不安ばかりが募り、誰も私を尊敬するどころか、話も聞いてもらえないだろうと思った。

そのうちに、学生の頃のことをふと思い出した。「尊敬される人は、まわりから賢いと思われている人だ。そして私の知るなかでも、とりわけ賢い人はめがねをかけている」。それは私が〈変身アイテム〉を発見した瞬間だった。めがねをかけると、人は私を賢いと思って尊敬してくれるだろうと考えたのだ。

さらに私はスーパーマンの大ファンでもあった。スーパーマンはクラーク・ケントになるとめがねをかけるため、私にとってめがねは、さらに強力な武器に見えた。

こめかみにめがねのつるが触れた途端、私は「リバース・スーパーマン」をやる。スーパーマンは「本来の自分」に戻るときにめがねを外すが、私は〈超能力〉を発揮するときにめがねをかける。私の場合は、めがねをかけるだけで、自信にあふれた強くて賢いバージョンの自分に変身できる。私にとってそれは、人から尊敬されやすいバージョンだ。

では、私の見込み客は実際に私を賢いと思っていたか？　前よりも私を尊敬するようになったか？　私にはわからないし、気にもならない。重要なことではないからだ。

誰かがめがねを見て、知的で尊敬できる人だという印象を抱くかどうかは重要ではない。私の世界をつくり、そこで生きるのは私だ。私が自分を知的で決断力のある立派な人間だと思えるようになることこそが、重要なのだ。なぜなら感情はパフォーマンスを後押ししてくれるからだ。しかもこの方法は効果があった。

なぜ、〈変身アイテム〉が必要なのか？

——自分を切り替えるスイッチが必要だ

ほとんどの人は、ずばぬけた成績を収めるにはどんな性格になる必要があるかを、深く考えることも、意識することもなく〈フィールド〉に現れる。

前述したように、私たちは一つの〈フィールド〉から別の〈フィールド〉へ、一つの役割から別の役割へと絶えまなく変わる。それぞれの役割で高いパフォーマンスを発揮するには、異なる特徴が必要になる。だが私たちは、役割が変わることに無自覚なあまり、どの現場でも同じキャラクターで通そうとする。

あなたが選んだ〈変身アイテム〉を使うと、特定の〈決定的な瞬間〉に計画通りのキャラクターを出しやすくなる。心のなかのコンパスを使って、感情、思考、行動の方向をあわせるようなものだ。〈勇敢な自己〉が必要なときに、意図的にそのバージョンを呼び出せるようになる。

フォートブラッグでスピーチしたときに、私が出会った大佐のことを覚えているだろうか？　彼は軍服を着て帰宅したあとも、彼が理想とするような父親になって子どもの相手をしてやれずに悩んでいた（「着衣認知理論」の影響力を覚えているだろうか？）。ジーンズとゴルフシャツに着替えても、性格は変わらなかった。

このエピソードの結末を話そう。私は彼に親として尊敬できる人は誰か、どんな性格や特徴がほしいかを聞き出した。そして、その〈フィールド〉を〈非凡な世界〉にするには何が必要だと思うかと訊ねた。彼は、俳優でテレビ司会者でもあるマイク・ロウが大好きだと語った。謙虚で、気さくで、おもしろくて、行動的で、なんでもやることで知られる人物だ。マイクは司会を務める『突撃！　大人の職業体験』という番組のなかで、彼自身が地上でもっともきつくて、汚くて悪臭を我慢する仕事を体験してリポートした。

なるほど。私もマイク・ロウの性格が好きだ。

さらにマイクには、野球帽を被っているイメージがある。大佐にシンボルの影響力、「着衣認知理論」、〈変身アイテム〉を使ってオルターエゴのスイッチを入れることを説明すると、彼は目を輝かせた。「帽子を被って、父親のバージョンに変身するんですね」

錠剤の影響力
――プラセボ効果で変身する

コーチングを始めて、クライアントがオルターエゴをつくるのを手伝い始めたばかりの頃、私はよく「ティックタック」（ミントキャンディ）を持って行った。あらかじめ容器に貼ってある商品のシールをはがしておいて、クライアントに渡しながらこう言うのだ。「この粒のなかにはきみが発揮したい〈超能力〉がつまっているとイメージして、フィールドに入る前に一粒を口に入れてほしい。でも、口に入れるだけではだめだ。ちょっと立ち止まって、フィールドであのキャラクターを出そうと思いめぐらせてほしいんだ」

あれから15年が経過した。この間に私は、クライアントに〈勇敢な自己〉のスイッチを入れてもらうために、この「オルターエゴX錠」を3万個以上配った。薬効はないが、この錠剤を飲むことによるプラセボ効果は絶大で、クライアントが使った〈変身アイテム〉のなかで一番効果が高い。みんなの反応のなかで一番多く、つい最近も誰かが口にしたのは「内側から効いてくる気がします。秘められた力が解き放たれるみたいな感じです」というコメントだ。

一粒のキャンディといったシンプルなものだが、オルターエゴを目覚めさせるこの錠剤の力をあまくみてはいけない。

物理的な世界にシフトするために
――「想像」は「経験」にはかなわない

オルターエゴはあなたのパフォーマンスを変えるためのものだ。パフォーマンスとは、行動や振る舞いはもちろん、思考、感情、自分の価値に対する信念、姿勢、声のトーンまですべてが含まれる。オルターエゴ戦略モデルにある、あらゆる層が含まれるのだ。

〈超能力〉を発揮して、あなたの〈勇敢な自己〉を発現させるオルターエゴは、現在は眠っており、起動されるのを待っている。オルターエゴは心と感情の想像力の域にあるのだ。

物理的な世界にオルターエゴを呼び出して、物理的な形を与えるには、何かが必要だ。

その役割を担うのが〈変身アイテム〉だ。これはオルターエゴに輪郭と形を与えてくれる。頭のなかにぼんやり浮かぶイメージでも、感覚でもない。ミーティング中に、気をまぎらわせようとして考える、生き生きとした空想でもない。オルターエゴはリアルだが、物理的な物を使って地に足をつけさせる《グラウンディング》必要がある。

〈変身アイテム〉は五感を刺激するものがいいだろう。アイテムを肌で感じたり、においをかいだり、舌で味わったり、手で触れたり、目で見たりすることで、直感が目覚める。

ちょっとイメージしてほしい。あなたは冷蔵庫のところへ歩いて行く。冷蔵庫を開けて、レモンを取り出してまな板にのせる。次に、包丁を取り出してレモンをくさび形に切るか、薄くスライスする。切ったレモンを鼻に近づける。においをかいでみよう。どんなにおいがする？　レモンをもう一枚切ろう。指についたレモン汁の感覚は？　次に、そのレモンを口に運んで大きくかじってみよう。すこし唾液が出てきた？　唇をすぼめた？

次は行動してみてほしい。冷蔵庫にレモンがある人は、実際に冷蔵庫に行ってレモンをつかみ、先ほどイメージしたことを実際にやってみよう。目で見て、手で触れて、味わって、においをかぐのだ。

違いがわかるだろうか？　想像力が強力なのはまちがいないが、実際に経験することには到底かなわない。オルターエゴの〈変身アイテム〉または〈記念アイテム〉は、あなたの想像力と物理的な世界とをつなぐ架け橋であり、物理的な世界に固定させるための錨なのだ。

オルターエゴを定着させるために〈変身アイテム〉を持つことは、変身を可能にするだけでなく、習慣の変化をも促してくれる。有名な俳優のケーリー・グラント（本名はアーチボルド・リーチ）は「私は、自分がなりたい人のまねをした。その人になりきるまでまねをした。その人が私になったのかもしれないが。あるいは二人で歩み寄ったのかもしれない」と述べている。オルターエゴも、あなたがこのような状況に到達するのをサポートしてくれる。つまりあなたの必要性に応じて、考えなくても自然にあなたの〈勇敢な自己〉が現れるよう、助けてくれるのだ。

同じことは私にも起きた。最初私は、めがねをかけて、自分を「リチャード」と名乗っていたが、そのうちに名前やめがねがなくても自分に自信を持ち、賢くて立派な人間だと感じられるようになった。そんな人間になっていたからだ。

私は毎回、そのような堂々とした態度で見込み客との商談に臨むようになった。習慣化していたのだ。わざわざ最高の自分を呼び出さなくても、普段からそんな自分でいられるようになった。私はビジネスの〈フィールド〉で、新しいアイデンティティをつくることにした（だからといって完璧な人間になったわけではない。まだ直さなければならない欠点があるからだ。とはいえ、当初私が抱えていた問題は解決できた）。

パフォーマンスコーチとしての私の目標は、クライアントが重要な場面で常に最高のパフォーマンスを維持できるよう支援することだ。そのためには、最高のパフォーマンスを発揮することを習慣づける必要がある。呼吸するみたいに、ごく自然にできなければならないのだ。

1970年代に映画批評家のノエル・バーチは、新しいスキルは4段階を経て習得すると考え、それを簡略化した習得モデルをつくった。これは「習得の4段階」と呼ばれている。人は「無意識的無能（知らないしできない）」で始まるが、やがて「意識的無能（知っていてもできない）」に移行し、それから「意識的有能（考えるとできる）」段階になり、最後には「無意識的有能（考えなくてもできる）」状態になるという。

このモデルにすこし手を加えて、誰もがたどる変化の4段階について説明しよう。

【第1段階】無知——あなたは「自分が何を知らないかもわかっていない」状態だ。前述した「無意識的無能」と呼ばれる段階だ。よくある「意識していない段階」のこと。

【第2段階】意識——あなたは「自分があることを知らない」ことに気づき始める。いわゆる「意識的無能」の段階だ。あなたは、あることのやり方を知らないことに気づいたところだ。

【第3段階】変化——「自分があることを知らない」ことを自覚し、変わろうと意識的に決断する段階。いわゆる「意識的有能」の段階だ。ここでは努力しなければならないため、一番大変な段階だ。あなたは習慣を変え、態度を改め、心のなかで新しい思考パターンをつくり始める。あなたは何をすべきかを知り、それをやっているが、まだ身についていないために努力が必要となる。

【第4段階】精通――変化が完成する段階のこと。それほど注意しなくても、自動的に物事ができるようになる。いわゆる「無意識的有能」の段階だ。あなたはやり方を知っていて、考える必要もない。あなたはそれをすでに習得しており、〈フィールド〉に足を踏み入れるとき、または〈決定的な瞬間〉に直面したとき、何も考えなくても〈勇敢な自己〉を出せるようになる。

〈変身アイテム〉を使うことは、〈勇敢な自己〉を呼び出すトレーニングにもなる。そのうちに〈変身アイテム〉は必要なくなり、あなた次第で呼び出せるようになるだろう。

私は今も好んでめがねをかけるが、それはめがねをかけるのが楽しいからであり、変身することは人間にとってごく自然なことだとみんなに思い出してほしいからだ。

誰にでも、行動を誘発するトリガーがある。ブルース・スプリングスティーンの「明日なき暴走」を聴くと、私は友人のビルと一緒にトランスカナダハイウェイを走行していたときのことを思い出す。週末で、私たちはソフトボール大会に向かうところだった。恐ろしく陳腐に聞こえるかもしれないが、あの曲を聴くたびに、私の脳裏にアルバータ州のメディシン・ハットで過ごした親友との一夏が生き生きとよみがえるのだ。

指輪をはめたり、タオルで顔をぬぐったり、制服を着たりするのと同じだ。あなたはすでに、自らの任務に必要な特徴を選び出している。〈変身アイテム〉か〈記念アイテム〉に触れるたびに、あなたは心理的にそのオルターエゴが具現するものをすべて呼び出せるようになる。

3種類の〈変身アイテム〉または〈記念アイテム〉
――「身につける」「持ち運べる」「〈フィールド〉に関連する」

〈変身アイテム〉とはあなたのオルターエゴを表すもの、またはオルターエゴにつながるためのもので、ときには〈フィールド〉を使うこともある。実験用の白衣、制服、帽子、めがね、ステージ、競技場など、文字通りなんでも構わない。

〈記念アイテム〉も同じようなものだが、歴史的な重要性があるものでなければならない。仮にあなたが何世代も受け継がれてきたジュエリーを使っているなら、それは〈記念アイテム〉だ。そのジュエリーはあなたの祖先か一族との長年のつながりによって影響力が増すか、あなたの家族のおかげで重要性が高くなる。

といっても、必死に考え込む必要はない。〈記念アイテム〉か〈変身アイテム〉を手に入れなければと考えを巡らせるまでもないということだ。この二つの目的は同じで、オルターエゴのスイッチを入れて、あなたの行動に意味を持たせるためにある。

〈変身アイテム〉または〈記念アイテム〉は、あなたがオルターエゴを強く連想するものにしよう。たとえば医師にとっての聴診器のようなものだ。『マイティ・ソー』のソーにとっての魔法のハンマー「ムジョルニア」、ワンダーウーマンにとっての「真実の投げ縄」みたいなものだ。あなたが選ぶ〈変身アイテム〉か〈記念アイテム〉は、本書の前半であなたが選択した主要な特徴を物理的に体現するものとなるだろう。

〈変身アイテム〉と〈記念アイテム〉には次の三つの種類がある。

1．身につけるもの

〈変身アイテム〉の選択肢のなかで、もっとも強力なアイテムだ。あとで説明するが、オルターエゴを使い始めて間もない頃には、脱ぎ着ができるものはとても便利だ。このカテゴリーには実に多くのものが含まれる。あなたのオルターエゴの〈変身アイテム〉か〈記念アイテム〉のヒントになるよう、いくつか例を紹介しておこう。

制服　　ジャケット
コスチューム　　靴下

ヘルメット
帽子（どんな種類でも可）
めがね
ジュエリー（指輪、ネックレス、ブレスレットなど）
リストバンド、スウェットバンド
靴（スニーカー、ハイヒール、スリッパ、サンダルなど）

Tシャツ
バンダナ
時計
トレーナー
スーツ

2．持ち運びできるもの

野球選手のトニーは、アイオワ州の農場で育った。彼は家族を大事にしている。彼のオルターエゴには、家族を誇らしい気持ちにさせたい、家族に栄誉をもたらしたいという動機がある。彼は実家の農場から持ってきた小石を持ち歩き、オルターエゴのパリーがほしくなるたびに、ポケットに手を入れて、指で小石を転がす。

もう一つ、ジョンの例も紹介しよう。ジョンは強力な〈記念アイテム〉を持っている。彼のオルターエゴは祖父で、彼の〈記念アイテム〉はその祖父の懐中時計なのだ。他にも、営業電話をかけるときや、重要なミーティングに出席するときに、ペンなどの特定のアイテムを持ち歩いたり、握りしめたりする人がいる。

参考までに、いくつか例を紹介しておこう。

コップ（コーヒーカップ、ティーカップ、トラベルタンブラーなど）　ノート
野球のボール　特別なコイン
石または小石　ペン
羽　タオル
写真（あなたのオルターエゴ、またはその特徴を表す写真）
トレーディングカード（私がアメフトのユニフォームに忍ばせていたようなもの）

10代の頃、私は国内トップクラスのバドミントン選手でもあった。試合の前になると、更衣室で蛇口をひねって白いタオルを水でぬらしたものだ。床に水がしたたらないようタオルを絞り、折り曲げて60センチ角ほどの大きさにして、コート脇に置いておくのだ。

他の選手たちは、こうして置いたタオルをシューズで踏んで靴底をぬらし、滑りにくくするために使っている。だが私は、このタオルを「充電所」だと考えていた。私はここでオルターエゴを「パワーアップ」させて、エネルギッシュになってコートに戻るのだ。

繰り返すが、この戦略にルールはない。オルターエゴの世界はいつでも広げられるし、私の場合は〈変身アイテム〉を加えたことで、オルターエゴをパワーアップできた。

私のクライアントの多くはまさにこの方法を使っている。

ミッチを覚えているだろうか？　新しい仕事に就いた、金融系のビジネスマンだ。彼のオ

ルターエゴは、ホロコーストを生き延びてアメリカに渡り、4人の子どもを立派に成人させた、偉大な祖母だ。

彼が〈記念アイテム〉に使っているのは、祖母が「祖国」から持ってきた写真だ。彼は机の上にその写真を飾り、自信を失ったときや、困難な状況に直面したときに、フォトフレームを自分の方にすこし傾けて、祖母のパワーのスイッチを入れるそうだ。

3.〈フィールド〉に関連するもの

ボー・ジャクソンはアメフトのフィールドに足を踏み入れた途端に、ジェイソンに変身する。彼にとってフィールドは〈変身アイテム〉なのである。ブロードウェイで働く私のクライアントの何人かは、ステージを〈変身アイテム〉にしている。ある作家は、ワークチェアに座るたびにオルターエゴに切り替わる。ビジネスマンのクライアントの多くは、会議室に足を踏み入れた途端にオルターエゴに切り替わる。

〈変身アイテム〉は身につけられるものでなくても構わない。〈フィールド〉にあるものでも、〈フィールド〉そのものでもいいのだ。

〈変身アイテム〉や〈記念アイテム〉の選び方

――押さえておきたい三つの原則

これはハロウィーンのコスチューム選びとは違うことを肝に銘じてほしい。八つのアイテムを選んで、すべて〈変身アイテム〉などと言わないこと。選ぶのは一つだけだ。慎重に選ぼう。絶対に押さえておいてほしい原則がいくつかあるので紹介しよう。

1. あなたにとって象徴となるもの

何を選ぶにせよ、あなたのオルターエゴ、すべての〈超能力〉、あなたがつくった成長物語を喚起するものでなければならない。そういうものであればなんでもいい。これはあなたのオルターエゴを象徴するものなので、あなたとオルターエゴを結びつけるものにしよう。

直接的なつながりのないオルターエゴを選んだ人もいるだろう。ウォール街で働く私のクライアントは、バットマンをオルターエゴに選んだ。

といってもバットマンのコスチュームを着ようものなら、仕事を失いかねない。だが工夫することはできる。バットマンは黒いコスチュームを着ているので、そのクライアントは黒いネクタイか黒いスーツを〈変身アイテム〉に選んだ。重要なミーティングがあって、オルターエゴが必要そうな日は、彼は黒いネクタイか黒いスーツを着る。

〈変身アイテム〉や〈記念アイテム〉には、オルターエゴと直接関わりのあるものを選んでもいい。私の知りあいは、スーパーマンのカフスボタンをつけている。

ある大学生ゴルファーは、タイガー・ウッズをオルターエゴに選んだ。彼はゴルフクラブに虎柄のヘッドカバーをつけ、虎のロゴが入った靴下を履いている。私のクライアントでもある馬術の選手は、ワンダーウーマンが着用しているような特注のブレスレットを身につけている。

動物や無生物をオルターエゴに選んだクライアントは、指輪、ペンダント、イヤリングなど、彼らの「守護動物」を思い起こすものを使っている。

あるプロのサッカー選手は、B－2ステルス戦略爆撃機をオルターエゴに選んだ。なぜかって？　「ぼくは見つけにくく、速く、相手選手がぼくの存在に気づく頃には、ぼくはすでにゴールネットにボールを蹴り込んでいるだろう」といったプレーを目指しているからだ。彼のシューズに入っている特製の中敷きには、B－2のステッカーが貼られている。

オルターエゴとは無関係の〈変身アイテム〉を選んでもいい。普遍的なシンボルでもいいし、あなたにしか意味をなさないものでもいい。私の〈変身アイテム〉はめがねだが、誰もがめがねを見て尊敬と知性を連想するわけではない。

〈変身アイテム〉や〈記念アイテム〉はなんでもいいし、それがあなたのオルターエゴと関係なくても構わないが、あなたの心が共鳴し、あなたにとって意味のあるものにすること。

2.〈フィールド〉でいつでも使えるものを選ぶこと。時々使えるだけでは不十分

あるクライアントは、〈変身アイテム〉に物理的な環境を選んだ。アイスホッケー選手の彼は、ホームリンクを囲むフェンスに彼のオルターエゴが住んでいると想定し、彼が氷上に立った瞬間に、そのオルターエゴを呼び出す。

おもしろいアイデアだが、この方法だとホームゲームでしかオルターエゴが使えない。会議室など、〈フィールド〉にある何かを選ぶときは、いつでも使えるかを確認しよう。

このクライアントのオルターエゴはすこし調整して、ボー・ジャクソンのオルターエゴと同じように、氷上に住んでいることにした。特定の会議室を〈変身アイテム〉にする代わりに、会議室に入った瞬間にオルターエゴに変身するという設定がいいだろう。つまり入り口を〈変身アイテム〉にするのだ。

3.脱ぎ着がしやすいもの、ポケットに出し入れできるもの、自由に出入りできるもの

注意点があるのでお知らせしよう。この戦略を始めたばかりの頃に多いのだが、オルターエゴがうまくはまらないときがある。するとあなたはいつもと同じ性格になり、〈がんじがらめの自己〉に戻ってしまうだろう。

そんなときはリセットする必要がある。私もめがねをかけているときに、〈敵〉の仕業によって〈平凡な世界〉に引き戻されたことがある。不安、恐怖心、他人の目が気になるなどの私の三大不安が頭をもたげてくると、私はいつもめがねを外した。私のオルターエゴのリチャードにはそのような不安はないため、めがねを外す必要があるのだ。めがねを外すだけで、私は何をすべきか、重要なことは何か、リチャードにはこれらのドラゴンを退治して〈フィールド〉に戻る能力があると思い出させてくれる。それを確認してから私は再びめがねをかける。

そのうちに、めがねのつるがこめかみをすべるのを感じるだけで、私は自信を取り戻し、オルターエゴに再び切り替われるようになった。

こうしてリセットをかけるのだ。

〈変身アイテム〉にフィールドや会議室を選ぶと、オン／オフを切り替えたくても、外に出るのは容易ではない。〈フィールド〉を〈変身アイテム〉に選ぶなとは言わないが、心にとどめておいてほしいことがある。〈フィールド〉にあるものを〈変身アイテム〉に選んだ場合は、違和感が生じたときに、リセットをかける方法を工夫しよう。

前に私がコート脇にタオルを置いておいた話を紹介したが、あのアイデアを使ってもいいだろう。環境のなかに、「リセット」や「パワーアップ」ができる活動か場所を具体的に決めておこう。

あるクライアントは、会議室にいるときに不安を感じると、結婚指輪を外してテーブルをこつこつ叩いてオルターエゴを呼び戻して、不安を静めるという。

気をつけてほしい点
――やってはいけない三つのこと

オルターエゴはシンプルだ。つくり方を誤ることはめったにないが、そうなった場合は修正しよう。やってはいけないことをいくつか紹介しておく。

1. 〈変身アイテム〉や〈記念アイテム〉は、常時身につけたり、持ち歩いたり、使ったりしないこと。オルターエゴは特定の〈フィールド〉で使うもの、または困難を伴う〈決定的な瞬間〉で使うためのものだ。計画的に使う必要がある。人生のあらゆる場面で同じオルターエゴを使っている人は、要点を見落としている。あなたは人生のさまざまな領域で異なる役割を担うが、その役割で他者以上の結果を出すには、それぞれ異なる特性が必要となる。

2. 〈変身アイテム〉や〈記念アイテム〉は手放さないこと。これはあなたとあなたのオルターエゴのためのものだ。人に貸してはいけないし、他人には黙っておくことをお勧めする。ミーティング中に隣に座っているサラやブランドンに、あなたがつけているスーパーマンのカフスボタンについて、本当のことを語る必要はないからだ。

そのパワーと知識は秘密にしておこう。私が過去に使っていたオルターエゴの話をするのは、読者に要点を伝えるためだ。オルターエゴについてまわりの人に話すか否かはあなた次第だ。だが、最初は黙っておくことをお勧めする。みんなが知らないことを知っていると、優越感を味わえる。

さらに、仮にあなたがスポーツや営業職などの競争の激しい環境に身を置いている場合、あなたのライバルはそれをネタに、あなたをからかうかもしれない。あなたの世界によっては、それは良くもなるし、悪くもなるだろう。私は単に最初は秘密にすることを勧めるだけだ。あなたの小さな秘密にしておこうではないか。

3. 着用するにせよ、持ち運ぶにせよ、使うにせよ、あなたが楽しいと感じられるものを選ぶ。あなたがポジティブな気持ちになれるものを選ぶこと。でなければ、〈変身アイテム〉や〈記念アイテム〉の威力をフルに発揮できなくなる恐れがある。

オルターエゴに敬意を！
――名誉と品格をオルターエゴに与えよう

高校生の頃の私は、心のなかでロッカールームをイメージし、私のオルターエゴを構成するメンバーを呼び出した。呼び出したのはウォルター・ペイトン、ロニー・ロット、ネイティブ・アメリカンの首長たちだ。そして彼らと想像上の会話を交わすのだ。

彼らは一人ずつ、私に何かを手渡した。覚えている読者もいると思うが、当時の私はユニフォームにウォルターとロニーのトレーディングカードを忍ばせていた。私の空想のなかで、彼らは私にトレーディングカードを手渡す。そしてウォルターが私にこう言うのだ。「トッド、おれのカードだ。おれの一部をヘルメットのなかに入れてくれ。ただし、一度フィールドに出たら、手を抜くなどしておれの名誉を汚さないでくれよ。体格など気にせず、誰であれタックルしろ。おまえが相手にぶつかるときは、おれがついててやる。気が進まないなら、トレーディングをそこから出して返してくれ。おれたちに恥をかかせたり、おれたちのプレーを侮辱するようなまねをして、おれたちの名誉を汚すなよ」

そんなことをするのかと尻込みする人もいるかもしれないが、私はこうしてゆるぎない信念と名誉を重んじる空間をつくり出した。私は深くオルターエゴにつながろうとしたのだ。

このちょっとした会話が、私のオルターエゴに意味を吹き込んだ。私は、これらの偉大なアメフト選手やネイティブ・アメリカンを体現するのだから、彼らにふさわしい敬意を払う方がいいと思った。そして彼らの意味を尊重すべきだと思ったのだ。

あなたのオルターエゴにも、ふさわしい名誉と品格を与えよう。仮にあなたのオルターエゴが祖父か、スーパーヒーローか、あこがれの人か、あなたが畏怖の念を抱く動物だった場合、あなたはその名前、物語、レガシーを汚したいと思うだろうか？　私は絶対に嫌だ。〈変身アイテム〉や〈記念アイテム〉にはその名誉、レガシー、敬意、そしてその意味が統合されているのだから。

ＣＢＳのテレビドラマ『ＮＣＩＳ』に、ジヴァ・ダヴィードというキャラクターが登場する。彼女はイスラエルの課報機関モサドの最強エージェントで、かつてはイスラエルの軍事スパイだった。自信に満ちあふれ、男性に引け目を感じることなく、対等な立場をたもとうとする女性だ。実を言うと、私の数人のクライアントがジヴァに深く共鳴し、彼女をオルターエゴに選んでいる。

大手金融機関に勤める女性は、私にこう語った。「私がおどおどした態度を取って、男性から手荒に扱われることはないでしょう。そんなことになったら、私がジヴァに叱られてしまう」

要するに、全力でやれということだ。

その瞬間がきたら信号を送る

——オルターエゴを起動するためのシグナル

オルターエゴと〈変身アイテム〉と〈フィールド〉、または〈決定的な瞬間〉を統合したら、いよいよ最終段階に入る。

スーパーマンが変身するときは、電話ボックスに入るか、シャツを脱ぎ捨てる。ダイアナはくるりとまわってワンダーウーマンに変身する。スパイダーマンはマスクをはぎ取る。あなたにも別の自分、つまりオルターエゴに意図的に変身する瞬間がある。〈変身アイテム〉か〈記念アイテム〉をスイッチとして使い、オルターエゴに切り替わるときが来たら、信号を送って知らせる。

〈変身アイテム〉か〈記念アイテム〉のなかにオルターエゴがいると信じると、スムーズに信号を送れるだろう。

たとえばオルターエゴX錠を口に入れた瞬間に、オルターエゴが起動するとか。指輪をはめた瞬間か、ポケットに小石か懐中時計を入れた瞬間にオルターエゴが起動する、といったように。めがねのつるがこめかみをこすった瞬間、まるでスイッチが入ったみたいに〈秘密のアイデンティティ〉が起動するのでもいい。

第1章で紹介したアンソニーを覚えているだろうか？　私のアドバイスを求めて、早朝発の列車ではるばるニューヨークまで私に会いに来た若きアスリートだ。アンソニーはメリーランドの高校生バスケットボール界における成長株だった。コートのなかではいつも活躍していたが、それもある日、彼の高校の2学年にある学生が転校して来るまでの話だった。その新入部員は万能選手で、まもなくアンソニーは自分のプレーにダメ出しし、どうプレーしたらいいのか悩むようになった。

観客席の人たちが、自分とその新しい選手を比べているのではないかと心配になり、自分はもう月並みな選手だと肩を落とした。若いバスケットボール選手が試合中のプレーに自信をなくすときにありがちなように、アンソニーはキレを欠き、ミスを連発するようになった。彼はかつてのプレーを取り戻そうと必死だった。

最終的にアンソニーは、黒豹の力強さ、敏捷性、スタミナをものにしようと、黒豹をオルターエゴに選んだ。彼の〈変身アイテム〉はタオルで、試合が始まる直前にこれを使って黒豹のスイッチを入れる。

ウォーミングアップが終わった途端、彼はサイドラインの外に出てバッグをつかみ、タオルを取り出して、ゆっくりと顔を拭う。スパイダーマンと同じように、彼はそうやって黒豹のマスクをつけるのだ。アンソニーにとってそのマスクは外骨格みたいな働きをする。自分の姿をさらしている気がしないのだという。まわりの人たちがどう思い、何を言おうが気にならなくなった。彼自身はマスクの下に隠れているからだ。

彼はタオルで顔を拭ってから椅子から飛び上がる、豹が獲物に飛びかかるみたいに。オルターエゴの出番だ。

タオルで顔を拭って椅子から飛び上がる動作を合図に、彼はオルターエゴと〈超能力〉を起動させるのである。

私がめがねをかけるときもそうだ。めがねのつるがこめかみをすべって耳の後ろにかかった瞬間、オルターエゴの出番だと感じる。作家のアリシアの場合は、ワークチェアに腰を下ろして古いカレッジパーカーをはおった瞬間。

騎手のリサの場合は、特注のワンダーウーマンブレスレットをつけて、あぶみに片足をかけ、もう一方の脚を振り上げて鞍にまたがった瞬間。アイオワ州出身の野球選手トニーの場合は、ポケットに手を入れて、実家の農場から持ってきた小石を親指と中指ではさんだ瞬間だ。

あるプロゴルファーは、両方のソックスを履いて半分ほど引き上げ、ゴルフシューズを履いて紐を結び終えたら、両方のソックスをぐいと引っ張り上げて「タイガー・ウッズ」を起動させる。

私のクライアントのビジネスマンは、ブルーノマリの革靴を履くときにスイッチを入れる。彼は右足から靴を履いて紐を結ぶ。それから左足を靴に入れるのだが、かかとが中敷きに触れる前に手を止める。そしてかすかに足を踏みならして、オルターエゴを起動させるという。かつての悪い癖が出てきたときや、〈秘密のアイデンティティ〉の効力が失われてくると、彼は両方のかかとで床を踏みならして「自分のなかにいる野獣を目覚めさせる」。

ちなみに彼がオルターエゴに切り替える際に左足を使うのは、彼がかつて「悪魔的な左足」を持った一流のサッカー選手だったからだ。

こうした例を見て、子どもの遊びみたいだと感じる人もいるだろう。「足を踏みならす」とか、「ソックスをぐいと引っ張り上げる」とか、「小石をつまむ」とか、それは子どものお遊びじゃないか、私は大人だ、と反発する人もいるだろう。

それも一理ある。あなたがそう思うなら、それで構わない。だがそれは科学を否定し、自分の心の働きを否定し、一流の人々の生き方ややり方を否定するだけだ。平均的な人たちのやり方を知りたければ、書店の本棚にその種の本が何百冊と並んでいる。

人間の想像力をつくり出したのは私ではない。人間はごく自然に過去の自分の人格の一部を拡大したり、過去のキャラクターと遊んだりするものだ。人間は神話と物語の原型が好きで、だからこそ想像力を働かせるのだろう。

次はあなたの番だ！
――変身には動作を取り入れよう

オルターエゴは四六時中有効ではないことを覚えておいてほしい。〈フィールド〉にいる間ずっと変身を維持したい人もいれば、これまでに失敗したり、思うような行動ができなかったりした〈決定的な瞬間〉にだけ変身したい人もいるだろう。

営業職の人は、一日中オルターエゴを使いたくなるかもしれない。あるいは、取り引きを成立させたいときだけ変身したい人もいるだろう。アスリートなら、フィールドで競っている間ずっとという人もいれば、試合の最終段階か、特定のライバルを相手にしたとき、または特定の状況で変身したい人もいるだろう。

仮にあなたが会社の経営者で、宣伝が大の苦手な場合は、交流会に出席する間や、ＳＮＳでやり取りするとき、または販促資料をつくるときだけオルターエゴの力を借りることもできる。

いずれの場合にせよ、オルターエゴが出番を待っていることを認識しながら、〈変身アイテム〉をつかみ、オルターエゴのスイッチを入れよう。あなたが探すべきなのは、ごく自然にオルターエゴを呼び出せる〈変身アイテム〉か〈記念アイテム〉だ。

たとえば私は仕事から帰宅したとき、自宅の玄関を開ける前に、立ち止まって娘がつくってくれたブレスレットを身につける。さあこれで、コーチでも、ビジネスマンでも、投資家でもない、楽しいパパの出番だ。

変身方法はシンプルで簡単にできて、忘れない方法にしよう。ただし、あなたがいつでもできる方法を選ぶこと。

野球帽を〈変身アイテム〉に選んだ人は、それを頭にかぶったときに変身するだろう。指輪やネックレスの場合は、そのジュエリーを身につけたとき。ミーティングの前に特定のシャツやネクタイを身につけたとき、という人もいるだろう。あるいは特別なペンを取り出して、それをしっかりと握ったときかもしれない。別のクライアントは、母親の写真入りのロケットペンダントを首にぶら下げていて、交流会の前になると、ロケットを開いて閉じ、それから会場に入るそうだ。

変身方法はあなたがごく自然に、心地良くできる方法ならなんでも構わないが、体を使う動作にすること。

私は今までにこのプロセスを個人やグループに何千回と教えてきたが、その経験から私が学んだことを教えよう。

この最終段階で全体像を見て、すべての要素が合致するのを確認したあと、本質を理解したと感じることがある。もしそう感じたら、本書の前半を読み直すと、オルターエゴとその目的との関係性をもっと密にできるかもしれない。

繰り返すが、どの要素もオルターエゴが活躍するすばらしい世界へとつながっている。その世界では、大小さまざまな目標を達成することも、楽しむことも、人生につきものの悩みや苦しみから解放されることも可能だ。

〈変身アイテム〉か〈記念アイテム〉がオルターエゴを起動するのを確認して、このメカニズムがわかったと思ったら、本書をもう一度読み返して前に理解できなかったところを確認するか、他の章を参照してオルターエゴのパワーをフルに活用できるようにしよう。

クライアントから時々こんな相談を受ける。「この戦略はすごいです。でも、自分に不信感を抱いたらどうなりますか?」「前に進むのが怖くなったら、どうすればいいですか?」。「私は、ある人の前だと畏縮してしまい、オルターエゴの力を発揮できません。あなたがおっしゃっていた、がんじがらめの世界に逆戻りしそうになります」

超人ハルク、ワンダーウーマン、ソーと同様に、あなたにもグラウンドパンチが必要だ。それでは、次章でグラウンドパンチを手に入れよう。

15

第15章

試練のときはグラウンドパンチを繰り出そう

〈敵〉に対する〈反撃の言葉〉をつくろう

――悪循環から抜け出し勝利する方法

どんなスーパーヒーロー映画でも、ヒーローが勢いを失い、敵が盛り返してヒーローを打ち負かしそうになる場面がある。しかしヒーローは、自分の内なる力を振り絞るか、何かから活力をもらうか、相手の猛攻撃に反撃する方法を見つけるかして、最後は冷酷な目つきで「もはやこれまでだ」と言い放って敵を倒す。

観客は立ち上がり、歓喜の叫び声を上げながらこぶしを振りまわす。映画『ロッキー3』

にもそんな場面がある。ロッキーは、ミスター・T演じる悪名高いジェイムズ・クラバー・ラングと対戦するが、体格で勝るクラバーから猛攻撃を浴びせられる。ロッキーに勝ち目はないと思われたとき、突如ロッキーが反撃に転じて、クラバーに激しい連続パンチを食らわせ、最後は壮絶なノックアウトパンチで勝利をものにするのだ。当時私は6歳で、兄のロスとライアンと一緒に映画館の後方の座席で見ていた。この場面を見たとき、私は椅子から飛び上がって歓声を上げた。

ありきたりな場面だ。だが、ありきたりなのには理由がある。それが現実だからだ。

誰もが悪循環から抜け出し、復活して勝利する方法を知っておく必要がある。

超人ハルクがこぶしを地面に叩きつけて激震を引き起こし、敵を倒す場面を見たことがあるだろうか？　あなたはこう思ったかもしれない——「なんでもっと早く出さなかったんだ？」あなたに必要なのもグラウンドパンチだ。

２０１７年に公開された映画『ワンダーウーマン』の最終決戦の場面。悪辣な神アレスが人類を滅ぼそうと計画していると明かし、ダイアナに仲間になれと迫る。一連の戦いのさなか、ダイアナの仲間で友人のスティーブが、破壊的な爆弾から人類を守るために自らを犠牲にする。強敵アレスは、人間を滅ぼすべきだと再び彼女を説得しようとする。

ダイアナは、自分を犠牲にした友人スティーブの行ないは人類がすばらしい一面を持っている証拠だと確信する。ダイアナはアレスの仲間になることを拒み、持てる力をフルに発揮してアレスの強力な放電攻撃をはね返して、今度こそアレスを倒す。

このような瞬間はどの映画でも見つかるし、あなたもこれまでに内側に埋もれたすごい力を発見したり、もうひと頑張りできたり、あきらめるのを拒んだりした瞬間があるはずだ。

そんなわけで、いざというときのために別の解決策を紹介しておこう。

あるテニス選手の戦い
――完璧な計画でも、ときには狂う

アスリート相手の仕事をする人は、週末になると多忙をきわめる。ある土曜日も例外ではなかった。私は寝返りを打ってサイドテーブルの上にあったケータイを手に取ると、地球の反対側で戦っているクライアントから連絡が来ていないか確認した。レイチェルからのメッセージが3件入っている。

本書の前半で紹介したが、レイチェルはテニスプレーヤーで、試合中に自分の優勢を維持できないという問題を抱えていた。フェア精神を重んじる彼女は、自分が一方的に勝つと、相手に罪悪感を覚えてしまう。そんなわけで彼女はつい手をゆるめて、相手に逆転を許してしまうのだった。スポーツでは決していい戦略ではない。

その日レイチェルは、アジアのあるテニス選手権に出場していたため、私はケータイの

ロックを解除して、試合がどうなったか確認することにした。レイチェルのメッセージから察するに、彼女のオルターエゴはうまくいっていないようだ。

私はこっそりとベッドから抜け出すと、夜中のうちに夫婦の寝室に忍び込んで床で寝ている子どもたちを起こさないよう気をつけながら、そっとリビングルームに入った。それからケータイでレイチェルの名前をタップして電話をかけた。

「もしもし」

「やあ、レイチェル。どうしたんだ?」と私が訊ねた。

「メッセージにも書きましたが、昨日の試合で私は完璧にプレーしていたんです。プレーに完全に集中し、ショットもすべて全力で打ちました。キレを欠き始めたところで、オルターエゴの力を使って勢いを取り戻そうとしたんですが、うまくいきませんでした」

「試合はどうなったんだい?」

「私が大差で勝っていたこともあり、最後は逃げ切りました。でもあの試合なら、40分早く終わらせられたでしょう。相手は強敵ではありませんでしたし」

「わかった。その問題は一緒に解決しよう。だからストレスをためこまないように」

それから私はレイチェルに、ネガティブなセルフトークが繰り返される、かつての悪癖が出たか訊ねた。レイチェルはすこし考えたあと、「いいえ、以前の悪いパターンに戻っただけだと思います」と言った。

「それならいい」と私。「グラウンドパンチの使い方を教えよう。これを使えば、どんな自己不信、ネガティブな思考、恐怖心、不安も撃退できるだろう」

「グラウンドパンチ？」

レイチェルが任務を達成できると自信を持って前進できるよう、私はグラウンドパンチの使い方を伝授した。読者にはオルターエゴの兵器庫に備えておいていただくために、二つの手法を紹介しよう。〈敵〉が近づいてきて進路を阻もうとしたときのために、この武器を使えるよう準備しておいてほしい。

読者にはあなたのオルターエゴがどう動き、どう話し、何を感じ、何を考え、そしてどんな癖があるかを書き留めてもらった。成長物語をつくり、〈変身アイテム〉か〈記念アイテム〉も選んでもらった。これはただの心や感情のエクササイズではない。他にも、オルターエゴのために、あなたのとは異なる行動パターンや身体的な動きも考えた。

一度オルターエゴのスイッチを入れれば、体も心も感情も完璧に変身するはずではないのかって？　その通りだ。だが、それですべてがバラ色になるわけではない。

レイチェルの話に戻ろう。私たちは一緒にこのプロセスに取り組み、彼女のオルターエゴを見つけ、肉づけし、そしてスイッチを入れた。この戦略を使い始めた彼女は、楽しむようになり、試合で結果を出せるようになった。だがどんなヒーローもそうだが、物事はいつも自分の思い通りにいくわけではない。想定外の出来事は起きるし、恐ろしい〈敵〉が現れて、任務どころではなくなるかもしれない。

ワンダーウーマンはスピード、スキル、怪力と、すべてにおいて類いまれな能力があるが、その彼女ですら、外側の敵と内側の敵の両方と戦わなければならない。ワンダーウーマンが計画通りに物事を運んでいても、目の前に〈敵〉が現れると、計画に狂いが生じる。悪役が問題を引き起こすか、過去のトラウマが頭をもたげるかして、彼女は自分の能力に自信を失ったり、任務を遂行するべきか迷ったりする。

そこでワンダーウーマンは何をするか?

破壊的なグラウンドパンチを食らわすのだ。

「絶対に屈するものか!」と踏ん張る瞬間だ。近づこうとする敵を険しい目でにらみつけて、相手をたじろがせる瞬間でもある。〈勇敢な自己〉を維持しようと、あなたは心の底から決意する。

〈敵〉を退散させるには

――グラウンドパンチを繰り出せ

人間は、絶え間なく頭のなかで会話をしている。困難なことをやろうとすると、会話はネガティブでやる気を削ぐようなトーンに変わる。現時点でも、あなたのアイデンティティの一部が、〈フィールド〉で成功しようとするあなたを邪魔しようとしていないだろうか。あなたの世界には〈敵〉と呼ばれるものが存在し、〈敵〉はたびたび現れては、あなたの足を引っ張ろうとする。するとあなたはためらったり、迷ったり、自分に自信を失ったりする。

　オルターエゴをつくると、頭のなかで健全な会話ができるようになる。オルターエゴがなかった頃、おそらくあなたが〈フィールド〉にいるとき、頭のなかの声は厳しくて批判的で、安全策を取るようあなたを説得しようとしただろう。

　だが、このプロセスを通して〈敵〉に名前をつけ（ヴァレリアが〈敵〉をイゴールと名づけたように）、オルターエゴをつくって名前をつけたことで、あなたははっきりと異なる二元性をつくり出した。あなたはもう、頭のなかで自分だけと会話し、はてしなく無意味なやり取りを繰り返す世界とは無縁の世界で生きているのだ。

　オルターエゴが活躍する〈フィールド〉では、〈敵〉の侵入を阻止するための境界線ができる。今や、〈敵〉が現れてあなたを人生の脇へ引っ張り出そうとしても、あなたは観客的な立場から〈敵〉と会話できるようになる。

　だが、まちがえないでほしい。〈敵〉は私たちの一部であり、決して消えることはないだろう。しかし今やあなたは、オルターエゴという〈敵〉を倒す強大な力を手に入れた。

　では、どうやって「グラウンドパンチ」を繰り出すか？　どうやって〈敵〉を退散させればいいか？　では、長年にわたって効果があると証明された二つの方法を紹介しよう。

グラウンドパンチ　その①——場外キック

場外キックとは、〈敵〉にキックをお見舞いして、場外か脇へ追いやることだ。前述のテニスプレーヤー、レイチェルにもこの方法を伝授した。彼女の〈敵〉の名前はスージー。この名前は、彼女が前に読んだ本のなかで、彼女が嫌だと思ったキャラクターから取った。

あの電話で、私はレイチェルにこんな話をした——きみが前の悪い行動パターンに戻ってしまい、相手選手に逆転を許しそうになったら、オルターエゴとスージーに簡単な会話をさせよう。たとえばこう言うんだ。

「ちょっとスージー。ここは私のコートよ。脇にどいて。そこがあんたの居場所なんだから。ちなみにここ、このコート。ここは私の居場所なの。私はここに住んでるんだから、あんたは出てってて！」

実に激しいやり取りだ。だがとても役に立つことは、レイチェルはもちろん、その他何百人もの人たちによって証明済みだ。この方法を教わったあるクライアントは、「ようやく頭のなかを牛耳れるようになった気がする」と言った。レイチェルは頭のなかで、試合をするのは誰か、そして彼女がコートにいる目的は何かを強く訴えた。

別のアプローチをしたクライアントもいる。彼は自分の〈敵〉をやんちゃな子犬にたとえ、子犬がいつも騒ぐものだから、彼はつい注意力が散漫になったり、やるべきことを先延ばししたり、難題を避けたりしてしまうと考えたのだ。〈敵〉の名前はエネミー・ビーグル。彼はやるべきことをさぼりたくなるたびに、〈敵〉にこう言う。

「ビーグル！　おまえの仕業だな。今はお遊びの時間じゃない。他の人に構ってもらうんだな。ぼくは今、わくわくする未来を築くために大事な仕事をしているんだ。あっちへ行け」

頭のなかで話しかけてくる声に名前をつけるか、性格を設定すると、建設的な会話ができるようになる。レイチェルがいい例だ。こうするとネガティブな思考に巻き込まれるのを防げるし、視野が広がって、進むべき道が見えるようになる。

たとえるなら、心のなかに煌々としたＥＸＩＴサインが現れて、自分がやりたい道に戻るチャンスを見いだすようなものだ。

グラウンドパンチ　その②──〈反撃の言葉〉

私はもう何年もオルターエゴ戦略を教えているが、一流アスリートや管理職のなかで、この戦略に異議を唱える人は一人もいない。だまされているような気がするとか、子どもっぽいと私に訴える人もいない。ほとんどの人はごく自然な行為だと感じるか、私が指導する前からやっていたという。今や彼らは、自分の足を引っ張る思考と戦えるようになった。あなたも例外ではない。人間はみな〈敵〉から逃れられないのだから。

仮にあなたのなかで小さな声が「きみはだまされている」とか、「くだらない」とか、「無駄だよ。変われるはずがない」とか、「自分を何様だと思ってるんだ？ 才能もスキルもないし、うまくいくはずがないだろう」などと話しかけてきたら、こう解釈しよう——「〈敵〉が私を退屈でしかない暗闇へと引きずり込もうとしている」。

あなたに何度勝利した実績があろうが、関係ない。〈敵〉はいつもあなたの〈勇敢な自己〉が現れるのを阻止しようとする。

たとえば、オリンピックでの本番の前夜に選手村の小さな寝室でベッドに寝転がっているアルペンスキー選手。メジャーリーグでの重要なプレーオフの試合で4万8000人のファンが大歓声を送るなか、29分後にはマウンドに立つことになるピッチャー。そのような選手たちと、私は電話で話したことがあるが、どんなに秀でたパフォーマンスをする実績や才能がある選手でも、「自分を何様だと思ってるんだ？」という〈敵〉の声に悩まされている。

あなたが〈フィールド〉にいるときに、〈敵〉が優勢になることもあるだろう。「自分を何様だと思ってるんだ？」という内なる声が聞こえたら、豪快なグラウンドパンチをたたき込んでやろう。

私はこれを〈反撃の言葉〉と呼んでいる。「自分を何様だと思ってるんだ？」といった、自己不信に陥らせようとする問いに対する答えを準備しておけば、セカンドギアが見つかるだろう。これでネガティブなセルフトークをはてしなく続けずに済むし、〈勇敢な自己〉かオルターエゴが安定した状態で、〈決定的な瞬間〉を切り抜けることができる。

〈反撃の言葉〉は、オルターエゴに必要な武器だ。例として、私のクライアントで、オリンピック出場を果たしたスキー選手の〈反撃の言葉〉を紹介しよう。

「自分は何様だって？　このぼくに訊いているのか？　ぼくはかれこれ１１２３日間連続で毎朝４時18分に起き、誰よりも早く山頂に到着して、今はいつもの反復練習を始めようとしているアスリートだ」

「自分は何様だって？　ぼくはメダル圏内のタイムを出すために、毎日45分間あおむけに寝転んでリラックスし、この斜面を力強い足運びと美しいフォームで難しいターンをこなして滑走する自分を、臨場感たっぷりにイメージしているアスリートだ」

「自分は何様だって？　ぼくがテレビに映ると、自宅のソファであぐらをかいているどこかの子どもが、魅了されたようにテレビを凝視したあと、母親を振り返ってテレビを指さし、『ママ、ぼくもいつかこの人みたいになりたい』と言うほどのアスリートだ」

「おまえがどんな邪魔をしようとも、ぼくにはもっと強い力がある。おまえのくだらない質問に答えている暇はないんだ。ぼくの人生は、恐怖心から生まれる疑問よりも重要なんだ」

「だから場外に出ていけ！　そこがおまえの居場所だ」

こうして〈敵〉にスポットライトをあてると、〈敵〉はこそこそと退散して身を縮め、親指を吸いながら母親を求めて泣き出すだろう。いじめっ子と変わらないのだ。

グラウンドパンチは〈敵〉を打ち負かすためにある。

反撃の言葉をつくる方法
——言葉づくりの過程を楽しもう

数年前、私がフェイスブックで〈反撃の言葉〉に関する動画をシェアしたところ、すぐにマークというクライアントから「セッションの予約を取りたい」とのメッセージが届いた。〈反撃の言葉〉をつくるのを手伝ってほしいとのことだった。

すぐれた〈反撃の言葉〉は、あなたの根性、やる気、実績を浮かび上がらせる。これから私がマークにどう指導して、どんなプロセスを経たかを説明する。私たちは次のようなやり取りをしたが、マークになったつもりでイメージしてほしい。

キャリアの始めの頃を思い出して、あなたの人生を語ってほしい。ただし、勝利したことや成し遂げたことを中心に語ること。あなたにも成功体験があるはずだ。成功を味わったことがなければ、おそらくこの本を読まないだろうから。あなたはもっと成功を味わいたい、もっと結果を出し続けたいと思っているはずだ。

マークはネットショップの経営者だが、その事業で問題が生じた。事業の売り上げの多くはアマゾン頼みだったが、このところアマゾンが何度も方針変更をしたため、マークはこうした変化にすばやく対応できるか不安を覚えるようになった。彼はさらに新サービスとして、起業家にネットショップで成功するためのノウハウを伝授することにした。

マークは何度もイベントを開催して、彼がこれまでにやった事例を詳しく紹介した。ところが彼は、自分は見かけ倒しだと不安を感じるようになった。そして他の起業家に伝授するような有益なアドバイスを提供できるのかと自信を失った。彼の会社もアマゾンの変化に対応できるか不確かだったから、なおさらだった。

「あなたのキャリアを振り返ってみましょう」と私は始めた。マークは〈平凡な世界〉にいて、〈敵〉によってインポスター症候群に引きずり込まれそうだったため、その世界の外へ出す必要があった。そのため私たちは、彼のキャリアを広い視点で見渡すことにした。私が彼に質問するたびに、彼は自伝のようにゆっくりと過去の出来事を語った。彼が何かを言うたびに、私はそれを繰り返して確認した。

「では、先ほどの話を整理しましょう。あなたは最初のキャリアとして、マイアミで警察官になった。次にどんな仕事をされたんですか？」

「コピー機のセールスマンです」

「それはおもしろい。おまけに営業成績も良かったんですよね？　最初の仕事は営業ではなく警察官でしたから、営業で優秀な成績を残せるようになるまでに、かなりの時間がかかったんでしょうね」

「いや、そうでもありません。8か月後には、コピー機の売り上げでフロリダ州のトップになりました」

「ほう。あっという間だったんですね！　コピー機のセールスマンの次は、どんな仕事をされたんですか？」

「実は、ある顧客がうちからコピー機以外にも多くのものを注文してたんです。どんな事業をしているのか気になったので、その会社を訪問してみたら、26歳の若者たちが大勢いて、駐車場にはランボルギーニが何台も停まっていて。彼らは雑貨やコンビニを直接訪問して、プリペイドカードを販売していたんです。それを見て、こんな若者でもできるんだから、私にもできるだろうと」

「それで、うまくいったんですか？」

彼はくすくす笑った。「だと思います。その事業で毎月100万ドル稼いでいたのですが、技術革新のせいで名刺が時代遅れになってしまって」

「なるほど。それで次は何を？」私は彼に、これまでの実績をすべて確認させようとしていた。

「アマゾンを使ったネットショップ事業の起業方法に関する広告を見たんです。動画を見て、これならできると思い、それから半年と経たずに100万ドル以上稼げるようになりました」

「そうですか、では話を整理しましょう。先ほどおっしゃった話では、あなたはアマゾンが絶え間なく進化して変化し続けているため、変化に対応できるか不安を感じていると?」

「はい」

「ですがあなたの話から、あなたが進化や変化に柔軟に対応できることがうかがえますが」

彼は笑ってこう言った。「ああ、あなたの言う通りかもしれません。もしかしたら私にはグラウンドパンチは必要ないのかも」

「いいえ、グラウンドパンチと〈反撃の言葉〉は役に立ちますよ。次回頭のなかで『××しようだなんて、おまえは何様のつもりだ?』とか、『おまえには無理だ』とか、『こんなのはうまくいかないだろう』といった声が聞こえたら、こう答えてください」

「何様だって? 私に訊いているのか? 私は警察官をやめたあと、ビジネス経験も営業経験もないのに、コピー機の訪問販売でフロリダ州で営業成績第1位に輝いたんだ」

「私には無理だって? 私は若造たちが訪問販売でプリペイドカードを売り歩き、稼いだお金でランボルギーニを乗りまわすのを見てチャンスだと気づき、退職して起業し、数百万ドルもの利益を出す企業にしたんだ」

「うまくいかないって? 状況が変わって事業がうまくいかなくなったとき、ネットショップ事業を始めたのはこの私だ。ああ、言い忘れたが、そのビジネスも百万ドル単位の売り上げを確保したんだ」

「おまえが私を再出発できない人間だと思うなら、お門違いだ。私はそんな人間じゃない」

クライアントと〈反撃の言葉〉のセッションをやるたびに、毎回私はゾクゾクするような感動を覚える。


〈反撃の言葉〉をつくり、そのグラウンドパンチで自分の神経に激しい衝撃波を送って、自分を覚醒させる方法はいくつかあり、これはその方法の一つだ。または、あなたが一生懸命つくったオルターエゴの視点から〈反撃の言葉〉をつくり出すこともできる。

たとえば、映画、テレビ、小説のキャラクターを選んだ人は、そのキャラクターの一面を反映するような返答を考えよう。動物をオルターエゴに選んだ人は、その動物の特性を反映する返答にする。機械類をオルターエゴに選んだ人も、同じ要領で考えよう。

モハメド・アリでも、オプラ・ウィンフリーでも、チャーチルでも、ニコラ・テスラでも、その他の誰であれ、あなたが強い影響を授けた人の歴史と性格を完全に具現化して考えよう。状況が困難になってネガティブな声が聞こえても、オルターエゴが切り返して、あなたを〈フィールド〉に連れ戻してくれるだろう。

さて、あなたはどんなグラウンドパンチを繰り出して、任務を遂行すると〈敵〉に伝えるつもりだろうか？　自分はここにとどまり、隠れるつもりはないと、どう主張したい？

「おまえは何様のつもりだ？」とか、「こんなのはうまくいかない」とか、「おまえには無理だ」といった声が聞こえてきたらどう返すか、あなたの〈反撃の言葉〉を書こう。

念のため、あなたのこれまでの人生か、オルターエゴの歴史にもとづいて返答をつくること。その過程を楽しみ、遠慮せずに容赦のない返答をひねりだそう。

あなたの〈反撃の言葉〉が完成したら、私に読ませてもらえないだろうか。SNSに投稿して私をタグづけしてほしい。または、AlterEgoEffect.comにアクセスし、リンクをクリックしてコミュニティに参加してほしい。夢を追う人たちや、〈隠れた罠〉と戦う人たち、成功する人たちとつながると、どれだけ励まされることか。

人生のいかなる〈フィールド〉でも役に立つオルターエゴをつくる旅も、いよいよ終わりに近づいてきた。だがこのプロセスを終わらせる前に、この戦略を最大限に活かすためのアドバイスを二、三紹介しよう。

16

第16章

オルターエゴ戦略を実践するために

マリリン・モンローの変身エピソード
――今こそ最高の自分を発揮しよう

「彼女が見たい？」――ニューヨークの街角で、マリリン・モンローはあとをついてくるカメラマンに向かって、からかうようにそう訊ねたという。

1955年、出版社がスクリーンに映るのとは別のマリリン・モンローの写真をほしがったのを機に、カメラマンのロバート・スタインはモンローと一日を過ごしたときのことを詳しく語っている。[*1] モンローはキャメルヘアのコートをはおり、いつものカールがかった髪を落ち着かせていた。カメラマンたちは、グランド・セントラル駅を抜けて地下鉄に向かうモンローを追いかけた。通行人は彼女にまったく注意を払わなかった。地下鉄の車両のなかで、カメラマンがつり革につかまる彼女の写真を撮っても、乗客はモンローだと気づかなかったのだ。本名のノーマ・ジーンとなったモンローは、地下鉄の乗客の一人にすぎなかった。

ロバート・スタインの回想によると、モンローは地下鉄を降りて道に戻ったところで、彼らを振り返って「彼女が見たい？」と訊ねたという。続いて彼女は「コートを脱いで、髪をふわりとふくらませ、背中を反らせてポーズを取った」

あっという間に通行人たちが彼女のもとにどっと押し寄せた。

これがオルターエゴの魔法だ。あなたの世界をつくるのはあなただ。あなたの〈フィールド〉に誰を出場させるかを決めるのはあなただ。望み通りの結果を手に入れるために、あなたの世界にどんな〈超能力〉とキャラクターを出すかを決めるのはあなたなのだ。

この本のなかで、スポーツ、ビジネス、日常生活において、オルターエゴを使って人生を変え、問題を解決し、目標を実現すべく、主体的に努力した人々のエピソードを紹介した。この戦略はパフォーマンスを向上させ、人生で遭遇する困難に対処するときに役に立つだけでなく、人間がごく自然に持っている機能を活用することでもあり、これらを裏づけるたくさんの研究や調査報告も紹介した。

オルターエゴ戦略を使うと、あなたは〈フィールド〉で活動をする動機や心構えを再確認できるし、〈非凡な世界〉に行きやすくなるだろう。[*2]

実験用の白衣を着るのと同じで、あなたのオルターエゴを表す〈変身アイテム〉か〈記念アイテム〉を使うだけで、「着衣認知理論」という現象が起きて、すぐにパフォーマンス能力を変えられることも学んだ。[*3]

あなたの内なる性格と価値観を把握して〈超能力〉をつくり出すことで、より強固な目的意識と信念を持って行動できるようになることも学んだ。[*4]

さあ、〈フィールド〉に出るときがきた。これからはもっと頻繁に〈非凡な世界〉を経験することになるだろう。

あなたにオルターエゴ戦略を始めてもらい、オルターエゴを使い、その威力をテストしてもらうために、いくつかの課題を用意した。どれも簡単で実践しやすいものばかりだ。おまけにつくったばかりの〈超能力〉を楽しく実験できるだろう。

課題その①

——カフェ

最初の課題は、オルターエゴに変身して近所のカフェに行き、オルターエゴのまま好きなドリンクを注文して、それを飲んでほしい。

人によっては、オルターエゴを呼び出した途端に、お気に入りのジーンズのようにぴったりはまる人がいる。他方で、オルターエゴに慣れなければならない人もいる。〈フィールド〉で試す前に、オルターエゴに変身する感覚を練習しなければならない人もいるのだ。

あなたもあてはまると思ったら、すぐに練習することをお勧めする。オルターエゴ、〈超能力〉、成長物語を体現すればするほど、〈決定的な瞬間〉に〈勇敢な自己〉を出しやすくなるだろう。

やり方

車か徒歩で近所のカフェに行き、ドアから店内に入る前に、〈変身アイテム〉か〈記念アイテム〉でオルターエゴのスイッチを入れる。自分が変わるのを感じたら、店に入る。カウンターへ行ってドリンクを注文し、近くのテーブルに座るか外に出て、ドリンクを飲む。

オルターエゴになったつもりでドリンクを飲み、カップを持ち、ドリンクをすすり、立ち、座っていること。いつもと違う自分を楽しんでいるだろうか？　あなたのオルターエゴは周囲、人々、環境の何に気づくだろうか？　人とのやり取りは、いつもと違うだろうか？　オルターエゴは何を感じているだろうか？

この方法が効果的な理由

これはごく普通の状況で、あなたの世界に対する脅威もない。人生最大の大きな契約を取りに行けとか、ぞっとすることや、危険なことをやれと提案しているわけではない。ドリンクを注文するだけだ。ストレスの少ない活動、またはなじみのある簡単な日課をこなすと、難しいタスクをこなすときのような不安を覚えることもなく、オルターエゴの遊び的な要素を楽しめる。

この課題の別バージョン

オルターエゴに切り替えて、散歩に出かけてもいいだろう。「カフェの課題」と同じ戦略を使って、オルターエゴを完全に体現する練習をしよう。オルターエゴになったあなたは、まわりの環境をどう感じるだろうか？　オルターエゴへの切り替えを促すために、カフェの課題と同じ質問を自分に問いかけてみよう。

課題その②

——数字のイメージ

この課題では、まずあなたの集中力をテストし、そのあとすぐに今度はあなたのオルターエゴのパワーをテストする。私はかれこれ20年ほどアスリートに瞑想の威力を教え、彼らの集中力や注意力の向上をはかってきた。瞑想の利点を証明する論文はたくさんあり、異論を挟む余地はないものの、瞑想の効果を実感できない人がいる。そのため私は、集中力がアップすることをすぐに実感できる簡単なテクニックを開発した。

やり方

心地良い姿勢で腰を下ろす。椅子の上でもいいし、床の上でも構わない。60センチほど離れた前方に、ボールか一枚の紙などの物体を置く。タイマーを3分にセットする。まずはその物体の上に数字の「1」をイメージする。意識が「1」のイメージから離れて漂い始めたら、今度はその物体の上に「2」をイメージしよう。再び意識が漂い始めたら、「3」をイメージする。タイマーが鳴るまで、これを繰り返そう。タイマーが鳴ったときにあなたがイメージしていた数字は、メモ帳かiPhoneのメモに記録しておこう。

仮に「34」で終わった場合は、今回のスコアは「34」だったことになる。次回はもっと小さい数字が出ることを期待しよう。

さて、もう一度ワークをやるが、今回は〈変身アイテム〉を使ってオルターエゴのスイッチを入れてから、同じプロセスを繰り返そう。アインシュタイン、象、たくましくて精神的回復力の強い祖母など、あなたのオルターエゴに切り替えて取り組もう。タイマーが鳴ったときの数字を記録しておくこと。

どうだった？　スコアは上がっただろうか？　2回目の方が難しく感じられただろうか？　この課題を初めてやった人は、次のいずれかを経験することが多いようだ。（1）2回目のスコアの方が大幅に高い。（2）オルターエゴになることを意識したり、数字に集中したりを繰り返す。

練習するうちに上達するため、どちらの結果でも構わない。

この方法が効果的な理由

オルターエゴに切り替わる練習をして、ちょっとした競争を伴う環境でタスクをこなすことは、アスリートが試合の何日も前から練習してスキルを磨き、忍耐力、強さ、スタミナ、敏捷性、柔軟性を身につけるようなものだ。

アスリートを手本にしよう。あなたのオルターエゴの姿勢が変わったら、あなたもそれをまねるべく練習しよう。たとえば椅子に座るときは、前屈みにならずに、背筋を伸ばす練習をしよう。何かに集中して没頭するときは、わずかに目を細めるなどの、独特な見方をするよう練習しよう。

練習すること。それ以外にルールはない。

課題その③

――ゲームをする

この課題は、あなたのオルターエゴの心理的回復力を試すためのものだ。ゲームや試合の進め方を見れば、その人の本性が一目瞭然だからだ。一年間会話を重ねるよりも、一時間対戦する方が、人の本性がわかるとの古いことわざもある。まさにその通り。そのためこの課題は、あなたのオルターエゴの強さをはかるのにうってつけと言えよう。

やり方

まず、友だちや家族と一緒に遊べるゲームを選ぼう。あなたのお気に入りのゲーム機を使ったテレビゲームでもいいし、パズルを解いてもいい。ちなみに、一緒に遊ぶ人はあなたの〈秘密のアイデンティティ〉について知る必要はない。あなたはオルターエゴに切り替えて、ゲームで競おう。挑戦や競争やフラストレーションは、心理的回復力を鍛えるだけでなく、オルターエゴを実感して体現するのにも最適だ。

この方法が効果的な理由

あるクライアントは私にこう語った。「負けても気にならなくなるために、もっとオルターエゴに切り替わる練習をしなくてはと思いました。性格のせいか、負けるたびに、それを個人的に取りすぎてしまうのです。初めてオルターエゴになってゲームをしたとき、いつもの自分を出しすぎてしまいました。そのとき私は、つくづくオルターエゴになりたい、そしてネガティブな性格をやめたいと実感しました。するとうまくいったんです。何度もオルターエゴに切り替わるうちに、負けても気にならなくなりました。というか、勝つことが増えたんです。解放感を味わいました」

心理的回復力や献身性をテストするときは、この課題を試そう。〈敵〉に関する章で説明した通り、〈敵〉はあなたの恐怖心、自意識過剰、プライドにつけ込んで、最高の自分を出そうとするあなたの邪魔をする。この課題をやると弱点が表面化しやすくなるため、〈決定的な瞬間〉を迎える前に、これらのドラゴンを退治できるかもしれない。

〈変身アイテム〉と〈記念アイテム〉の章で説明したが、重要なので繰り返しておこう。オルターエゴがかみあわないと感じたら、リセットしよう。〈変身アイテム〉がめがねなら、そのめがねを外して、かけ直す。ペンなら、一度それを下に置いて、握り直す。指輪なら、それを外してつけ直せば、スイッチを入れられる。小石なら、一度それをポケットから出して、もう一度入れること。

なお、〈変身アイテム〉に〈フィールド〉を選んだ人で、頻繁にリセットが必要な人は、着るものや持ち運べるものなどに変えた方がいいだろう。

リセットは心の引き金のようなもの。リセットをかけると、あなたがまさにこの瞬間にほしくて必要だと感じる〈超能力〉が、自分に備わっていることを思い出させてくれる。意識を働かせて意図的に行動すれば、フィールド上の最高のコーチとなって自分を導くことができる。

協力者を見つけよう
——助けを求めれば手を差し伸べてくれる人はいる

人生を振り返って、あなたが行なった進路変更などを思い出してみよう。最初はどうなるか不安だったが、やがて心配する必要はなかったと気づいたのではないだろうか。政治家のジェームズ・A・ガーフィールドはこんな言葉を述べている——「ある老人が人生で実に多くのことを心配したが、最悪の心配ごとは起きなかったと語っていた」。まさにその通りだ。

私の個人的な経験であり、数多くの人も経験しているのだが、何かが起きても、きっと協力者があなたを助けてくれるだろう。マスコミが繰り返し主張することとはうらはらに、圧倒的多数の人々は親切で、協力的で、心が広い。助けを求めれば、手を差し伸べてくれる。だから、あなたが任務を達成するのをサポートしてくれる協力者を見つけよう。では、協力者の見つけ方を説明しよう。

知りあったばかりの人

AlterEgoEffect.com にアクセスして、この戦略に賛同して、勇敢な自分を構築している人々のコミュニティに参加しよう。この本で使われている独特の用語に詳しい人たちとつながると、大きな力になる。新しい友人の方が、励ましあうのも、戦略変更するのも容易になる。既存の友人や家族と違って、新しい友人はいかなる変化も脅威と感じないからだ。ときには知りあったばかりの人が、一番の協力者になることもあるのだ。

身近な協力者

あなたの既存の世界の人々は、いつもあなたを助けてくれるだろう。この戦略を身近な人に打ち明けよう。この本を買ってもらうか、この戦略を紹介して、みんなを〈非凡な世界〉に誘おう。人々がポジティブな目的のために何かを一緒にやりだすと、科学者が呼ぶところの「上昇スパイラル」が生まれる。[*5] 上昇スパイラルによって、生物学的なサポート体制が生まれれば、人間関係が密になり、パフォーマンスが向上し、互いに助けあうようになる。

企業の営業コンサルタントとして働く人が、数年前に私にこんなメールを送ってくれた。

「私の秘密の世界に人を誘ったところ、互いの良きコーチとなり、ともに責任を負うパートナーとなり、さらには楽しさも倍増しました。私たちは毎月営業成績を競いあっているのですが、誰かが〈勇敢な自己〉を行動に移すのを失敗するたびに、互いに指摘しあいます。おかげで仕事がゲームのようになりました」

メンターを仲間に

私の人生のなかでも、これはもっとも重要な戦略の一つだ。私は早くから積極的にメンターを探してきた。何かを学ぶことができて、私の背中を押してくれて、お手本にしたくなるようなメンターだ。世界でも名だたるメンタルゲームのコーチであるハーベイ・ドルフマンは、若かった頃の私にとって偉大なメンターだった。私にとってのオビ＝ワン・ケノービだ。実際、メジャーリーグベースボールの世界では「野球界のヨーダ」と呼ばれていた。

さて、このメンターにはオルターエゴの話をする必要はない。というのもこのメンターは、あなたが〈非凡な世界〉を実現するのを手助けするために現れる、特別な魔法使いだからだ。

この戦略のすばらしい点は、メンターがいろんな形で現れることだ。そのメンターが書いた本やそのメンターに関する本を読み、その人があなたにコーチングしてくれると想像してみよう。問題を解決するまでメンターと話しあうことも、あなたがさらなるサポートを必要とするときに、メンターに現れてもらうこともできる。もちろん、本人に実際にメンターになってもらい、その人と定期的または不定期的に会って、指導やアドバイスをもらうこともできるだろう。

今日まで、私には定期的に会って指導を受ける真のメンターが7人以上と、それ以外に

「はるか遠いメンター」が大勢いた。向こうは私にメンターとして仰がれていることを知らないが、それでも私の心のなかに住んで、私を導いてくれた。これほどインパクトの大きい存在はそうないのだから、偉大なメンターの影響力を過小評価してはいけない。

〈非凡な世界〉にあこがれながらも、大勢の人が二の足を踏む最大の理由は、新しい人生に対する恐怖心によるものだ。人生をともに歩んできた人たちを置き去りにするのではないかと、不安になるのだ。前述したジョアンが、この気持ちをうまく語っている。「貧しい家庭で生まれ育った私は、絶対に貧乏にはならないと自分に誓いました。でも私の家族、つまり両親や兄弟たちは理解してくれませんでした。私は家族のみんなとは違うものを追い求めたからです。みんなとは違う方法で、私は自分のために多くをほしがったのです」

「私が一歩前進して、ほしいものを手に入れるためにオルターエゴを使ったところ、新しい仲間が現れました。大きな目標を目指すと、驚くような人と出会えるんですね」

私はジョアンの率直な意見に好感を持った。彼女の言葉は、実に多くの人が抱いている恐怖心を言いあてているからだ。誰もが仲間から弾かれて、他の仲間とめぐり会えないのではないかという恐れを抱いている。

私の個人的な生活で見たこと、さらには大勢の人々の人生を見て思うのだが、人は一つの集団を去っても、次の集団を見つけるものだ。

向こうがあなたを見つけることもある。「自然は真空を嫌う」ということわざがある。クローゼットを空にしても、また埋まるだろう。机の上をかたづけても、またものであふれるだろう。土に穴を掘れば、水か何かで埋まるだろう。あなたは自分の仲間を探すことになるだろう。新しい場所で過ごし、新しいグループに入り、新しい友人をつくらなければならないだろう。それでも約束しよう、あなたは砂漠かジャングル、はたまた北極のツンドラ地帯でさまようことにはならない、と。

オルターエゴは何度も呼び出すことになる。オルターエゴを試し、遊び、データを集めよう。あなたのオルターエゴに効果があるものは何か、効果がないものは何かを検証しよう。もっと力強い成長物語か、別の〈超能力〉か、異なる〈変身アイテム〉か〈記念アイテム〉、または異なる起動方法が必要だと判明するかもしれない。またはもっと強烈な〈反撃の言葉〉か、もっと良い名前が必要だと実感するかもしれない。

何かがうまくいかない場合、それに気づくのはあなただけだ。何かを試してバランスを取り、それをすこし調整してパワーアップをはかるだけだ。

さらに、オルターエゴの一部のプロセスを改良することもできる。別の〈超能力〉が必要かもしれない。あるいは、別の〈変身アイテム〉か〈記念アイテム〉かもしれない。必要なら、不安がらずに変更しよう。

六つの心構え
——著者からあなたへと送る最後の課題

あなたがオルターエゴをつくったのは、〈非凡な世界〉に移行するためだ。思いきって未知の世界に進むあなたのために、最後の課題を用意した。次の六つの心構えを実践してほしい。これらをリマインダーか、最後の言葉か、インスピレーションか、モチベーションか、ガイダンスか、アドバイスだと考えよう。これを実践してあなたが何を発見するかは私にはわからないが、これらの心構えを肝に銘じれば、どんな難問にも立ち向かえるようになるはずだ。

1．かかってこい！（試練に立ち向かう）

人生のいかなる領域であれ、プロとアマを隔てるものがあるなら、それは積極的に障害を受け入れ、試練に立ち向かう姿勢だろう。障害や難問を目の前にすると、プロはそれを自分を強くし、スキルを磨き、自分の価値を高める絶好のチャンスだと考える。〈非凡な世界〉はあなたに試練を突きつけるだろう。試練に対して、あなたが心を開いて積極的に受けて立てば、あなたはもっと心を鍛えることができるだろう。

2．何が起ころうとも準備はできてるぞ！（柔軟性と適応力を失わないこと）

試練に立ち向かう覚悟ができていれば、心が開き、何が起きても慌てることはないだろう。スポーツではこれを「積極的な準備」と呼ぶ。心が開いているため、クリエイティブに問題を解決し、すばやく対応できる。これは〈敵〉にとって大きな脅威となる。「おまえがどんな手を使おうとも、戦う準備はできているぞ！」と宣言する人を前にすれば、どんないじめっ子も手を出しにくくなる。〈敵〉はこんな人と戦いたいとは思わないだろう。

3．私には創造力がある！（自分のイマジネーションと創造性を受け入れる）

困難を受け入れ、柔軟性を維持できれば、それだけあなたは創造力を発揮できるようになる。あなたは生まれながらにして、何かの振りをすることも、それになりきることも、現実にはない空想の世界を頭のなかで築くこともできる。ところが、あなたもかつて大人から「そんなことはやめなさい」とか「そんな振る舞いはやめなさい」とか「大人になりなさい」と注意されたことがあるだろう。

だが「大人」はまちがっている。イマジネーションを使おう。その能力を抑えつけてはいけない。イマジネーションはあなたのオルターエゴに生命を与え、その〈超能力〉を解き放つ強力なツールだからだ。

4．遊びが好きだ！（遊び心を忘れずに）

この本を通して、私たちの人生できわめて重要なテーマを話した。たとえば夢、目標、価値のある理想を追求することだ。こうしたことを真剣に考えることは自然なことだ。何かを達成したいという欲求は、私たちをじりじりと悩ませ、行動へと駆り立てるため、放置することはできないからだ。しかも、努力する過程は楽しくすることもできる。

私たちがゲームを好きなのは、ゲームは難題を突きつけて、私たちを試すからだ。ゲームは私たちの遊び心を引き出し（おまけに競争心にも火をつける。実のところ、勝ちたくない人などいないからだ）。難しい局面になっても、ゲームが楽しいことに変わりはない。

オルターエゴを使って遊んでほしい。遊べば遊ぶほど、良い結果を期待できるからだ。なぜかって？　遊び心を発揮すると、実験したくなり、オルターエゴを実践して効果を試したくなるからだ。それからオルターエゴをパワーアップしようと調整し、再びテストし、それからまた調整し、最終的にあなたにとって最適なオルターエゴを完成させるだろう。

5．何が起きるだろうか？（発見と好奇心を大事にする）

仮にあなたが実験室のマッドサイエンティストみたいに、自分の人生にアプローチし、どんどん新しいことを試したらどうなると思う？　仮にあなたの人生の試練が、「もし……したらどうなるか？」という問いの答えを見つけることだったら？　仮にオルターエゴの助けがあれば、すごい能力を発揮できると判明したら？　ただし、その答えを知るには、最初に「もし……したらどうなるか？」の問いに答えなければならない。

6．私は変われると信じる（考え方は変えられることを認識する）

性格は変えられる。自分をつくり変えることは可能だ。思い込みを変えて、新しい習慣を身につけることができる。アイデンティティも変えられる。それを可能にするのがオルターエゴだ。

オルターエゴは、私たちが一度も使ったことがない眠れる能力や資質、あるいは絶好の状況で使えなかった能力や資質を引き出してくれる。職場でずっと優柔不断だった人は、断固とした態度で行動できるようになるだろう。見込み客との一対一の商談でおどおどしていた人は、はきはきと主張できるようになるだろう。交流会で気づまりな思いをしている人は、落ち着いて人と交流できるようになるだろう。

著名な心理学者のキャロル・S・ドゥエックは、スポーツ、ビジネス、芸術、人生全般など、あらゆる分野での成功は、「自分の才能や能力に対する考え方に驚くほど影響される」ことを実験を通して突き止めた。ドゥエックによると、世の中には2種類の人間がいるという――自分の能力は変えられないと信じる「硬直マインドセット」の人と、能力は伸ばせると信じる「しなやかマインドセット」の人だ。どちらのグループの方が成功しやすいと思う？ 「しなやかマインドセット」の人と答えた人は、正解だ。

オルターエゴを使って成功するには、〈フィールド〉での自分の性格や行動は変えられると信じることが不可欠だ。まず、変化は可能だと信じること。〈決定的な瞬間〉は変えられるし、まったく新しい結果も出せると信じることだ。

境界線を超えろ
——新しい冒険を今から始めよう

有名な教授にして、研究者、神話学者でもあるジョゼフ・キャンベルは、「英雄の旅」という概念を社会に広めた。その著書『千の顔をもつ英雄』（人文書院）で、彼はこう語っている。
「英雄は日常世界から危険を冒してまでも、人為の遠く及ばぬ超自然的な領域に赴く。その赴いた領域で超人的な力に遭遇し、決定的な勝利を収める。英雄はかれにしたがう者に恩恵を授ける力をえて、この不思議な冒険から帰還する」[*6]
映画監督のジョージ・ルーカスが、キャンベルと彼の「英雄の旅」理論を知ったあとで、『スター・ウォーズ』を書き直したのは有名な話だ。さらにルーカスは、1988年に公共放送サービスが製作し、ビル・モイヤーズがインタビュー役を務めたテレビ番組『Power of

Myth（神話の力）』シリーズにも出演している。のちにジョージ・ルーカスがインタビューで語った話によると[*7]、キャンベルの説明は台本にして500ページと長すぎるほどだったが、ストーリーの展開方法はごくシンプルなモデルになったという。というのも、ストーリーアークと呼ばれる起承転結のような物語構造が、歴史に残る有名な物語、寓話、神話などで何千回と繰り返し書かれてきたからだ。

「彼に出会わなければ、私はいまだに『スター・ウォーズ』の台本を書いていただろう」とルーカスは語っている[*8]。

英雄の旅では、英雄は途中で「境界線を越え」なければならない。英雄が〈平凡な世界〉を去って、新しい冒険へと歩き出す瞬間だ。『スター・ウォーズ』では、ルーク・スカイウォーカーが家族と暮らす農場を出て、オビ＝ワン・ケノービとともにモス・アイズリーへと旅立つ場面。『指輪物語』では、フロドがホビット庄を出て、指輪を破壊するために探索の旅に出る場面。2017年公開の映画『ワンダーウーマン』では、ダイアナが人類を救うために、秘密の島セミッシラを出発する場面だ。

いずれの場合でも、そこにはやらなければならない冒険か、探求か、任務があった。状況によって、または運命を全うしたいという強い願望によって、彼らがその道を選択することもあれば、彼らが選ばれることもあった。

あなたがこの本を手に取った理由は、次のいずれかだろうか？

マラソンを完走するなどの、大きな目標を実現するため
新しい仕事を始めるなどの、大きな変化を乗り切るため
本を執筆するという長年の夢をかなえるため
料理を習うなどの、小さな変化を起こすため
自信のある態度で取り引きを成立させるなど、新しい心構えを身につけるため
もっとおもしろくて独創的な人生を送るため

次は、「境界線を越えて」始める番だ。

人生の終わりを迎えたとき、あなたは何を考えたか、何をしようとしたかを覚えていないかもしれない。しかし、行動したことは覚えているだろう。あなたは人前でどう振る舞ったか、何をしたか、何を言ったか、どう行動したか、人生の大事な場面で持てる能力を発揮したか否かで、自分を判断するだろう。

コーチなら誰でも思うことだが、私もあなたには、終了のブザーが鳴ったときに、これまでの人生を振り返って、こう思ってくれることを願っている。「やり残したことはない。すべてを出し切った。やりたいことはすべてやったし、とりわけ持てる能力、スキル、誠意を出し尽くして、〈勇敢な自己〉を発現させることができた。そしてそれがドミノ倒しのように、予想できない方法で私の人生を非凡なものへと変えてくれた。そのおかげで私は満足の

いく人生を生きることができた」

オルターエゴを使えば、それを実現できることを私は知っている。

私がこの本を書き始めるのに15年も待ったのは、「私はこのやり方で成功しました、あなたにもできます」とか「名案を教えましょう」などとうたった、事例集のような本を書きたくなかったからだ。

大勢のクライアント、リサーチ、科学、歴史によって裏づけられた手本を提供したかった。あなたは集団の一人であるとともに、ただの人間でもあると知ると、安心感と自信が生まれる。オルターエゴを使えば、〈フィールド〉や〈決定的な瞬間〉で最高の自分を出せるとわかると、楽しくなるだろう。

オルターエゴを使って、あなたの〈非凡な世界〉へと通じるドアを開いて、うずうずしている自分を解き放とう。そして〈敵〉の〈よくある罠〉や〈隠れた罠〉を消してしまおう。

私からあなたへの最後の課題は、自分のオルターエゴをつくり、境界線を越え、あなたの〈超能力〉を世の中に知らしめることだ。

あなたの任務は始まったばかりだ。

謝辞

一冊の本を書くことは、仕事において私が退治したドラゴンのなかでもっとも手強かったが、想像以上にやりがいのある仕事だった。クライアントや友人や仲間たちから、何度もつつかれ、励まされ、背中を押されたが、15年目にしてようやくこの本を読者の手に届けることができた。

さらに、私の一番の協力者である妻のヴァレリーがいなかったら、本書の出版を実現できなかっただろう。きみが夜遅くまで編集し、リサーチを重ね、私ならできると心から信じてくれたことが、私の背中をさらに押してくれ、ドラゴンを退治することができた。この本の執筆中にさまざまなことが起きたが、これを成し遂げることができたのは、きみがいてくれたからだ。

私の子どもたちのモリー、ソフィー、チャーリーへ。オルターエゴで遊ぶ方が効果的だということを、毎日私に思い出させてくれてありがとう。きみたちは私にとって一番大きなインスピレーションだ。きみたちのおかげで、私は「大事なこと、大事なこと」に集中できた。

二人の並はずれた両親を持つという幸運に恵まれなかったら、私の人生はどうなっていたかわからない。両親から骨身を惜しまず働くこと、正直さ、よき父親であることの大切さを学ばなかったら、こうして今、両親に感謝する機会はなかっただろう。父と母は私にとって最初の英雄だ。両親は私の仕事を他の人に説明するのに手こずっているようだが、この本があれば説明しやすくなるだろう。

兄のロスとライアン、妹のケリーへ。みんなも、ある意味でこの本をつくるのを助けてくれた。なんといっても、みんながいなかったら今の私はいなかっただろうから。

私の三人の卓越したメンターたちの指導、友情、サポートがなければ、スポーツとビジネスに関する私のキャリアは築けなかっただろう。三人ともすでに他界されているが、私の人生に多大な影響を与えてくれたことをここに書き記しておきたい。

グラント・ヘンダーソンへ。あなたは、私が今まで指導を受けたなかでもっとも偉大な師であり、コーチでもありました。ジム・ローンへ、あなたは駆け出しの頃の私を、ベストなタイミングで励ましてくれました。そしてハーベイ・ドルフマン。あなたは史上もっとも偉大なメンタルゲームのコーチです。あなたは私にチャンスをくれ、誰よりも私の可能性を広げてくれました。心より感謝を申し上げます。

マイク・セインチュク。きみは私にとって兄弟のようなもの。友情に感謝する。

大勢の人の助けがなければ、一冊の本を書き上げるという偉業は達成できない。タッカー・マックスへ。すべてはきみから「その本を書かなければ、きみは愚か者だよ」と提案されたことから始まった。きみは正しかったよ。それから、スクライブで働くきみのすばらしいチームのみんなにも、お礼の言葉を伝えたい。アマンダ・イベイへ。この本を執筆するにあたって、きみは実に忍耐強い副操縦士だった。きみは創作の達人であり、なおかつ人間性もすばらしい。ありがとう！

　私のエージェントである、フォリオリット社のスコット・ホフマンとスティーブ・トローハへ。あなたたちは私のために全力を尽くしてくれた。あなたたちの知識は突出しているし、最初のミーティングのわずか4分でこの本を気に入ってもらえて、私は実に幸運だった。

　ハーパービジネス社の私の担当編集者、エリック・ネルソンへ。あなたは見事に私を作家にしてくれた。この本を執筆するよう、背中を押してくれてありがとう。なぜあなたが出版業界でもっとも尊敬される編集者なのかわかった。感謝の気持ちでいっぱいだ。

　アスリート、起業家、ビジネスマンなど、長年にわたって私がコーチングし、私にインスピレーションをくれたクライアントたちがいなければ、この本で紹介したエピソードはなかっただろう。毎日我慢強くフィールドで闘い続けてくれることに感謝している。

　私のチームへ。私がこの本を書く間、きみたちは会社を順調に運営してくれた。尽力してくれたカレン・バリオに感謝の言葉を捧げる。きみは勝者だ！

　親しい友人という乗組員がいなければ、人生を航海するのは困難なものになるだろう。ゲイリー・ネルソン、グレン・オームズビー、ルーク・コビオーク、ジョーダン・マッキンタイアー、ジェイソン・ゲイナード、ダン・マーテル、ロブ・コスバーグ、ケヴィン・ハット、クリス・ウィンフィールド、ジョナサン・フィールズ、ライアン・リー、タキ・ムーア、ショーン・フィンターへ。きみたちのような友人を持つことほど幸運なことはない。

最後に、私がこれまでに住んだ主な場所で出会った家族や知人たちに、大変お世話になったことにお礼を申し上げたい。カナダはアルバータ州のシューラーとメディシン・ハットに住む小さな農家のコミュニティの人たち、同じくアルバータ州のエドモントンに住むすばらしい人たち、それからニューヨーク市に住む野心的でエネルギッシュな人たち。

最後に、読者にも感謝の言葉を捧げたい。本書に収められているアイデアが何千人もの人々に影響を与えたように、読者にも影響を与えてくれることを願っている。

Experimental Social Psychology 48, no. 4 (July 2012): 918-25.

4. Ryan M. Niemiec, "VIA Character Strengths: Research and Practice (The First 10 Years)," in Hans Henrik Knoop and Antonella Delle Fave, eds., *Well-Being and Cultures* (Springer Netherlands, 2013).
5. Bethany E. Kok and Barbara L. Fredrickson, "Upward Spirals of the Heart: Autonomic Flexibility, as Indexed by Vagal Tone, Reciprocally and Prospectively Predicts Positive Emotions and Social Connectedness," *Biological Psychology* 85, no. 3 (2010): 432-36.
6. 『千の顔をもつ英雄』ジョゼフ・キャンベル著、平田武靖、浅輪幸夫監訳、人文書院、2004年。45ページ。
7. George Lucas interview, National Arts Club, 1985.
8. 同上。

4. Taiichi Ohno, "Ask 'Why' Five Times About Every Matter," Toyota, March 2006, http://www.toyota-global.com/company/toyota_traditions/quality/mar_apr_2006.html.
5. Ethan Kross and Özlem Ayduk, "Making Meaning Out of Negative Experiences by Self-Distancing," *Current Directions in Psychological Science* 20, no. 3 (2011): 187-91.

第13章――オルターエゴの成長物語

1. 第3章5. に同じ。
2. Alison Flood, "JK Rowling Says She Received 'Loads' of Rejections Before Harry Potter Success," *Guardian*, March 24, 2015, https://www.theguardian.com/books/2015/mar/24/jk-rowling-tells-fans-twitter-loads-rejections-before-harry-potter-success.
3. 同上。
4. 同上。

第14章――〈変身アイテム〉か〈記念アイテム〉でオルターエゴを起動する

1. 『ウィンストン・チャーチル／ヒトラーから世界を救った男』ジョー・ライト監督、パーフェクト・ワールド・ピクチャーズ製作。2017年公開。
2. Hajo Adam and Adam D. Galinsky, "Enclothed Cognition," *Journal of Experimental Social Psychology* 48, no. 4 (July 2012): 918-25.
3. 同上。

第16章――オルターエゴ戦略を実践するために

1. Robert Stein, "Do You Want to See Her?" *American Heritage* 56, no. 5 (2005).
2. Frode Stenseng, Jostein Rise, and Pål Kraft, "Activity Engagement as Escape from Self: The Role of Self-Suppression and Self-Expansion," *Leisure Sciences* 34, no. 1 (2012): 19-38.
3. Hajo Adam and Adam D. Galinsky, "Enclothed Cognition," *Journal of*

美恵訳、フィルムアート社、2016年。22ページ。
2. 『マーケティングは「嘘」を語れ！——顧客の心をつかむストーリーテリングの極意』セス・ゴーディン著、沢崎冬日訳、ダイヤモンド社、2006年。5ページ。
3. 同上。4ページ。
4. 同上。3ページ。

第9章——自分の人生は自分で決める

1. 2014年にマハリシ経営大学の卒業式でジム・キャリーが行なったスピーチ。2014年5月24日。https://www.youtube.com/watch?v=V80-gPkpH6M.
2. 同上。
3. Matt Mullin, "Ajayi Compares 'Jay Train' Persona to Brian Dawkins' 'Weapon X' Alter Ego," *Philly Voice*, January 10,2018, http://www.phillyvoice.com/ajayi-compares-jay-train-persona-brian-dawkins-weapon-x-alter-ego/.
4. Steven Kotler, "Flow States and Creativity," *Psychology Today*, February 25, 2014, https://www.psychologytoday.com/us/blog/the-playing-field/201402/flow-states-and-creativity.
5. 同上。
6. Frode Stenseng, Jostein Rise, and Pål Kraft, "Activity Engagement as Escape from Self: The Role of Self-Suppression and Self-Expansion," *Leisure Sciences* 34, no. 1 (2012): 19-38.

第10章——「自分の答え」を見つける方法

1. Roy F. Baumeister, "Some Key Differences between a Happy Life and a Meaningful Life," *Journal of Positive Psychology* 8, no. 6 (2013).
2. Barbara Fredrickson and Steven W. Cole, National Academy of Sciences, July 29, 2013.
3. 『心の仕組み（中）』スティーブン・ピンカー著、椋田直子、山下篤子訳、日本放送出版協会、2003年。242ページ。

Angela L. Duckworth, and Stephanie M. Carlson, “The ‘Batman Effect’: Improving Perseverance in Young Children,” *Child Development*, December 16, 2016.
8. 同上。
9. Frode Stenseng, Jostein Rise, and Pål Kraft, “Activity Engagement as Escape from Self: The Role of Self-Suppression and Self-Expansion,” *Leisure Sciences* 34, no. 1 (2012): 19-38.
10. Frode Stenseng, Jostein Rise, and Pål Kraft, “The Dark Side of Leisure: Obsessive Passion and Its Covariates and Outcomes,” *Leisure Studies* 30, no. 1 (2011): 49-62; and Frode Stenseng, “The Two Faces of Leisure Activity Engagement: Harmonious and Obsessive Passion in Relation to Intrapersonal Conflict and Life Domain Outcomes,” *Leisure Sciences* 30, no. 5 (2008): 465-81.
11. Ryan M. Niemiec, “VIA Character Strengths: Research and Practice (The First 10 Years),” in Hans Henrik Knoop and Antonella Delle Fave, eds., *Well-Being and Cultures* (Springer Netherlands, 2013).
12. 『ザ・オーディション――ハリウッド、ブロードウェイの有名プロデューサーが明かす仕事を獲得するために知っておきたい自己表現術』マイケル・ショトレフ著、絹川友梨、オーエン・ヒュース訳、フィルムアート社、2003年。16ページ。
13. Oliver James, *Upping Your Ziggy* (London: Karnac Books, 2016), xii.
14. 同上。
15. 同上。

第6章――何があなたの成功を妨げるのか？

1. Carl Richards, “Learning to Deal with the Imposter Syndrome,” *New York Times*, October 26, 2015, https://www.nytimes.com/2015/10/26/your-money/learning-to-deal-with-the-impostor-syndrome.html.

第8章――「ストーリー」は強力な武器になる

1. 『脳が読みたくなるストーリーの書き方』リサ・クロン著、府川由

原注

第2章――オルターエゴはいかにして誕生したか

1. *Collins English Dictionary—Complete and Unabridged*, 10th ed. (London: William Collins, 2009), retrieved January 13, 2013.
2. *The Oprah Winfrey Show*, episode 516, "How a Pair of Oprah's Shoes Changed One Woman's Life," aired September 19, 2015, http://www.oprah.com/own-where-are-they-now/how-a-pair-of-oprahs-shoes-changed-one-womans-life-video#ixzz5Kh8Czoef.
3. M.J. Brown, E. Henriquez, and J. Groscup, "The Effects of Eyeglasses and Race on Juror Decisions Involving a Violent Crime," *American Journal of Forensic Psychology* 26, no. 2 (2008): 25-43.
4. Mike Vilensky, "Report: People Wearing Glasses Seem Like People You Can Trust," *New York magazine,* February 13, 2011.
5. ハーツフィールド・ジャクソン・アトランタ国際空港のコンコースEには、キング・センターとの共同開催による「The Legacy of a Dream（夢の名残）」と題する展示がある。キング牧師が、威厳を示そうとして入手しただてめがねも展示されている。

第3章――オルターエゴ戦略のすごい力

1. 2003年9月に行なわれたビヨンセのインタビューより。
2. 『マリ・クレール（英語版）』2008年10月号に掲載された、ビヨンセのインタビューより。
3. 同上。
4. 2008年に発表されたビヨンセのプレスリリースより。
5. Stephanie M. Carlson, "The Batman Effect: What My Research Shows About Pretend Play and Executive Functioning," Understood, May 30, 2016.
6. 同上。
7. Rachel E. White, Emily O. Prager, Catherine Schaefer, Ethan Kross,

［著者］
トッド・ハーマン（Todd Herman）
ビリオネアを含む多くの起業家たちのリーダーシップとパフォーマンスのアドバイザー。ナショナルフットボールリーグ（NFL）の選手など多くの一流アスリートのパフォーマンスコーチ、メンタルコーチ。スペインの王族やダウ平均株価構成企業の役員など多くのハイクラスを顧客にかかえ、クライアントをオリンピックの表彰台に立たせたり、年商数百万ドルの企業に成長させたり、世界的に有名なブランドの構築をサポートしたりした実績がある。ビジネスオーナー向けのプログラム「90 Day Year」の制作者。プログラムの受講者は世界73ヶ国で年間20万人を超え、メディアから多く取り上げられている。「The Todd Herman Show」のナビゲーター。

［訳者］
福井久美子（ふくい・くみこ）
英グラスゴー大学大学院英文学専攻修士課程修了。英会話講師、社内翻訳者を経て、フリーランス翻訳者に。訳書に『ハーバードの自分を知る技術――悩めるエリートたちの人生戦略ロードマップ』（CCCメディアハウス）、『PEAK PERFORMANCE 最強の成長術』（ダイヤモンド社）などがある。

ALTER EGO　超・自己成長術
――「あなたの中の別人格」で最高のパフォーマンスを手に入れる

2019年11月27日　第1刷発行

著　者――トッド・ハーマン
訳　者――福井久美子
発行所――ダイヤモンド社
〒150-8409　東京都渋谷区神宮前6-12-17
http://www.diamond.co.jp/
電話／03･5778･7232（編集）　03･5778･7240（販売）
装丁――――山田知子（chichols）
本文デザイン･DTP－岸和泉
校正――――鷗来堂・三森由紀子
製作進行――ダイヤモンド・グラフィック社
印刷――――新藤慶昌堂
製本――――川島製本所
編集担当――木下翔陽

ISBN 978-4-478-10764-5